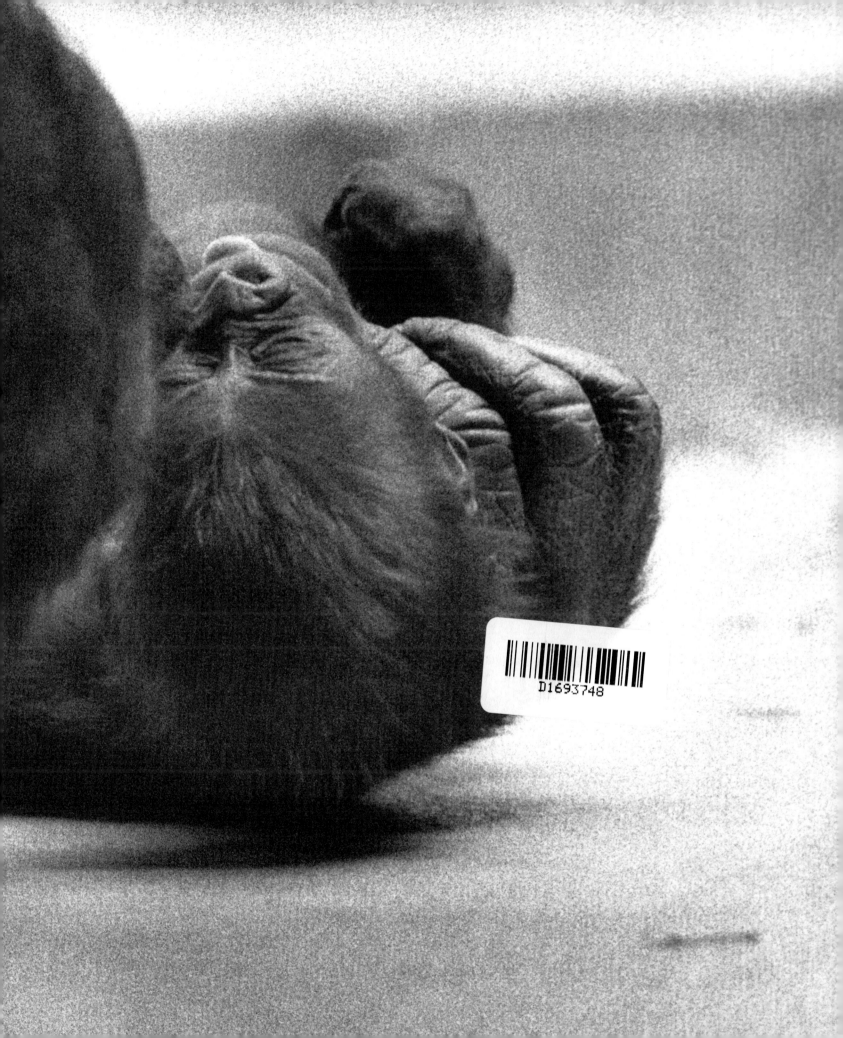

Dieses Buch ist den unvergesslichen Persönlichkeiten gewidmet, die den drei Menschenaffenfamilien im Zoologischen Garten Basel angehören und angehörten. Sie alle haben es über Jahrzehnte grosszügig und duldsam hingenommen, vom Autor beobachtet zu werden. Das ist keine Selbstverständlichkeit, denn in ihren Kreisen ist der andauernde direkte Blickkontakt ein nicht besonders freundliches Verhalten.

Das vorliegende Werk konnte dank der finanziellen Hilfe folgender Personen und Institutionen, die hier in alphabetischer Reihenfolge genannt sind, realisiert werden:
Freiwillige Akademische Gesellschaft, Basel
Prof. Dr. Rudolf und Charlotte Geigy, Basel
Stiftung Emilia Guggenheim-Schnurr der Naturforschenden Gesellschaft in Basel
Karl Mayer Stiftung, Triesen (FL)
Lotterie-Fonds Basel-Stadt
Charlotte und Francesco Stettler, Küsnacht
Volkart Stiftung, Winterthur
Dr. Hans und Johanna Wackernagel, Basel

Für die grosszügige und uneigennützige Hilfe sei hier all den Genannten unser herzlicher Dank ausgesprochen. Diese Hilfe hat nicht nur möglich gemacht, das Buch reich zu illustrieren und im Duplex-Verfahren zu drucken, sondern es auch allen Lesern zu einem erschwinglichen Preis anzubieten.

Autor und Verlag

Menschenaffen Mutter und Kind

Jörg Hess

Friedrich Reinhardt Verlag Basel

Einleitung

Menschenaffen leben in Gemeinschaften, in denen jeder alle anderen Mitglieder persönlich kennt und mit allen auch individuell ausgestaltete Beziehungen unterhält. Unter all diesen Beziehungen nimmt diejenige des Kindes zu seiner Mutter eine herausragende und einmalige Stellung ein. Mutter und Kind sind einander ein Leben lang verbunden. Ihre Beziehung beginnt mit der Geburt des Kindes, und sie führt in den ersten Lebensmonaten durch die Intimität eines engen Körperkontaktes, der rund um die Uhr aufrechterhalten wird. In dieser frühen Zeit ist das Kind für die Erfüllung all seiner Bedürfnisse und Wünsche auf seine Mutter angewiesen, und beide, Mutter und Kind, stehen miteinander, einem ununterbrochenen Dialog gleich, über alle Sinnesorgane in einem ständigen wechselseitigen "Gespräch". Das Kind wird von der Mutter während drei bis vier Jahren gestillt, und es bleibt auch nach dem Entwöhnen noch über Jahre eng mit der Mutter verbunden und in vielen Dingen auch auf diese angewiesen.

Unter allen zwischen Menschenaffen denkbaren Beziehungen dauert die zwischen Mutter und Kind am längsten, schliesst den intimsten Körperkontakt ein und führt über eine lange Zeit bedingungsloser Abhängigkeit. In der Mutter-Kind-Beziehung eingebettet ist auch eine wichtige Phase der "Lernzeit", in der das Kind lernend einen grossen Teil seines Verhaltens erwirbt. Sie ist überdies die einzige diadische Beziehung, die das Kind in seiner Kindheit eingeht, denn all seine anderen Kontakte werden von seiner Mutter als "Dritte im Bunde" vermittelnd, beaufsichtigend und wenn nötig auch eingreifend begleitet. Alles, was zwischen Mutter und Kind geschieht, lässt sich nur verstehen, wenn wir die beiden als untrennbare Einheit sehen, also immer die Mutter und das Kind in unsere Betrachtungen einbeziehen.

Das vorliegende Buch beschäftigt sich mit ausgewählten Aspekten aus der frühen Mutter-Kind-Beziehung bei Menschenaffen. Der Inhalt führt von der Schwangerschaft über die Geburt bis ans Ende der Schosszeit. Wo Entwicklungen angesprochen sind, die über Jahre führen, oder die neben der aktuellen noch eine prospektive Bedeutung haben, werden auch Ausblicke über die Schosszeit hinaus geöffnet. Die Kapitel folgen einer nur sehr groben Chronologie und sind nicht vollständig im Sinne einer Beschreibung der Entwicklungsbiologie. Wie sehr einzelne Bereiche im Text gewichtet werden, hängt nur mit der Bedeutung zusammen, die der Autor ihnen zumisst.

Das Buch erzählt von den Menschenaffenfamilien, die im Zoologischen Garten in Basel leben, von Gorillas, Schimpansen und Orang-Utans. Nur an wenigen Stellen werden kurz andere Gemeinschaften - wilde Berggorillas und die Orang-Utans im Zoo von Dresden - erwähnt. Den ausgewählten Ereignissen liegen Beobachtungen und Bilddokumente zugrunde, die im Laufe einer über drei Jahrzehnte führenden

Mutter-Kind-Studie an den Basler Menschenaffen zusammengetragen wurden. Der Schwerpunkt dieser Beobachtungen lag bei der Gorillafamilie, die darum auch im Buch etwas im Vordergrund steht. Oft sind die Familienmitglieder mit ihren Eigennamen erwähnt. Dem Kapitel "Die Basler Familien" sind einem Stammbaum nachempfundene Individuenlisten der drei Familien angefügt, die bis auf deren Stammeltern zurückgehen und dem Leser erlauben, sich über die Namen und die familiären Verhältnisse zu orientieren.

Der Text vermittelt neben der Darstellung von Einzelfällen auch zusammenfassende Aussagen zu den jeweiligen Themen und, wo das angezeigt ist, auch über die Basler Familien hinausführende Hintergrunddaten. Nicht in jedem Kapitel sind alle drei Menschenaffenarten angesprochen; einzelne konzentrieren sich nur auf eine Art, andere vergleichen oder setzen mit einem gewichtigen Beispiel einen Schwerpunkt bei einer Art. Wo nicht aus dem Zusammenhang heraus klar wird, ob von Gorillas, Schimpansen oder Orang-Utans die Rede ist, helfen entsprechende Hinweise ordnend weiter. Gelegentlich tragen auch Eigennamen hintenangestellt die Buchstaben G, S oder O als Hinweis auf die Art, damit man sich sofort zurechtfindet; dabei steht.../G für Gorilla, .../S für Schimpanse und .../O für Orang-Utan. Fehlen bei zusammenfassenden oder allgemeinen Erläuterungen solche Hinweise, so treffen die Aussagen gleichermassen auf alle drei Arten zu.
Wo die übliche Ausdrucksweise Unterschiede aufweist, wenn von Menschen und Tieren gesprochen wird, wurde absichtlich und aus Überzeugung das Vokabular benützt, mit dem menschliches Verhalten beschrieben wird. Es ist also immer die Rede von Mann, Frau und Kind oder von Schwangerschaft und Geburt. Diese Wortwahl rechtfertigt sich durch die stammesgeschichtliche Nähe der Menschenaffen zu uns, den Respekt vor Menschenaffen und durch den Wunsch, mit der Wortwahl möglichst nahe bei den wirklichen Inhalten zu bleiben.

Die Beobachtungen an den Basler Menschenaffenfamilien wurden über all die Zeit, wenn immer möglich, auch fotografisch dokumentiert. Um diese Aufgabe jederzeit lösen zu können, wurde ausschliesslich hochempfindliches Schwarzweiss-Material eingesetzt und auf jegliche Beleuchtung - zusätzliches Licht oder Blitz - verzichtet. Alle Aufnahmen entstanden zudem durch dicke Glasscheiben, die als extreme Weichzeichner wirkten. Das erklärt, warum im Buch nur Schwarzweiss-Bilder gezeigt werden, und weshalb diese von unterschiedlicher Körnigkeit sind. Die Auswahl der Bilder aus einem grossen Archiv richtete sich nicht primär nach der Qualität des Bildes, sondern nach der Aussagekraft des Bildinhaltes.
Die Bilder dokumentieren als Illustrationen den laufenden Text, oder sie detaillieren Aussagen über den Textinhalt hinaus, und in Einzelfällen erzählen sie auch eigene, im Text nicht enthaltene "Geschichten". Die die Bilder begleitenden Legenden machen erklärend auch den Verlauf der Bilder an sich verständlich.

In die "Welt" der Menschenaffen zu schauen, in die Intimität dessen, was bei ihnen zwischen Müttern und Kindern geschieht, und allmählich auch ein wenig vom Geschauten zu verstehen, ist ein unvorstellbares "Abenteuer", das mich von Anfang an gefesselt und nie mehr losgelassen hat.
Mit dem vorliegenden Band möchte ich einen kleinen Teil der erlebten Faszination an Menschen jeglichen Alters weitergeben. Wenn die Lektüre oder das Betrachten der Bilder bei der Leserin oder beim Leser Gedanken an die eigene Kindheit wachruft oder den Blick auf die eigenen "Wurzeln" schärft, so ist das mehr, als ich mir wünschen kann. Wer das erlebt, der sieht in den Teil unseres oft vergessenen Erbes, den wir, aus einer Jahrmillion zurückliegenden Zeit, mit den Menschenaffen gemeinsam haben. Menschenaffen sind unsere stammesgeschichtlichen "Vettern". Diese Verwandtschaft ist nicht beschämend, sondern ein Privileg, auf das wir Menschen stolz sein dürfen, denn Menschenaffen sind bewundernswerte Mitgeschöpfe.

Menschenaffen "Menschenaffen können denken, geplant und einsichtig handeln und sie sind überaus erfinderisch. Sie vermögen darum, wenn sie kritischen Situationen gegenüberstehen, einfallsreich und ihrer eigenen Wahl entsprechend unterschiedlich zu reagieren."

Ein Blick ins "System"

Menschenaffen gehören in der Ordnung der Primaten in die Überfamilie der Menschenartigen (Hominoidae). Zu dieser Überfamilie zählen die Familien der Gibbons (Hylobatidae), der Menschenaffen (Pongidae) und der Menschen (Hominidae).

Der Familie der Menschenaffen zugehörig betrachtete man in den zurückliegenden Jahrzehnten die Gorillas mit drei Unterarten, die Schimpansen mit vier und die Orang-Utans mit zwei Unterarten.

Die Art "Gorilla" umfasst die westlichen und östlichen Flachlandgorillas und die Berggorillas. Die beiden der Art "Schimpanse" angehörenden Unterarten sind die grossen Schimpansen und die etwas kleineren Bonobos oder Zwergschimpansen. Ob man die grossen Schimpansen als eine, zwei oder gar drei Unterarten betrachten soll, war und ist eine Frage von Diskussionen und Auffassungen. Die beiden Orang-Utan-Unterarten ergeben sich aus den zwei getrennten indonesischen Insellebensräumen Sumatras und Borneos.

Das wachsende Wissen, vor allem aus Freilandstudien, und neue Techniken, die eine vertiefte Sicht in stammesgeschichtliche Zusammenhänge brachten, führten im letzten Jahrzehnt zu einer Revision der zuvor herrschenden systematischen Auffassung. Die Bonobos, die lange als Schimpansenunterart galten, wurden als eigenständige Art erkannt. Bei den Gorillas ist in allerletzter Zeit die Frage aufgetaucht, ob der östliche Flachlandgorilla, bei dem man genetisch erhebliche Unterschiede entdeckte, ebenfalls als eigene Art von den beiden anderen Unterarten zu trennen sei. Entschieden ist diese Frage bis jetzt noch nicht. Die wichtigste Änderung allerdings ist, dass heute die afrikanischen Menschenaffen, also Gorillas, Schimpansen und Bonobos, als je eigene Gattungen nicht mehr der Familie der Menschenaffen zugezählt werden, sondern der der Menschen.

Mit Ausnahme der Berggorillas leben all die erwähnten Unterarten der Menschenaffen heute auch in Zoologischen Gärten und Primatenzentren. Anzumerken ist dazu, dass bei den Gorillas praktisch alle in Zoos und Tiergärten gehaltenen Individuen der Unterart der westlichen Flachlandgorillas angehören - auch die Basler Familie -, während der östliche Flachlandgorilla in den Zoobeständen nur mit wenigen Individuen vertreten ist. Das heute verfügbare Wissen über das Freileben von Gorillas stammt, wenn wir uns an detailreichen Langzeitstudien orientieren, fast ausschliesslich von Beobachtungsarbeiten an Berggorillas, während aus einleuchtenden Gründen das Zooleben der Gorillas bisher ausschliesslich an westlichen Flachlandgorillas untersucht wurde. Die Kenntnisse über Schimpansen und Orang-Utans hingegen stammen aus umfassenden Freiland- und Zoostudien, in die praktisch alle Unterarten eingeschlossen sind. Die Zoobestände aller grossen Menschenaffenarten stehen heute, von wenigen Ausnahmen abgesehen, genetisch kaum mehr in Verbindung mit den entsprechenden Wildpopulationen, denn der

Bild Seite 15
Ein Blick in den "Spiegel unserer stammesgeschichtlichen Vergangenheit". Die ausdrucksstarken Gesichter der Menschenaffen, besonders die der Säuglinge und Kinder, rufen bei uns Menschen tief verschüttete "Erinnerungen" wach.

16

Import wildgefangener Menschenaffen ist schon seit mehr als zwei Jahrzehnten untersagt, und es bestehen freiwillige Vereinbarungen unter den Zoos, ihre Bestände nicht mehr mit Wildfängen aufzustocken. Die Zoobestände aller vier Menschenaffenarten sind darum heute als eigenständige Populationen zu betrachten. Die Halter von Menschenaffen arbeiten weltweit in den sogenannten Erhaltungszuchtprogrammen zusammen mit dem Ziel, durch den sinnvollen und kontrollierten Austausch von Individuen die genetische Vielfalt dieser Zoopopulationen so intakt wie möglich zu erhalten und ihnen damit ein Überleben in die Zukunft hinein zu sichern.

Vom Wesen der Menschenaffen

Menschenaffen unterscheiden sich, innerhalb einer Art, untereinander nicht nur in äusserlichen Merkmalen, sondern auch in ihrem Wesen. Sie sind damit das, was wir bei Menschen als Persönlichkeiten bezeichnen. Menschenaffen sind hochsoziale Wesen, die in individualisierten Gemeinschaften zusammenleben, was heisst, dass innerhalb einer Gemeinschaft jedes Mitglied jedes andere persönlich kennt und mit jedem auch persönliche Beziehungen unterhält. Das Beziehungsnetz in einer Gemeinschaft ist extrem komplex und darum kaum durchschaubar. Selbst wenn wir die einfachsten aller Möglichkeiten, die Zweierbeziehungen, ansehen, so stellen wir fest, dass auch sie individuell ausgestaltet und einmalig sind. Natürlich besitzt zum Beispiel ein Schimpanse das gleiche Verhaltensrepertoire wie sein Nachbarschimpanse, und er wird darum nichts in eine Beziehung einbringen können, was sein Nachbar nicht auch vermöchte, wenn er wollte. Die erwähnten Unterschiede haben also nicht mit der Qualität des Verhaltens, sondern mit dessen Quantität zu tun. Entscheidend für die Einmaligkeit einer Beziehungsdiade ist also nicht, welche Verhaltenselemente zwischen den Zweien hin- und herwechseln, sondern wie häufig das geschieht. Auch Menschenaffen leben damit in Beziehungen, die zum Beispiel freundlich, aggressiv oder neutral ausgestaltet sein können.

Allen Menschenaffen gemeinsam ist, dass sie denken können, dass sie geplant und einsichtig handeln und, wenn sie einem Problem gegenüberstehen, auf unterschiedliche Weise, ihrer eigenen Wahl entsprechend, darauf zu reagieren vermögen. Diese letztere Fähigkeit macht ihr Verhalten oft schwer durchschaubar, denn die individuellen Motive ihres Handelns lassen sich nicht immer aus der Situation heraus ergründen.

Menschenaffen sind weit über das Ausdenken, Herstellen und Verwenden von "primitiven" Werkzeugen hinaus erfinderisch und vermögen ihre soziale und dingliche Umwelt einfallsreich mitzugestalten. In Zoos sind sie damit wohl die einzigen Pfleglinge, die die Langeweile, die als Folge des Zeitüberschusses verbunden mit dem möglichen Fehlen von Beschäftigungsgelegenheiten aufkommen kann, aus eigener Kraft wenigstens teilweise zu bewältigen vermögen, indem sie sich einen "Zeitvertreib" ausdenken. Natürlich muss man sie dabei mit einer einfallsreich ausgestatteten Zooumgebung unterstützen. Menschenaffen besitzen ein Selbstbewusstsein. Sie erkennen sich in Spiegelversuchen als "Sich-Selber". Die Leistungsfähigkeit ihrer Sinnesorgane ist der von Menschen etwa vergleichbar. Allerdings nutzen sie ihre Sinne auf sehr viel effizientere Weise. Sie sind ihren Sinnesorganen viel stärker verpflichtet, weil sie nicht über eine artikulierte Sprache verfügen.

Menschenaffen verständigen sich untereinander, indem sie Laute, Gesten und mimische Äusserungen austauschen. Alle diese Ausdrucksformen haben Mitteilungscharakter. Sie können in sich variiert und miteinander kombiniert werden, und damit vervielfacht sich das, was mit ihnen "gesagt" werden kann. Ein Laut zum Beispiel kann einmal oder wiederholt, laut und leise und in unterschiedlicher Tonlage zu hören sein. Er kann zudem noch von einer Geste oder einem Gesichtsausdruck begleitet sein, die ihn betonen, verstärken oder nuancieren. Mit in dieses Verständigungssystem gehören zusätzlich noch Körperhaltungen, Körperbewegungen und komplexe Aktionen, also Bewegungsabläufe, in die gleich auch noch mimische, lautliche und gestische Mitteilungen einbezogen werden. Ein typisches Beispiel dafür ist das Imponieren, ein Ablauf, in dem gleichzeitig die Kraft, die Lautstärke, die Beweglichkeit, die Körpergrösse und die Aggressivität auf eindrückliche Weise zur Schau gestellt werden. Das Imponieren ist ein soziales Sich-Aufspielen. Die Kommunikationsweisen der verschiedenen Arten unterscheiden sich natürlich voneinander. Vor dem Hintergrund all dieser Wesenszüge und dieser reichen Verständigung darf uns nicht erstaunen, dass Menschenaffen über eine enorme soziale Sensibilität und über ein erstaunlich hohes Mass an sozialer Übersicht innerhalb ihrer Gemeinschaft verfügen.

Wenn wir die einzelnen Menschenaffenarten miteinander vergleichen, stossen wir auf ein unterschiedliches "Artwesen". Orang-Utans müsste man mit menschlichen Begriffen als eher introvertiert bezeichnen. Ebenso die Gorillas, die in ihrer Wesensart den Orang-Utans nahestehen. Schimpansen sind extrem extrovertierte Wesen, die in vielen Dingen ihre überschäumende Emotionalität vor sich "herzutragen" scheinen.

Gorillas, Schimpansen und Orang-Utans

Alle Menschenaffenarten sind ausgesprochen Taglebewesen. Sie durchschlafen die Nacht in Nestern, die sie aus Pflanzenmaterial herrichten. Mit Nesten wird begonnen, wenn die Abenddämmerung anbricht, und verlassen werden die Nachtnester bei Tagesanbruch. Weil der Nahrungserwerb von allen Menschenaffen verlangt, dass sie in ihrem bewaldeten Lebensraum täglich umherziehen, wechselt der Standort ihrer Nester von Nacht zu Nacht.

Mit Essen, Wandern und Ruhen ist ihre tägliche Aktivität grob gesehen dreigeteilt. Am meisten Zeit wird für Beschäftigungen aufgewendet, die mit der Nahrung zu tun haben. Die Wanderungen führen in neue Nahrungsräume. Ruhepausen sind über den ganzen Tag verteilt und dauern, abhängig vom Aufwand, den die Nahrungssuche verlangt, von Tag zu Tag unterschiedlich lang. Diese Pausen dienen nicht nur der Ruhe. Sie sind Fixpunkte im Tagesverlauf, an denen sich oft mehrere Individuen der Gemeinschaft zusammenfinden und dann auf vielfältige Weise ihre unterschiedlichen sozialen Bedürfnisse stillen.

In vielen Details ihrer Lebensweise, ihres Verhaltens und in der Organisation ihrer Gemeinschaften weichen die Menschenaffenarten voneinander erheblich ab. Die folgenden Kurzporträts sollen uns diese Unterschiede vor Augen führen.

Gorillas

Gorillas leben in eng geschlossenen Familien, Grossfamilien oder Sippen zusammen. Sie bewohnen primäre und sekundäre Regen- und Bergregenwälder der äquatorialen Zone Afrikas, vom Zentrum bis hin zur Westküste. Jeder Gemeinschaft ist ein Heimbereich eigen, in dem sie auf der Suche nach Nahrung täglich unterwegs ist. Gorillas leben vegetarisch, wenn wir von Ameiseneiern und dem Gelegenheitsfund eines Vogeleies absehen. Ihre Diät besteht aus grünen Pflanzenteilen und Früchten, wobei Früchte, je nach Lebensraum, wie im Falle der Berggorillas, eine marginale Bedeutung erhalten können. Die Reichhaltigkeit, die Verteilung und die Zugänglichkeit der Nahrung im Lebensraum bestimmen unter anderem die durchschnittliche Familiengrösse innerhalb einer Population mit. Von der effektiven Grösse einer Familie hängt die Grösse des von ihr beanspruchten Heimbereiches ab, denn Heimbereiche sind Nahrungsräume. Heimbereiche können sich über wenige bis gegen 40 Quadratkilometer ausdehnen.

Die Grösse der Familien kann mit der Angabe von Durchschnittswerten nicht sinnvoll belegt werden. Normalerweise beginnt eine Familie mit dem Zusammenfinden eines erwachsenen Paares, und sie wächst danach durch Geburten und das Zuziehen jungerwachsener Frauen aus benachbarten Familien heran. Ob gross oder klein, eine Gemeinschaft von Gorillas ist immer eine vollwertige soziale Einheit, und ihre Grösse sagt uns nur gerade, wo auf dem Weg ihres sozialen Wachstums

Das zwei Wochen alte Gorillatöchterchen
Uzima in den Armen seiner Mutter Kati.
Uzima war Katis zweites Kind und zugleich
auch ihr letztes.

sie sich befindet. Die grössten Gemeinschaften mit über 40 Mitgliedern hat man
bis heute bei den östlichen Flachlandgorillas und den Berggorillas beobachtet. Bei
den westlichen Flachlandgorillas sind die Familien, nach dem, was man bis heute
gesichert weiss, deutlich kleiner.

Zu einer Familie gehören normalerweise ein Silberrücken, also ein voll ausgewach-
sener und sozial maturer Mann, mehrere Frauen mit Kleinkindern und Kindern
verschiedenen Alters sowie jugendliche und jungerwachsene Individuen beider
Geschlechter. In grösseren Familien findet man bisweilen zwei oder mehrere Silberrücken, bei denen es sich meist um die Söhne des die Gemeinschaft führenden
Silberrückens handelt.

Für Mitglieder beider Geschlechter führt je ein Weg aus der Familie heraus. Wenn
im Alter von 13 bis 14 Jahren die Männer zu Silberrücken werden, so verlassen
sie normalerweise die Familiengemeinschaft und führen ein solitäres Leben. Diese
Phase des Einzelgängertums kann über Jahre andauern oder in Einzelfällen das
ganze weitere Leben.

Gorillafrauen können ihre Familie wechseln. Sie tun das vor allem dann, wenn
sie jungerwachsen sind, oft sogar mehrmals, bevor sie sich einer Familie fester
anschliessen. Solche Wechsel sind die Angelegenheit der betroffenen Frauen, und
Silberrücken können auf Verluste durch dieses Abwandern kaum Einfluss nehmen.
Die einzige Einschränkung bei Wechseln von Frauen ist die Tatsache, dass sie
zuwarten müssen, bis sich im überlappenden Grenzraum der Heimbereiche benachbarte Familien begegnen. Übertritte erfolgen also immer nur direkt vom einen in

den anderen Familienverband. Diesen Wechseln kommt genetisch doppelte Bedeutung zu. Innerhalb der Population sichern sie den genetischen Austausch zwischen Familien und damit die genetische Vielfalt. Innerhalb der Familie mindert das Wegziehen der in die Familie geborenen Frauen die Häufigkeit von Inzuchtsbeziehungen. Wechseln Frauen mit einem noch abhängigen Kleinkind die Familie, so wird dieses oft vom Silberrücken der neuen Familie getötet, man spricht dabei von Infantiziden.

Stirbt ein Silberrücken einer Familiengemeinschaft und sind in ihr keine jüngeren Silberrücken vorhanden, so löst sich die Familie auf. Kleine Einheiten, meist Mütter und ihre Kinder, suchen danach bei Nachbargemeinschaften unterzukommen. Ältere jugendliche und jungerwachsene Männer finden nur selten Anschluss. Es kommt vor, dass sich solche jugendliche Männer einem solitären Silberrücken anschliessen und mit ihm eine "Männerfamilie" bilden. Neue Familien entstehen, wenn ein solitärer Silberrücken einer Familie begegnet und sich eine wechselwillige Frau dazu entschliesst, zu ihm überzutreten und mit ihm weiterzuziehen. Eine Gorillapopulation besteht also aus verschieden grossen Familien in ihren Heimbereichen und aus einzeln ziehenden Silberrücken, die weniger stark an feste Lebensräume gebunden scheinen. Gelegentlich trifft man zusätzlich noch auf die zuvor erwähnten "Männerfamilien".

Begegnen sich benachbarte Familien, so kann es zwischen den führenden Silberrückenmännern zu Auseinandersetzungen kommen, die manchmal zu schweren Verletzungen führen. Nicht alle Begegnungen verlaufen aber so. Es können bei ihnen auch einfach freundliche Kontakte zwischen den Familienmitgliedern stattfinden, ohne dass die Silberrücken in Erscheinung treten; oder diese liefern sich dabei nur eindrückliche Imponierduelle auf Distanz.

Die weibliche und die männliche Rangordnung innerhalb der Familie wird ganz wesentlich vom Alter mitbestimmt. Wir haben es bei den Gorillas mit einer sogenannten Altershierarchie zu tun, in der es kaum je zu rangbedingten Aggressionen kommt. Die rangabhängigen Privilegien hat der, dem sie zukommen, nicht aggressiv einzutreiben, sie werden ihm kommentarlos und meist auch freundlich zugestanden. An der Spitze der Familiengemeinschaft stehen der Silberrücken und die ranghöchste Gorillafrau. Gehören einer Familie mehrere Silberrücken an, so fällt die Führungsrolle dem ältesten zu. Die die Familie führenden Individuen bestimmen mit ihrer eigenen Aktivität die der Gemeinschaft.

Das Recht, sich mit den brünftigen Gorillafrauen in der Gemeinschaft zu paaren, gehört dem führenden Silberrücken. Weil die paarungswilligen Frauen den Silberrücken initiativ zu geschlechtlichen Begegnungen einladen, braucht dieser seine Privilegien nur selten einzufordern. Natürlich versuchen in der Familie auch jugendliche und sexuell mature jungerwachsene Männer, die sogenannten Schwarzrücken, mit brünftigen Frauen Paarungen herbeizuführen. Ab und zu haben sie damit Erfolg. In solchen Fällen kann der Silberrücken einschreiten.

Befindet sich in der Gemeinschaft ein zweiter, jüngerer Silberrücken, so stehen auch ihm geschlechtliche Beziehungen zu. Ohne die Möglichkeit sich zu paaren würde er, auch wenn der führende Silberrücken ihn duldet, wegziehen. Es gibt in der Familie also einen ihm zugehörigen Kreis von Frauen, bei denen es sich oft um die in der Familie verbliebenen erwachsenen Töchter des residierenden Silberrückens handelt, oder um junge Zuzügerinnen. Zum Teil erklären diese Sachverhalte, warum zwei oder mehr Silberrücken meist nur in grösseren Familien zu finden sind. Das Miteinander innerhalb einer Gorillafamilie wird wesentlich von der gegenseitigen Toleranz, von Freundlichkeit und vom Wissen um das "Aufeinander-angewiesen-Sein" bestimmt. Aggressionen spielen im Leben einer Gemeinschaft eine deutlich untergeordnete Rolle.

Hinterfragen wir zum Abschluss dieses "Gorillaporträts" noch die Institution der Altershierarchie, so lässt sich antwortend nur spekulieren.

Die wohl wichtigste Existenzfrage für eine Gorillafamilie ist die Sicherung ihres

Nahrungsaufkommens in einem riesigen Nahrungsraum über den ganzen Jahresverlauf hinweg. Es geht also darum zu wissen, wo im Lebensraum wann Nahrung verfügbar ist und wie man mit minimalem Energieverlust zu ihr gelangt. Dieses Wissen ist von der Erfahrung im Lebensraum und damit vom Alter abhängig. Der Erfahrungsschatz der Alten ist das lebenssichernde "Kapital" einer Gorillagemeinschaft. Die evolutiv gewachsene Strategie der Altershierarchie sichert den Gemeinschaften diese Erfahrung und der Art damit das Überleben.

Schimpansen

Schimpansen leben in Territoriumsgemeinschaften zusammen. Sie bilden aber innerhalb dieses Territoriums eine "offene" Gesellschaft, die aus wechselnden kleineren Verbänden besteht. Sowohl kleine Trupps von Männern wie auch einzelne Mutterfamilien können grössere Verbände für Tage und Wochen verlassen, sich im Territorium selbständig wandernd bewegen, um danach wieder in den grösseren Verband zurückzukehren. Man nennt diese soziale Lebensform "Komm-und-Geh-Gesellschaft" ("fusion and fission group").

Schimpansenmänner bilden innerhalb eines Territoriums eine Dynastie und sind untereinander ranglich linear geordnet. Sie können zeitlebens das Territorium, in das hinein sie geboren wurden, nicht verlassen. Tun sie das, so werden sie von den Männern des Nachbarterritoriums aufgebracht, angegriffen und oft getötet oder schwer verletzt. Männer verbringen recht viel Zeit in kleinen Männertrupps, deren Zusammensetzung und Grösse ständig wechselt. Sie durchstreifen in diesen kleinen Einheiten den gesamten Territoriumsraum und kontrollieren regelmässig auch dessen Grenzräume. Männertrupps können sich beliebig den grösseren Gemeinschaften in ihrem Territorium anschliessen und in ihnen über kurze oder lange Zeit verweilen.

Die kleinste stabile Einheit, die Frauen bilden, ist die sogenannte Mutterfamilie, der normalerweise eine Mutter und ihre Kinder angehören. In der Regel leben mehrere solche Mutterfamilien als grössere Gemeinschaft zusammen. Aber auch Mutterfamilien können zeitweilig als kleine Einheiten alleine unterwegs sein. Sie nutzen dann nur den Teil des Territoriums, den sie als Nahrungsraum benötigen. Im Gegensatz zu den Schimpansenmännern können die Frauen die Territoriumsgrenzen überschreiten, mit der Nachbargemeinschaft Kontakte aufnehmen und wieder in ihre ursprüngliche Gemeinschaft zurückkehren.

Innerhalb einer Schimpansengemeinschaft herrschen in der Beziehung der Geschlechter zueinander promiskuitive Verhältnisse. Geschlechtsneid unter den Männern kommt keiner auf. Allerdings hat man auch beobachtet, dass gegen Ende der weiblichen Brunft, die monatlich wiederkehrt, auch Paarbeziehungen aufgenommen werden, die über einige Tage andauern. Oft versuchen die an solchen Beziehungen interessierten Männer die brünftige Frau von der Gemeinschaft wegzulocken. Gelingt ihnen das, so bleiben sie kurze Zeit mit ihr alleine und kehren, wenn die Brunft der Frau abklingt, wieder zurück. Den Zustand ihrer Paarungsbereitschaft, also die Brunft, zeigen Schimpansinnen, im Gegensatz zu den Gorilla- und Orang-Utan-Frauen, äusserlich an. Ihre Perinealhaut schwillt dann blasenförmig an. Diese Brunftschwellung erreicht zu Beginn der Brunft die grösste Ausdehnung, behält sie bis zum Brunftende bei, fällt dann zusammen, bleibt einige Tage unsichtbar und beginnt auf den nächsten Brunfttermin hin allmählich wieder anzuschwellen. Das Leben innerhalb der Gemeinschaft wird bei den Schimpansen sehr auffällig durch die offen zur Schau getragenen Emotionen mitbestimmt. Schimpansen sind ausgesprochen lebhaft und temperamentvoll, leicht erregbar, bei Gelegenheit "überschäumend" laut und im sozial tragbaren Mass untereinander auch aggressiv. Schimpansenmänner neigen zu häufigen Imponierauftritten, mit denen sie sich vor der Gemeinschaft und vor allem vor ihren Geschlechtsgenossen sozial in Szene zu setzen versuchen. Diese eindrücklichen Selbstdarstellungen sind ein "soziales Blagieren", das immer mit einer gehörigen Portion Aggressivität verbunden ist. Bei Schimpansen kommt

Tana, das Schimpansenmädchen, im Alter von 13 Monaten am Körper von Mutter Fifi. Tana war Fifis erstes Basler Kind.

es während solcher Auftritte gelegentlich zu sogenannten Infantiziden. Schimpansen verfügen aber auch über ein reiches Inventar von beschwichtigenden und versöhnlichen Gesten, mit denen soziale Unstimmigkeiten effizient und rasch in Ordnung gebracht werden. Mit in das Inventar dieser Gesten gehören auch das "Anbieten" und das "Aufreiten", Verhaltensweisen also, die aus dem geschlechtlichen Verhaltensrepertoire entliehen sind und als soziale Signale dienen. Sie haben, so verwendet, mit der Sexualität nichts mehr zu tun. Das wird auch daraus ersichtlich, dass sie in diesem Kontext nicht mehr geschlechtsspezifisch geäussert werden. Das heisst, dass zum Beispiel das "Anbieten", als beschwichtigende, unterwürfige Geste, auch Männer untereinander äussern können.

Eine wichtige soziale Rolle spielt bei den Schimpansen die Fellpflege. Es handelt sich dabei nicht primär um ein Verhalten, das der Hygiene dient, sondern Schimpansen drücken mit dieser Beschäftigung einem Partner ihre freundlichen und verbindlichen Gefühle aus. Man spricht darum auch von "sozialer Fellpflege" oder vom "grooming".

Die auffällige Emotionalität der Schimpansen ist nicht einfach ein Zufall. In einer "Komm-und-Geh-Gesellschaft" muss sehr viel Zeit dafür aufgewendet werden, wegziehende kleine Männertrupps oder Mutterfamilien zu verabschieden und sie später, wenn sie zurückkehren, wieder zu begrüssen und sie sozial wieder vollwertig in die Gemeinschaft einzubinden. Das sind Augenblicke, in denen sich Schimpansen in kurzer Zeit sehr viel sozial Verbindliches mitzuteilen haben, und dazu sind möglichst unmissverständliche Gesten und Signale nötig. Am eindeutigsten erreicht man das mit der deutlich zur Schau gestellten Emotionalität, die nicht nur Inhalte, sondern auch Stimmungen vermittelt.

Schimpansen ernähren sich von Pflanzenteilen, Früchten und gelegentlich auch von Fleisch. Sie machen von Zeit zu Zeit Jagd vor allem auf kleinere Affenarten, und sie unterstützen sich bei einem solchen Vorhaben gegenseitig. Zwei Aspekte sind im Zusammenhang mit solchen Jagden und mit dem anschliessenden Konsum von Fleisch besonders auffallend. Das Jagen und Töten von Beutetieren und das Essen des Fleisches gehören nicht zu den kontinuierlichen Nahrungsgewohnheiten. Solche Jagden können über längere Zeit ausbleiben und kommen dann, initial durch eine gelegentliche Tötung, für Tage und Wochen in "Mode". Danach flaut diese Jagdleidenschaft wieder ab und erlischt schliesslich ganz. Erst viel später kann sie auf ähnliche Weise erneut einsetzen. Ebenso erstaunlich ist, dass dann, wenn es um Fleisch geht, die Rangregeln, die dem Überlegenen erlauben, einem Inferioren jede Art von Nahrung wegzunehmen oder abzujagen, nicht mehr verbindlich gelten. Fleisch gehört dem, der getötet hat, und jeder andere hat, unabhängig von seinem Rang, beim Besitzer des Fleisches um einen Anteil zu bitten oder zu betteln. Was das alles sozial zu bedeuten hat, ist bis heute nicht eindeutig geklärt.

Bei Schimpansen sind von Population zu Population Unterschiede beobachtet worden, die Aspekte der Lebensweise und der sozialen Organisation betreffen. Die in diesem Kurzporträt aufgezeigten Schimpanseneigenarten sind damit nicht in allen Details für alle Schimpansenpopulationen verbindlich.

Die Bonobos, die zweite Schimpansenart, weichen nicht nur in äusserlichen Merkmalen, sondern auch in ihrem Wesen, ihrem Sozialverhalten und in der Art, wie sie zusammenleben, ganz wesentlich von den Schimpansen ab. Wir verzichten hier aber auf ihr Kurzporträt, denn wir wollen uns auf die Arten beschränken, die im Zoologischen Garten in Basel leben.

Orang-Utans

Orang-Utans leben heute nur noch auf den indonesischen Inseln Sumatra und Borneo. Ihr Lebensraum sind tropische Regenwälder. Orang-Utans sind im Gegensatz zu den afrikanischen Menschenaffen dem Leben auf Bäumen in vielfältiger Weise angepasst. Sie suchen den Boden nur selten auf, und wenn, so tun das bevorzugt die erwachsenen Männer.

Sie leben weitgehend vegetarisch, wobei Früchte den Hauptteil ihrer Nahrung ausmachen. Gelegentlich werden auch Insekten, andere wirbellose Kleintiere, Vogeleier und der Honig wilder Bienen aufgenommen.

Die "soziale Organisationsform" der Orang-Utans, die wir nur schwer überhaupt als "sozial" verstehen können, ist eigenartig und erstaunlich. David Horr, ein früher Beobachter freilebender Orang-Utans, spricht von "unvollständigen Nachzuchtseinheiten". Stabile soziale Beziehungen sind nur von Müttern mit ihren Kindern bekannt. Am häufigsten trifft man auf zwei Individuen, eine Mutter mit ihrem noch abhängigen Kind. Gelegentlich sind eine Mutter und ihr Kind noch vom nächstälteren Kind begleitet. Solche kleine Mutterfamilien leben in Heimbereichen, die oft nur so gross sind, dass sie den Nahrungsbedarf zu decken vermögen. Benachbarte Heimbereiche von Mutterfamilien überlappen sich gegenseitig. Begegnen sich Muttereinheiten, etwa an fruchtenden Bäumen, so wird gemeinsam gegessen und es kommt zu freundlichen Kontakten. Solche Begegnungen scheinen von den Mutterfamilien aber nicht gesucht zu werden.

Voll ausgewachsene Orang-Utan-Männer leben solitär. Einzelne, vermutlich dominante Individuen residieren in oft riesigen Gebieten, die sich über mehrere Heimbereiche von Mutterfamilien ausdehnen. Andere solitäre Männer nomadisieren ungebunden. Begegnungen führen in der Regel zu Imponierveranstaltungen und nur selten zu aggressiven Auseinandersetzungen. Der Begegnungsverlauf zeigt jedoch deutlich, dass zwischen den erwachsenen Männern trotz ihrer solitären Lebensweise eine Rangordnung besteht. Männer, die einen festen Lebensraum bewohnen, äussern in den Tagesrandstunden weittragende gutturale Gesänge, deren Funktion man unter anderem in der "Revierabgrenzung" sieht. Während der Brunften suchen Orang-Utan-Frauen die solitären Männer auf und versuchen initiativ zu Paarungen zu kommen. Sie verweilen dann ein bis zwei Tage in der Gesellschaft des Mannes. Während der Brunften sind auch Kontakte zu mehreren Männern möglich. Grössere soziale Einheiten von vier bis acht Individuen bilden gelegentlich adoleszente und jungerwachsene Individuen beider Geschlechter. Ihr soziales Leben erweist sich dann als reichhaltig und vielseitig, aber die Mitglieder solcher Einheiten bleiben nur temporär zusammen. Man spricht von dieser Zeit im Leben der Orang-Utans als von der "sozialen Phase". Vermutlich ist es so, dass in dieser Zeit die Basis zur späteren Geschlechterbeziehung gelegt wird, wie auch die zur später sich bei Begegnungen ausformenden Rangordnung unter Männern.

Das Bild des natürlichen "Zusammenlebens" der Orang-Utans entspricht nicht dem, das wir von hochsozialen Wesen erwarten würden. Man hat darum Orang-Utans oft als "nicht-soziale" Wesen bezeichnet. Das ist aber gewiss falsch. Auch das Leben eines Orang-Utan-Kindes beginnt mit der innigen Abhängigkeit von seiner Mutter, die über Jahre andauert. Damit ist sein soziales Wesen verbindlich vorgegeben. Dass das so ist, zeigt sich in den Zoos, die die Orang-Utans, um sie sozial zu beschäftigen, oft in grösseren Gemeinschaften - auch zusammen mit erwachsenen Männern - halten. Die Orang-Utans bilden unter solchen Bedingungen ähnlich faszinierende und funktionierende Familiengemeinschaften wie die anderen Menschenaffen auch. Fast alle Primatologen, die sich mit freilebenden Orang-Utans beschäftigt haben, sehen in ihnen vorab äusserst soziale Wesen. Die Art und Weise, wie sie unter natürlichen Bedingungen zusammenleben, ist die stammesgeschichtlich gewachsene soziale Strategie, die ihnen erlaubt, das verfügbare Nahrungsangebot optimal auszuwerten, ohne untereinander zu sehr in Konkurrenz zu geraten und ohne ihre Nahrungsumwelt zu schädigen.

Der bei seiner Mutter Elsie "nackenreitende" Orang-Utan-Sohn Bulu im Alter von 14 Monaten. Bulu war Elsies drittes Kind.

Bild Seite 26
Ein kleiner Fuss in einer grossen Hand, ein Bild, das die körperliche Verbundenheit von Menschenaffenmüttern mit ihren Kindern zu symbolisieren vermag.

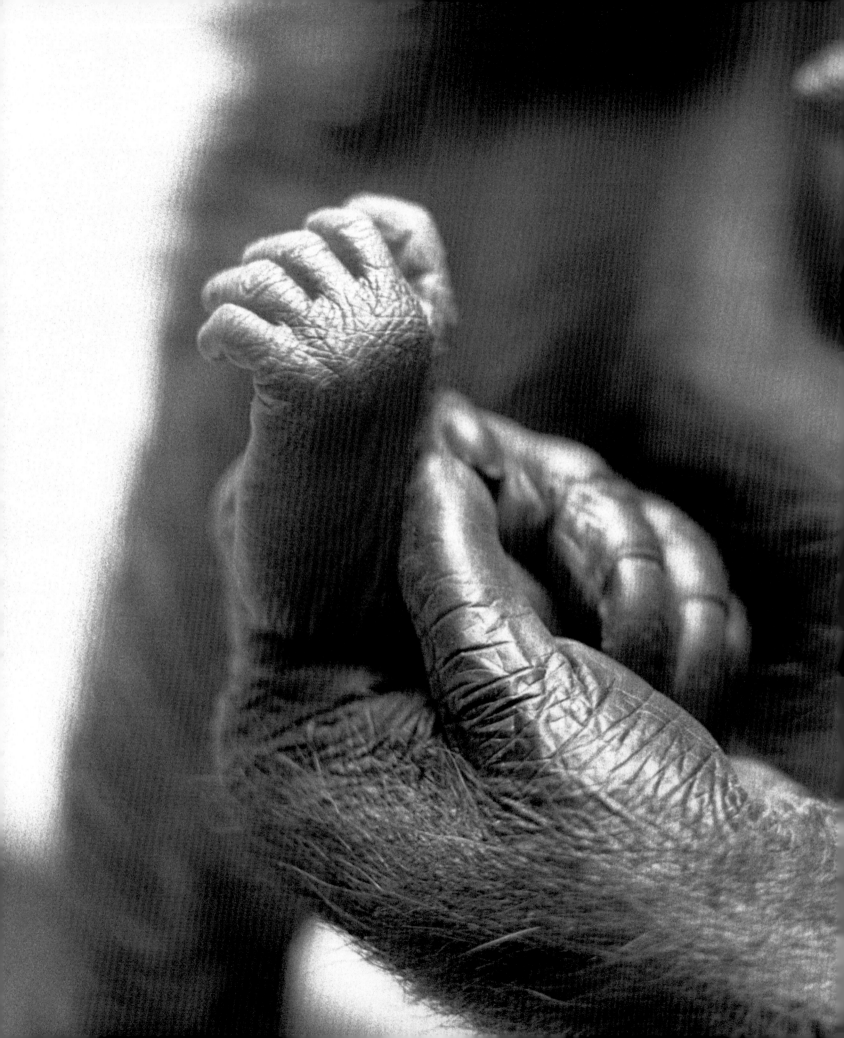

Die Basler Familien Schon über acht Jahre leben in Basel die Gorillas als wirkliche Familiengemeinschaft rund um die Uhr zusammen, und die Schimpansen schon seit zehn Jahren. Nie wird also ein Familienmitglied durch geschlossene Schieber oder Türen von seiner Familie getrennt, weder am Tag noch in der Nacht.

Die Haltung

Die Menschenaffenfamilien in Basel leben ihren natürlichen sozialen Bedürfnissen entsprechend in Familiengemeinschaften.

Die Flachlandgorilla-Familie ist hinsichtlich der Zahl ihrer Mitglieder, der in ihr vertretenen Altersklassen und der Geschlechterverhältnisse mit einem freilebenden Familienverband vergleichbar. Schon über acht Jahre leben die Familienmitglieder als wirkliche Gemeinschaft rund um die Uhr zusammen. Das heisst, dass weder am Tag noch in der Nacht die die drei grossen Räume und die kleinen Nebenräume verbindenden Türen und Schieber geschlossen werden, um einzelne Individuen vom Sozialverband abzutrennen.

Die Schimpansenfamilie ist sogar schon mehr als zehn Jahre auf diese Weise zusammen. Allerdings können die bei ihnen herrschenden sozialen Bedingungen nicht in allen Belangen mit jenen einer freilebenden Gemeinschaft verglichen werden. Wohl leben in ihr fünf erwachsene Frauen, die alle auch Kinder aufziehen, gesellig zusammen, wie das auch im Freileben in kleinen Gemeinschaften der Fall ist. Anders als freilebende Mutterfamilien haben aber diejenigen im Zoo nicht die Möglichkeit, sich auf gleiche Weise von der Gemeinschaft zu lösen, kurze Zeit eigene Wege zu gehen und dann wieder in den grösseren Verband zurückzukehren. Überdies lebt in der Basler Familie nur ein einziger erwachsener Mann, und er ist "permanent" vorhanden. Die Orang-Utans dagegen erleben im Zoo ein regeres Familienleben, als das bei wilden Orang-Utans der Fall ist. Für sie hat man in Basel diesen "sozialen" Weg der Haltung gewählt, weil ein reiches Sozialleben die Familienmitglieder im weitesten Sinne "beschäftigt". Im Zoo herrschen andere Ernährungsverhältnisse,

Bild Seite 29
Ein vorrangiges Bedürfnis der Menschenaffen ist, auch im Zoologischen Garten, das gesellige Zusammensein. Die engere Mutterfamilie um die Schimpansin Tana zeigt, wie man ruhend die körperliche und die soziale Bequemlichkeit trefflich miteinander verbindet. Die körperliche Nähe ist der Ausdruck für das soziale Wohlbefinden.

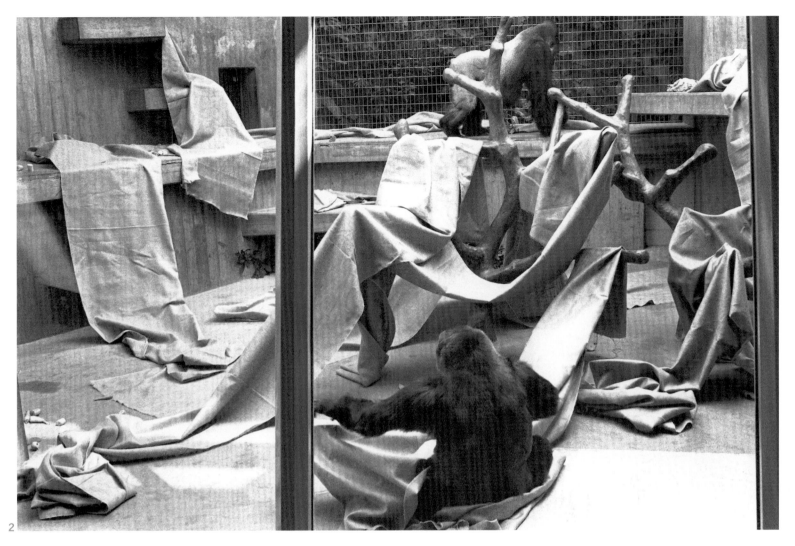

2

Im Freileben sind Menschenaffen einem unermesslichen "Reizreichtum" ausgesetzt, und von Ruhepausen abgesehen verlangt der Alltag von ihnen, ständig aktiv zu sein. Im Zoo können die relative "Reizarmut" und der Zeitüberschuss zu Langeweile führen und so das psychische Wohlbefinden von Menschenaffen beeinträchtigen. Dem kann mit reich ausgestatteten Räumen, der sozialen Haltung und mit wechselnden, überraschenden Beschäftigungsaktionen, wie dem Angebot von Jutebahnen am Meter, um nur eine von vielen Möglichkeiten zu erwähnen, entgegengewirkt werden (1 und 2).

die die Aufteilung in kleinste Familieneinheiten nicht notwendig machen. Die Nacht dagegen verbringen die Orang-Utans in Basel normalerweise in kleineren sozialen Einheiten.

Den Schimpansen und den Orang-Utans steht, neben den Innenräumen im Haus, noch je ein kleiner vergitterter Aussenraum zur Verfügung. Man mag mit Recht die Art und die Grösse dieser "Freigehege" kritisieren, aber sie sind, auch wenn sie niemals den gewünschten Platz bieten, als Erlebnisräume enorm wichtig. Das weiss man spätestens, seit man auch der psychischen Gesundheit von Menschenaffen Beachtung schenkt. Die Aussenräume ermöglichen einen "Tapetenwechsel", bieten neue Ausblicke, andere akustische Reize, sie machen klimatische Stimuli wie Wind, Regen und Schnee erlebbar und öffnen auch den optischen und akustischen Kontakt zu anderen Tieren. All das sind Möglichkeiten von kaum schätzbarem Wert. Einmal täglich werden alle Räume gereinigt. Die übrige Zeit haben Futterreste und andere Materialien wie Äste, Stroh, Heu und ähnliches, die in die Räume eingebracht werden, nicht einer übertriebenen Hygiene zu weichen wie früher, sondern sie bleiben verfügbar und bereichern damit zusätzlich das übrige, so nötige Beschäftigungsangebot.

Die Menschenaffenfamilien werden mit Nahrung versorgt, die den natürlichen Ernährungsgewohnheiten einer jeden Art, soweit das möglich ist, entspricht und auch Auswahl und Abwechslung bietet. Die Nahrung wird schon seit Jahren nicht mehr während zwei bis drei täglichen "Fütterungen" verabreicht, sondern in kleinen, individuell abgegebenen Portionen über den ganzen Tag hinweg. Auch in

Die Stammeltern der Basler Flachlandgorilla-Familie: Der Silberrücken Stefi (1) und die Gorillafrau Achilla (2), die mehrere Kinder selber aufgezogen hat.

Die erwachsenen Mitglieder der heutigen Gorilla-Familie in Basel: Silberrücken Pepe (3) und die Gorillafrauen Goma (4), Kati (5), Quarta (6) und Faddama (7).

dieser Beziehung versucht man den Gewohnheiten im Freileben näherzukommen. Der Beschäftigung der Menschenaffen wird auf vielseitige Weise Beachtung geschenkt. Damit schafft man die Bedingungen, die ihre emotionale Gesundheit sicherstellen.

Natürlich werden die Menschenaffen im Zoo auch regelmässig auf ihren Gesundheitszustand hin beobachtet und, wenn das nötig ist, medizinisch versorgt. Wenn solche Hilfe die normale Routine überschreitet, so werden für Diagnosen und mögliche Eingriffe Humanmediziner beigezogen.

Ein räumlicher Mangel der Basler Haltung ist, dass eine grössere Freianlage fehlt. Provisorische Pläne für eine solche Anlage sind jedoch bereits ausgearbeitet worden.

Die Basler Menschenaffenfamilien

Die nun folgenden kurzen Familienporträts geben nur einen groben Rück- und Überblick. Sie führen zudem nur zu den Stammeltern der heutigen Familie zurück. Die Kinder der Mütter sind im Text nicht immer alle namentlich erwähnt. Eine lückenlose Übersicht über jede Familie gewährt die nach jedem Familienbeschrieb angeführte Liste. Bei den im Text besonders hervorgehobenen Individuen handelt es sich um Mitglieder, die auch heute noch der Familie angehören. Ein Ereignis hat im Verlauf der Geschichte alle Familien gleichermassen betroffen: der Umzug ins neue Affenhaus, der im Jahre 1969 erfolgte. Für die Menschenaffen war dieser Umzug ein grosser Schritt in eine bessere Haltungszukunft. Unter anderem wurde es mit den neuen Räumen und Nebenräumen möglich, an das Zusammen-

führen der Familien zu denken und damit an eine für jede Gemeinschaft wirklich soziale Haltungsform. Dieses Ziel wurde allerdings erst anderthalb Jahrzehnte nach dem Umzug erreicht. Auf dem Weg dahin brauchte es viele kleine Angewöhnungsschritte, und es mussten gelegentlich auch Rückschläge überwunden werden.

Die Flachlandgorilla-Familie

Der heute in Basel lebenden Familie westlicher Flachlandgorillas gehören derzeit sieben Mitglieder an: der Silberrücken Pepe, die zwei älteren Gorillafrauen Goma und Kati sowie die beiden Mütter Quarta und deren erwachsene Tochter Faddama. Hinzu kamen im Dezember 1996 die beiden Jugendlichen Kisoro und Joas.

Die Basler Familie geht auf die Stammeltern Achilla (1948-1987) und Stefi (1954-1981) zurück. Achilla und Stefi hatten zusammen sechs Kinder, drei Töchter und drei Söhne. Nur vier von diesen - Goma, Jambo, Migger und Quarta - wuchsen allerdings gesund heran und wurden, mit Ausnahme von Goma, auch alle von Achilla versorgt. Die anderen beiden Kinder - Wimbi und Donga - mussten von ihrer Mutter getrennt werden, denn im Alter bekam Achilla Schwierigkeiten mit ihren Brüsten und war nicht mehr in der Lage, ihre letzten beiden Kinder zu stillen. Wimbi starb, und Donga kam zur Handaufzucht in den Zoo von Zürich.

Die Basler Zuchtgeschichte begann im Jahre 1959 mit der Geburt von Goma. Goma war das erste in einem europäischen Zoo geborene Gorillakind und das zweite weltweit. Sie wurde 24 Stunden nach ihrer Geburt von Mutter Achilla

weiblich, **männlich**	geboren in Basel	Mutter, Vater	Bemerkungen
Stefi		Eltern unbekannt	geboren ca. 49, Herkunft Kamerun, seit 16.9.54 in Basel, gestorben 6.9.81
Pepe		Eltern unbekannt	geboren Sept. 59, Herkunft Kamerun, seit 1.9.60 in Basel
Achilla		Eltern unbekannt	geboren ca. 47, Herkunft Kamerun, seit 23.10.48 in Basel, gestorben 3.1.87
Goma	23.9.59	Achilla, Stefi	handaufgezogen
Tamtam	2.5.71	Goma, Jambo	mutteraufgezogen, ab 30.4.97 Zoo Wuppertal (D)
Jambo	17.4.61	Achilla, Stefi	mutteraufgezogen, ab 26.4.72 Zoo Jersey (GB)
Migger	1.6.64	Achilla, Stefi	mutteraufgezogen, ab 4.7.80 Zoo Palmyre (F)
Quarta	17.7.68	Achilla, Stefi	mutteraufgezogen
Yoko	22.7.76	Quarta, Pepe oder Migger	mutteraufgezogen, ab 17.8.76 Handaufzucht Zoo Frankfurt (D)
Zorillo	24.7.77	Quarta, Pepe oder Migger	mutteraufgezogen, gestorben 5.8.77
Akaba	23.6.78	Quarta, Pepe oder Migger	mutteraufgezogen, gestorben 11.6.80
Douala	10.3.81	Quarta, Pepe	mutteraufgezogen, gestorben 20.3.82
Faddama	2.2.83	Quarta, Pepe oder Tamtam	mutteraufgezogen
Nangai	8.10.90	Faddama, Pepe	mutteraufgezogen, ab 30.4.97 Zoo Wuppertal (D)
Muna	6.3.89	Quarta, Pepe	mutteraufgezogen, ab 30.4.97 Zoo Krefeld (D)
Shaba	20.11.95	Quarta, Pepe oder Tamtam	mutteraufgezogen, gestorben 30.11.95
Wimbi	25.9.74	Achilla, Stefi	mutteraufgezogen, gestorben 7.11.74
Donga	16.4.81	Achilla, Stefi	mutteraufgezogen, ab 18.5.81 Handaufzucht Zoo Zürich
Kati		Eltern unbekannt	geboren ca. 61, Herkunft Franz. Kongo, seit 10.2.62 in Basel
Souanke	23.11.70	Kati, Stefi oder Jambo	mutteraufgezogen, gestorben 29.11.70

	5.3.72	Kati, Stefi oder Jambo	ab 6.4.72 Handaufzucht Zoo Frankfurt, zurück in Basel 73, gestorben 27.8.73
Uzima			
Kisoro		Boma, Massa	geboren 6.7.89 im Zoo Krefeld (D), seit 6.12.96 in Basel
Joas		Kriba, Kibabu	geboren 14.3.89 im Zoo Apenheul (NL), seit 6.12.96 in Basel

zweite weltweit. Sie wurde 24 Stunden nach ihrer Geburt von Mutter Achilla getrennt und wuchs während der ersten anderthalb Jahre ihres Lebens in menschlicher Obhut heran. Im Alter von einem Jahr erhielt Goma mit Pepe einen altersgleichen Spielgefährten. Mit diesem zusammen verbrachte Goma einige Zeit in einer Kindergruppe, der auch Schimpansen und Orang-Utans angehörten, und danach wurde sie wieder in ihre angestammte Familie eingegliedert. Goma hat später nur ein Kind geboren, den Sohn Tamtam, den sie selber aufzog. Diese einzige Mutterschaft war für Goma und den Zoo ein "glücklicher Zufall", der mit der geschlechtlichen Zudringlichkeit ihres jüngeren Bruders Jambo zu tun hatte. Goma ist, vermutlich als Folge ihrer Handaufzucht, sozial nie ganz in die Basler Familie hineingewachsen, und sie zeigte als erwachsene Frau auch keinerlei Interesse an den in der Familie verfügbaren Gorillamännern. Sie blieb darum, von Tamtam abgesehen, kinderlos. Goma ist heute mit 36 Jahren das älteste Familienmitglied.

1960 kam Pepe als jähriger Säugling in die Basler Familie. Einen Teil seines ersten Lebensjahres hat er zuvor in menschlicher Pflege in Afrika verbracht.

Pepe war in Basel Gomas Jugendgefährte. Er wuchs zu einem überaus freundlichen und toleranten Silberrücken heran. Heute ist er als ältester Silberrücken das Oberhaupt der Basler Familie. Mit Sicherheit gehen nur Quartas Kinder auf die Vaterschaft Pepes zurück.

Das zweite Kind Achillas, der 1961 geborene Jambo, war der erste kleine Gorilla auf der ganzen Welt, der in einem Zoo von seiner eigenen Mutter betreut heranwuchs. Er hat Basel als Silberrücken verlassen und wurde im Jersey Zoo zum Vater vieler Kinder.

Als Gespane für Jambo kam 1962 die etwa anderthalb Jahre alte Kati nach Basel. Kati geht, wie Pepe, nicht auf die Stammeltern der Basler Zucht zurück. Als junge Gorillafrau hat sie zwei Kinder geboren, die allerdings von ihr getrennt werden mussten. Kati verhielt sich ihren Neugeborenen gegenüber mütterlich, erlebte aber nach jeder Geburt, in periodischen Abständen von zwei bis drei Wochen, kurze Phasen auffallender Erregtheit. Sie zeigte dann dem Alter ihrer Neugeborenen nicht angepasstes mütterliches Verhalten und benahm sich oft so sorglos und exaltiert, dass man um das Überleben ihrer Neugeborenen fürchten musste. In der Folge wurden beide Kinder von Kati getrennt. Der Partner von Kati und Vater ihrer Kinder war der schon ältere Silberrücken Stefi. Als dieser starb, endeten auch Katis Mutterschaften. In der Familie hat Kati später, als "Pflegemutter", die Kinder Quartas und Faddamas, Muna und Nangai, mitbetreut und bekam so Gelegenheit, trotz der bei ihr ausbleibenden Schwangerschaften ihre Mütterlichkeit auszuleben.

Ein weiterer Höhepunkt in der Familiengeschichte war dann, 1971, die Geburt von Tamtam, Gomas einzigem Kind.

seiner Mutter heran. Er war eines der ersten Gorillakinder in einem Zoo, die von der Geburt an nicht nur in Gesellschaft der Mutter, sondern auch in der eines Silberrückens lebte. Es war Pepe, der bei Tamtam sozusagen die "Vaterstelle" vertreten hat. Heute ist Tamtam der zweite Silberrücken in der Familie. Er ist mit grosser Wahrscheinlichkeit der Vater von Nangai und vermutlich auch der von Quartas jüngster Tochter Muna.

In den folgenden Jahren wurde die Basler Zuchtgeschichte vor allem von Achillas viertem Kind, der 1968 geborenen Tochter Quarta, bestimmt.

Quarta, Gomas jüngere Schwester, hat sechs Kinder geboren, aber nur die letzten beiden, Faddama und Muna, grossgezogen. Dass ihre vier ersten Kinder starben oder zur Aufzucht in menschliche Hände kamen, hatte nicht mit Quartas mütterlichen Fähigkeiten zu tun, sondern mit zum Teil ungeklärten Krankheitsfällen. Quarta ist heute die erfahrene ältere Mutter in der Familie und deren Chefin. Faddama, Quartas ältere Tochter, ist heute erwachsen und die zweite Mutter in der Familie.

Faddama repräsentiert, im Gegensatz zu ihrer Mutter Quarta, mit nur einem Kind die noch jugendliche und unerfahrene Mutter. Faddamas Gewohnheit, ihr Neugeborenes der zeitweiligen Fürsorge der älteren Kati zu überlassen, ist eine mütterliche Eigenart, die sie von ihrer Mutter Quarta lernend übernommen hat.

Muna und Nangai waren die Familienmitglieder, die auf kindlich-jugendliche Weise als eigentliche "Animatoren" die ganze Gemeinschaft in Bewegung hielten. Die beiden richteten ihre Spieleinladungen oft auch an ältere Erwachsene und konnten so gelegentlich sogar Pepe und Goma in ihr spielerisches Verhalten miteinbeziehen. Heute leben als direkte Nachkommen der Stammeltern Stefi und Achilla nur noch deren beide Töchter Goma und Quarta in der Familie.

An den internationalen Erhaltungszuchtprogrammen hat man sich erst 1996/1997 beteiligt. Das heisst, dass man Kinder der Basler Familie, Tamtam, Muna und Nangai, in andere Zoofamilien weitergab. Mit Kisoro und Joas kamen im Gegenzug, blutsfremde Jugendliche nach Basel.

Die Schimpansenfamilie

Die Stammeltern der Basler Schimpansen-Familie: der Schimpansenmann Eros (1) und die Schimpansenfrau Fifi (2). Der jetzt 34jährige Eros gehört als Chef noch heute der Familie an.

Die kinderreiche Basler Schimpansen-Grossfamilie setzt sich heute aus 13 Mitgliedern zusammen, aus den fünf erwachsenen Frauen Lua, Jacky, Tana, Xindra und Benga, deren Kindern und dem erwachsenen Mann Eros. Alle Frauen haben bereits zwei oder mehr Mutterschaften hinter sich, und alle ziehen ihre Kinder auch erfolgreich auf.

Die Familie geht auf die Stammeltern Fifi und Eros zurück. Eros kam 1969 nach Basel. Eros ist heute 34 Jahre alt. Er ist der Chef der Familie und der einzige Stammelternteil aller drei Menschenaffenfamilien, der heute noch in seiner Familie lebt. Eros hat 18 Kinder gezeugt. Als er nach Basel kam, fand er als Partnerin nur die Schimpansin Josephine vor. Zwischen den beiden kam es allerdings nie zu Paarungen, was vermutlich an der Unerfahrenheit beider lag. Eros neigt, wie das für Schimpansenmänner typisch ist, zu kraftvollen Imponierauftritten, mit denen er sich vor seiner Familie und vor ihm vertrauten Menschen sozial blagierend aufspielt und so allen periodisch seine soziale Stellung in Erinnerung ruft. Gelegentlich belastet er mit diesen Selbstdarstellungen die Familie, vor allem, wenn er gegen das Ende solcher Demonstrationen sein ungestümes Temperament nicht mehr zügelt und dann auch gegen Familienmitglieder aggressiv wird. Es sind die Frauen in der Familie, die die überschäumende Persönlichkeit von Eros über vielfältige Formen der Beschwichtigung kontrollieren und so sein Wesen zeitweilig auch "führen und verwalten". Damit in der Familie über längere Zeit harmonische Verhältnisse herrschen, sind als tragfähige soziale Basis für das Temperament von Eros vier bis fünf

erwachsene Frauen mit ihrem besänftigenden und schlichtenden Einfluss nötig. 1970, ein Jahr nach der Ankunft von Eros, erhielt die Familie Zuzug durch Fifi. Fifi kam aus dem Zoo von London, war damals zwischen 15 und 18 Jahre alt und eine in mütterlichen und geschlechtlichen Belangen erfahrene Schimpansin. Sie brachte Eros das, was im Umgang mit Geschlechtspartnerinnen nötig ist, so erfolgreich bei, dass sie noch im Jahr ihrer Ankunft ihr erstes Basler Kind zur Welt brachte, ihre Tochter Tana.

Tana ähnelt äusserlich sehr stark ihrer Mutter Fifi. Sie ist wie diese kleingewachsen und schwarzgesichtig. Tana hat bisher fünf Kinder geboren. Ein ruhiges und freundliches Wesen zeichnet sie aus, aber sozial steht sie in der weiblichen Hierarchie, zusammen mit ihren beiden jüngeren Schwestern Xindra und Benga, deutlich hinter Lua und Jacky. Im Jahre 1971 starb Josephine, und drei Jahre danach kam die siebenjährige Jacky nach Basel. Jacky ist unter den Basler Schimpansenfrauen die älteste. Mit acht Kindern hat sie jetzt, im Alter von 29 Jahren, schon mehr Nachkommen, als man normalerweise von einer Schimpansin im Laufe eines ganzen Lebens erwarten kann. Jackys Kindersegen beruht auf einer Störung ihres Hormonhaushaltes, die zur Folge hat, dass bei ihr die Geburtenabstände nur zwei bis drei Jahre betragen, statt der üblichen vier bis fünf Jahre. Jacky besitzt viel soziale Übersicht und reagiert auf das Alter ihrer Kinder äusserst feinfühlig. Das einsichtige, gleichzeitige Betreuen von zwei einander altersmässig nahestehenden Kindern bereitete ihr nie Probleme. Jacky ist unter den Müttern die "Graue Eminenz" und die "inoffizielle" Chefin der Familie.

Ihr erstes Kind, die Tochter Xandra, brachte Jacky 1975 zur Welt, im gleichen Jahr, als auch Fifis zweite Tochter Xindra geboren wurde. Xindra ist die mittlere der drei Fifitöchter. Xindra vertritt in der Familie die noch jugendliche Mutter. Sie hat bisher zwei Söhne geboren, mit denen sie heute noch zusammen lebt.

Ins Jahr 1979 fällt die Geburt von Fifis dritter Tochter Benga und gleichzeitig auch Fifis Tod. Benga war zwei Monate alt, als ihre Mutter Fifi an einer Hirnhautentzündung starb. Benga wurde in Basel vom Pfleger Reto Weber und der Pflegerin Jolanda Willi von Hand aufgezogen. Tagsüber hielt sie sich allerdings, unter der Obhut ihrer menschlichen Pflegeeltern, im Affenhaus auf. Ihre vollständige Rückgliederung in die Schimpansenfamilie beanspruchte beinahe sechs Jahre. Man ging bei ihrer Aufzucht und Eingliederung äusserst sorgfältig und in kleinen Schritten vor, um sie vor allzuschweren Folgeschäden ihrer artfremden Kindheit zu bewahren. Benga hat diese Sorgfalt und Umsicht dadurch belohnt, dass sie bereits ihren erstgeborenen Sohn Lukani vollwertig betreute. Benga hat nach Lukani noch einen Sohn und eine Tochter geboren. Sie zeigt in der Gemeinschaft, als Folge ihrer Kindheit bei Menschen, eine den anderen Schimpansinnen nicht eigene soziale Unsicherheit, und wenn in der Familie sehr grosse Erregung aufkommt, so neigt Benga zu rhythmischem Körperwiegen, das man als "rocking" bezeichnet und das seine Ursache im frühen Mutterverlust hat.

Der Tod der sozial erfahrenen Fifi hinterliess in der Familie eine empfindliche Lücke, die 1980 geschlossen werden konnte, als man die etwa 10 Jahre alte Lua erwarb und in die Familiengemeinschaft eingliederte.

Lua ist unter den Frauen der Familie die dominanteste und die "offizielle" Chefin. Ihre rangliche Stellung hängt jedoch weder mit ihrer sozialen Erfahrung noch mit ihren mütterlichen Erfolgen zusammen, sondern mit ihrem Temperament und mit ihrer Nähe zu Eros, dem Chef der Familie. Sie ist eine ausgesprochen "männlich" wirkende Schimpansin, und zwar im Hinblick auf ihren Körperbau genauso wie auf ihr Verhalten. Lua zeigt als einzige unter den Frauen gelegentlich ähnliche Imponierauftritte wie ein Schimpansenmann. Ihre Geburten verlaufen in der Regel schwer, und zwei ihrer Schwangerschaften endeten mit Aborten. Lua verhält sich jedoch Kleinkindern und Kindern gegenüber ausgesprochen freundlich und mütterlich, und sie hat auf überzeugende fürsorgliche Weise auch für ihre beiden eigenen Kinder Dan und Kamasi gesorgt.

Typisch für die Basler Schimpansenfamilie ist, dass normalerweise Kinder bis kurz vor ihrer eigenen Geschlechtsreife bei ihren Müttern bleiben. Das erklärt, warum die Basler Schimpansenfrauen zeitweilig für mindestens zwei eigene Kinder verantwortlich sind.

Heute besteht die Schimpansen·Familie aus folgenden erwachsenen Mitgliedern: Schimpansenmann Eros (1) und die Schimpansenfrauen Jacky (2), Lua (3), Tana (4), Xindra (5) und Benga (6). Mit den Kindern und Jugendlichen Litoko, Mwana, Punia, Pweke, Quamisha, Swela und Unyoro stellt sich der Familienbestand auf dreizehn Mitglieder.

weiblich, männlich	geboren in Basel	Mutter, Vater	Bemerkungen
Eros		Eltern unbekannt	geboren ca. 62, Herkunft Zoo Seeteufel, Studen (CH), seit 5.11.69 in Basel
Josephine		Eltern unbekannt	geboren ca. 58, Herkunft Zaire, seit 13.9.60 in Basel, gestorben 22.11.77
Fifi		Eltern unbekannt	geboren ca. 55, Herkunft Zoo London, seit 13.5.70 in Basel, gestorben 7.12.79
Tana	7.5.71	Fifi, Eros	mutteraufgezogen
Bassa	5.9.79	Tana, Eros	mutteraufgezogen, gestorben 24.11.87
Fali	3.9.83	Tana, Eros	mutteraufgezogen, ab 31.1.90 Zoo Zürich
Kipenzi	12.9.87	Tana, Eros	mutteraufgezogen, ab 8.10.96 Plättli-Zoo Frauenfeld
Punia	20.2.92	Tana, Eros	mutteraufgezogen
Unyoro	25.2.97	Tana, Eros	mutteraufgezogen
Xindra	23.10.75	Fifi, Eros	mutteraufgezogen
Litoko	8.10.88	Xindra, Eros	mutteraufgezogen, ab 22.9.97 Taiping Zoo (Malaysia)
Pweke	28.11.92	Xindra, Eros	mutteraufgezogen
Benga	17.9.79	Fifi, Eros	mutteraufgezogen, ab 7.12.79 Handaufzucht
Lukani	10.3.88	Benga, Eros	mutteraufgezogen, ab 29.3.95 ZooMünster (D)
Palangi	16.5.92	Benga, Eros	mutteraufgezogen, gestorben 19.1.95
Swela	19.10.95	Benga, Eros	mutteraufgezogen
Jacky		Eltern unbekannt	geboren ca. 67, Herkunft Plättli-Zoo Frauenfeld, seit 1.10.74 in Basel
Xandra	6.8.75	Jacky, Eros	mutteraufgezogen, ab 20.4.82 Zoo Zürich
Baraka	2.1.79	Jacky, Eros	mutteraufgezogen, ab 26.4.83 Zoo Kopenhagen (DK)

Djema	29.11.81	Jacky, Eros	mutteraufgezogen, ab 21.4.87 Givskud Zoo, Give (DK)
Gayi	11.3.84	Jacky, Eros	mutteraufgezogen, ab 25.2.92 Toyohashi Zoo (J)
Ituri	12.5.86	Jacky, Eros	mutteraufgezogen, ab 25.2.92 Toyohashi Zoo (J)
Mwana	4.11.89	Jacky, Eros	mutteraufgezogen ab 22.9.97 Taiping Zoo (Malaysia)
Quamisha	21.5.93	Jacky, Eros	mutteraufgezogen
S...	6.5.95	Jacky, Eros	mutteraufgezogen, gestorben 29.5.95
Lua		Eltern unbekannt	geboren ca. 70, Herkunft Zoo Seeteufel, Studen (CH), seit 26.3.80 in Basel
Dan	16.2.81	Lua, Eros	mutteraufgezogen, gestorben 25.11.87
Kamasi	29.5.87	Lua, Eros	mutteraufgezogen, ab 29.3.95 Zoo Münster (D)

Die Orang-Utan-Familie

Die Stammeltern der Basler Orang-Utan-Familie: die Orang-Utan-Frau Kiki (1) und der "Backenwülster" Nico (2).

Sieben Mitglieder bilden heute die Basler Orang-Utan-Familie: Schubbi, der erwachsene Mann, die beiden älteren Orang-Utan-Frauen Elsie und Kasih und die beiden jüngeren Mütter Sexta und Farida. Sexta betreut zurzeit den sechseinhalbjährigen Sohn Naong und Farida ist noch mit ihrer in Zürich geborenen Tochter Ogan zusammen. Mit Ausnahme von Kasih gehören alle Familienmitglieder der Unterart der Sumatra-Orang-Utans an. Kasih, die als einzige noch auf die früheren Stammeltern zurückgeht, vereinigt die Merkmale beider Unterarten, denn ihr Vater stammte von Borneo und ihre Mutter von Sumatra.

Die Basler Familie geht auf die Stammeltern Nico und Kiki zurück. Beide sind im Oktober 1954 nach Basel gekommen. Nico war damals ungefähr vier und Kiki sechs Jahre alt.

Die Gründung ihrer Familie erfolgte 1958, als Kiki ihr erstes Kind, den Sohn Freeman, zur Welt brachte. Kiki hat Freeman selber mütterlich versorgt, aber ihr Erstgeborener starb im Alter von sieben Monaten.

1961 kam, zur Vergrösserung der Familie, Elsie nach Basel. Elsie war damals etwa drei Jahre alt. Trotz vieler Versuche gelang es nicht, sie in die ansässige Familiengemeinschaft zu integrieren. Elsie setzte sich gegen solche Ansinnen immer schreiend zur Wehr. Sie blieb darum längere Zeit mit Gorilla- und Schimpansenkindern in einer Spielgruppe zusammen und wurde später für einige Zeit als Raumnachbarin von Gorillamutter Achilla gehalten. Erstaunlicherweise gelang Elsies Eingliederung in die Familie problemlos, als im Jahre 1969 die Räume im neuen Affenhaus bezogen wurden. Elsie hat in Basel vier Kinder geboren und sie auch aufgezogen.

Die heutige Basler Orang-Utan-Familie zählt fünf erwachsene Mitglieder: Orang-Utan-Mann Schubbi (3) und die Orang-Utan-Frauen Elsie (4), Kasih (5), Sexta (6) und Farida (7). Zusammen mit den beiden Jugendlichen Ogan und Noang umfasst die Gemeinschaft sieben Familienmitglieder.

Ihr letztes, der Sohn Kupang, starb jedoch im Alter von neun Monaten. 1962, ein Jahr nach Elsies Ankunft in Basel, gebar Kiki ihr zweites Kind, die Tochter Kasih. Kasih ist von ihrer Mutter Kiki versorgt worden und wuchs gesund heran. 1973 hat sie mit ihrer ersten Geburt, der von Zwillingen, für Aufsehen gesorgt. Es handelte sich damals erst um den dritten Fall einer Orang-Utan-Zwillingsgeburt in einem Zoo, und um den ersten, bei dem man die Zwillingskinder der alleinigen Pflege ihrer Mutter überlassen hat. Kasihs Zwillingskinder, eine Tochter und ein Sohn, starben jedoch im Alter von einem respektive acht Monaten. Die beiden Todesfälle hatten mit Krankheiten zu tun und nicht mit mangelnden mütterlichen Fähigkeiten Kashis. Im Laufe des ersten Monates nach der Geburt der Zwillinge hat Kasih gezeigt, dass eine Orang-Utan-Mutter, zumindest in der ruhigen und behüteten Zoo-Situation, der Doppelbelastung durch Zwillingskinder mütterlich gewachsen ist. Kaish hat nach ihren Zwillingen noch die beiden Töchter Yari und Atjeh und den Sohn Kojong geboren. Sie hat diese drei Kinder selber betreut. Allerdings sind Yari und Kojong noch vor dem Ende ihres ersten Lebensjahres gestorben.
1966 kam Kikis letztes Kind zur Welt, der Sohn Oya. Oya ist in der Basler Familie gross geworden. Erneuten Zuwachs erhielt die Familie zehn Jahre nach Oyas Geburt im Jahre 1976 mit Sexta. Sexta ist im Zoo von Stuttgart zur Welt gekommen und musste dort handaufgezogen werden. Als sie nach Basel kam, war sie vier Jahre alt. Ihre ersten beiden Töchterchen Floh und Moni vermochte sie nicht aufzuziehen. Bei der ersten Geburt erschrak Sexta so sehr, dass sie ihr Neugeborenes einfach auf dem Boden liegen liess. Das Zweitgeborene trug sie nach der Geburt kurz am

Körper, legte es bald danach aber ebenfalls weg und beachtete es nicht mehr. Beide Kinder brachte man am Tag nach ihrer Geburt zur Handaufzucht in den Zoo von Zürich. Erstaunlich war dann, dass Sexta ihr drittes Kind, den 1990 geborenen Sohn Noang, bei sich behielt und ihn vorbildlich mütterlich versorgte. Gleich nach der Geburt ihres ersten Kindes hat man auf vielfältige Weise versucht, Sexta auf künftige Mutterschaften vorzubereiten. Im direkten Kontakt hat man ihr das zweite Neugeborene an den Körper gehalten und ihr eindringlich zugesprochen in der Hoffnung, sie dazu überreden zu können, diese Aufgabe selber zu übernehmen. Später bekam sie Gelegenheit, aus nächster Nähe zuzusehen, wie Elsie und Kasih je einen Säugling betreuten. Überdies haben die Präparatoren des Naturhistorischen Museums nach der "Vorlage" eines verstorbenen Orang-Utan-Kleinkindes eine naturnahe Orang-Utan-Puppe hergestellt, mit der man Sexta im Umgang mit einem Kleinkind praktisch zu schulen versuchte. Wie weit all diese "mütterliche Ausbildung" und die beim Zuschauen erworbenen Erfahrungen zum späteren Erfolg Sextas mit Naong beigetragen haben, ist nachträglich schwer zu beurteilen.

1980 starb Nico im Alter von dreissig Jahren. Nicos Tod erfolgte, kurz nachdem entdeckt worden war, dass sich die beiden Unterarten der Orang-Utans - Sumatra und Borneo - aufgrund des Chromosomenbildes eindeutig unterscheiden lassen, wozu vorher niemand mit Gewissheit fähig gewesen war. Diese neue Erkenntnis führte dazu, dass sich viele Zoos für die reine Haltung einer der beiden Unterarten entschieden. Nach Nicos Tod stand dieser Entscheid auch in Basel an. Nico stammte von Borneo, Kiki von Sumatra, und ihre Kinder waren "Mischlinge". Weil sich mit Kiki, Elsie und Sexta bereits drei Sumatranerinnen in Basel befanden, entschied man sich dafür, Nico durch einen Sumatranermann zu ersetzen. Erst nach längerem Suchen wurde man fündig. Aus dem Yerkes-Primaten-Zentrum in Atlanta/USA kam 1982 Schubbi in die Familie.

Schubbi war 10 Jahre alt. Er wurde 1972 in Atlanta geboren und dort handaufgezogen. Als er zu uns kam, zeigte er deutliche Verhaltensstörungen, die zum einen mit seiner nur von Menschen begleiteten frühen Kindheit und zum anderen mit Haltungsmängeln in Atlanta zu tun hatten. Überdies stellte man fest, dass Schubbi schwerhörig, ja sogar fast taub war. Schubbis Zustand hat sich über die Jahre, in denen er in Basel im Kreis einer Familiengemeinschaft ein soziales Leben führen konnte, deutlich gebessert. Ob Schubbi die Hoffnungen erfüllt, die man in ihn als Nachfolger für den verstorbenen Nico setzte, wird sich wohl erst in den kommenden Jahren zeigen. Schubbi ist heute der Chef der Basler Familie.

1988 starb Kiki im Alter von 40 Jahren. Eine letzte Vergrösserung erfuhr die Familie, als im Jahre 1992 aus dem Zoo Zürich Mutter Farida zusammen mit ihrer dort geborenen Tochter Ogan zuzog. Farida wurde 1979 in Zürich geboren und brachte dort 1988 ihre Tochter Ogan zur Welt. Farida ist sowohl an Jahren wie auch sozial das jüngste Mitglied der Basler Familie.

Bild Seite 46
In Basel wachsen die Menschenaffenkinder im Schosse ihrer Familiengemeinschaften heran. Der kleine Gorillabub Tamtam war eines der ersten Gorillakinder der Welt, das von seiner Geburt an nicht nur zusammen mit seiner Mutter heranwuchs, sondern auch in der Gesellschaft eines Silberrückens.

weiblich, männlich		geboren in Basel	Mutter, Vater	Bemerkungen
Nico			Eltern unbekannt	geboren ca. 50, Herkunft Zoo Hamburg (D), seit 19.10.54 in Basel, gestorben 11.9.80
Philipp			Eltern unbekannt	geboren ca. 64, Herkunft Plättli-Zoo Frauenfeld, seit 15.1.69 in Basel, ab 20.3.74 Zoo Münster (D)
Schubbi			Eltern unbekannt	geboren 28.5.72 in Atlanta (USA), handaufgezogen, seit 25.8.82 in Basel
Kiki			Eltern unbekannt	geboren ca. 48, Herkunft Zoo Hamburg (D), seit 19.10.54 in Basel, gestorben 8.11.88
Freeman		2.9.58	Kiki, Nico	mutteraufgezogen, gestorben 12.5.59
Kasih		19.3.62	Kiki, Nico	mutteraufgezogen
Zwillinge	m	8.7.73	Kasih, Nico	mutteraufgezogen, ab 27.3.74 Zoo Frankfurt (D)
	w	8.7.73		mutteraufgezogen, gestorben 2.8.73
Yari		10.6.76	Kasih, Nico	mutteraufgezogen, gestorben 16.11.76
Atjeh		22.4.78	Kasih, Nico	mutteraufgezogen, ab 20.5.87 Zoo Romanèche (F)
Kojong		15.10.87	Kasih, Schubbi	mutteraufgezogen, gestorben 9.3.88
Oya		3.7.66	Kiki, Nico	mutteraufgezogen, ab 22.4.76 Zoo Barcelona (E)
Elsie			Eltern unbekannt	geboren ca. 58, Herkunft Van Den Brink, Soest (NL), seit 20.6.61 in Basel
Suma		1.4.70	Elsie, Nico	mutteraufgezogen, ab 14.9.82 Zoo Bangkok (TH)
Xempaka		20.9.75	Elsie, Nico	mutteraufgezogen, ab 14.9.82 Zoo Bangkok (TH)
Bulu		29.12.79	Elsie, Nico	mutteraufgezogen, ab 20.5.87 Zoo Romanèche (F)
Kupang		12.11.87	Elsie, Schubbi	mutteraufgezogen, gestorben 12.8.88
Sexta			Kiki (D), Charly	geboren 21.9.72 in Stuttgart, seit 31.8.76 in Basel
Floh		12.6.83	Sexta, Schubbi	ab 29.6.83 zur Handaufzucht Zoo Zürich
Moni		24.1.86	Sexta, Schubbi	ab 24.1.86 zur Handaufzucht Zoo Zürich
Naong		14.1.90	Sexta, Schubbi	mutteraufgezogen
Farida			Lea, Pongo	geboren 3.5.79 in Zürich, handaufgezogen, seit 3.7.92 in Basel
Ogan			Farida, Pongo	geboren 25.6.88 in Zürich, seit 3.7.92 in Basel

Schwanger sein... "Schwangere Menschenaffenfrauen verlieren allmählich ihre Spielfreudigkeit, werden ruhiger, engagieren sich nicht mehr so stark sozial und schränken
mit dem Fortschreiten der Schwangerschaft auch ihr tägliches Bewegungspensum
etwas ein."

Schwanger werden…

Menschenaffenfrauen zeigen einen monatlichen geschlechtlichen Zyklus. Ihre Paarungsbereitschaft und die damit verbundenen Paarungen bleiben jedoch innerhalb des Zyklus auf eine recht kurze Zeit beschränkt, auf die sogenannte Brunft. Nur die Bonobos oder Zwergschimpansen, die vierte der grossen Menschenaffenarten, machen da eine Ausnahme. Bei ihnen sind Paarungen, unabhängig von der Brunft, über den ganzen Zyklus zu sehen. Ihre Sexualität hat nicht nur mit dem Fortpflanzungsgeschehen zu tun, sondern sie stabilisiert, stärker als bei den anderen Menschenaffen, auch ihre sozialen Beziehungen. Bei den Gorillas dauert die Brunft durchschnittlich 3, bei den Orang-Utans 4 und bei den Schimpansen 10 Tage. Wenn Paarungen zu einer Konzeption führen, so kann man noch bis in den dritten Schwangerschaftsmonat Brunften beobachten, die allerdings meist schwächer ausfallen und oft nicht mehr die normale Dauer aufweisen. Auch während solcher Brunften kommt es noch zu Paarungen. Danach "verschwindet" der Zyklus. Er setzt erst spät nach der Geburt wieder ein, zu Beginn des letzten Drittels der über mehrere Jahre führenden Stillzeit.

Schwanger sein…

Im Mittel dauert die Schwangerschaft in Zoos nach den von Angela Meder zusammengestellten Daten bei den Gorillas 257, bei den Bonobos 255, bei den Orang-Utans 245 und bei den Schimpansen 228 Tage. Diese Werte decken sich mit nach oben und unten feststellbaren Abweichungen von etwa fünf Tagen mit den in Basel erhobenen Zahlen.
Die Schwangerschaft ist bei allen Menschenaffenarten vor allem in den ersten Monaten nur schwer an äusserlich erkennbaren Zeichen abzulesen. Dies hat mehrere Gründe. Der Konzeptionstermin ist nicht genau auf eine bestimmte Paarung festzulegen, weil in den der Konzeption folgenden drei Monaten noch weitere Paarungen zu sehen sein können. Das erschwert zudem das Errechnen eines möglichen Geburtstermines. Man hat im Zoologischen Garten in Basel die Geburt eines Kindes darum schon oft zu früh erwartet, und das gilt wohl auch für alle anderen Zuchtstätten, in denen man regelmässig mit Menschenaffengeburten zu tun hat.

Bild Seite 49
Unter den Menschenaffenfrauen zeigen nur die Schimpansinnen innerhalb des monatlichen Geschlechtszyklus die empfängnisbereiten Tage äusserlich mit einer auffälligen Brunftschwellung an.

3

Gorillafrauen verraten ihren Brunftzustand durch ihr Verhalten. Mit direkten Blicken und selbstsicheren Auftritten nähern sie sich ihrem Silberrückenpartner (1), äussern ihm gegenüber einladende Gesten und führen so schliesslich Paarungen herbei (2).

Die Brunftschwellung bei Schimpansinnen erreicht am ersten Brunfttag ihre grösste Ausdehnung (3), bleibt während der Dauer der Brunft in diesem Zustand und klingt danach wieder ab. Gorillafrauen sind im Mittel drei, Orang-Utan-Frauen vier bis fünf und Schimpansinnen gegen zehn Tage brünftig.

Der Zuwachs der Leibesfülle ist bei Schwangeren, selbst kurz vor der Geburt, kaum festzustellen, denn Menschenaffenkinder sind, wenn sie geboren werden, ungleich viel kleiner als Menschenkinder. Zudem zeigen Menschenaffenfrauen auch im nichtschwangeren Zustand einen auffallenden Bauchumfang, denn der grosse Anteil an schwer- und unverdaulichen Fasern ihrer überwiegend aus Pflanzen bestehenden Kost verlangt einen beträchtlichen "Stauraum".

Auch die Bewegungen des heranwachsenden Kindes bekommt man an der Bauchdecke nur ausnahmsweise zu sehen. Die Körperbehaarung verhindert das zusätzlich. Mit grösserer Sicherheit ist auf eine Schwangerschaft erst dann zu schliessen, wenn nach zwei bis drei Monaten die Brunften nicht mehr mit der üblichen Intensität und Dauer auftreten oder schliesslich vollständig ausbleiben. Das ist bei Schimpansen relativ einfach, denn bei ihnen kann man die Brunft, oder deren Ausbleiben, an der sie begleitenden Schwellung der Perinealhaut, der Brunftschwellung, erkennen.

Auch Gorilla- und Orang-Utan-Frauen zeigen solche Schwellungen, aber diese sind äusserlich kaum sichtbar. Das Menstruationsblut fliesst im normalen Zyklus, wenn überhaupt, nur tropfenweise aus und ist leicht zu übersehen. Sein Wegbleiben ist damit auch kein Indiz.

Berücksichtigt man all das, so ist verständlich, dass die Beurteilung der frühen Schwangerschaft aufgrund körperlicher und physiologischer Veränderungen nur lückenhaft möglich ist. Eine etwas verlässlichere diagnostische Hilfe sind Verhaltensbeobachtungen. Menschenaffenfrauen ändern im schwangeren Zustand gewisse Gewohnheiten im täglichen Verhalten, zuerst allerdings nur minutiös und erst später etwas deutlicher. Man muss aber die Persönlichkeit einer Menschenaffenfrau auch im nichtschwangeren Zustand kennen und ihre Schwangerschaft genau und kontinuierlich beobachten, wenn man diese Veränderung von Gewohnheiten entdecken will. Überdies muss man über die reine Beobachtung hinaus auch mit der Wesensart der betroffenen Frau vertraut sein, denn Schwangere drücken ihren Zustand oft auf persönliche, nur ihnen eigene Weise aus. Das alles heisst, dass eine eigentliche Studie, die über längere Zeit führt, nötig ist, und dafür reicht das Zeitbudget der Menschen, die sich für diese Arbeit eignen, in den meisten Zoos nicht aus.

2

Äusserlich ist die Schwangerschaft bei Menschenaffenfrauen nur schwer erkennbar. Goma/G, zehn Tage vor der Geburt ihres Söhnchens Tamtam (1), und Fifi/S, vier Tage bevor sie ihr Töchterchen Tana zur Welt brachte (2).

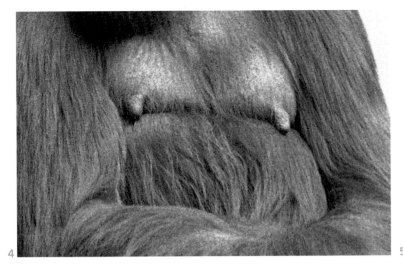

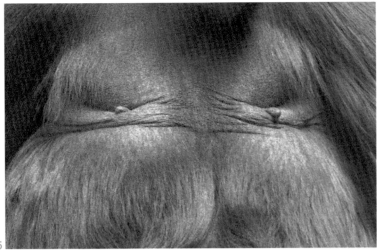

Erst in den letzten beiden Monaten wird die Zunahme des Brustvolumens deutlich. Die Brust der Gorillafrau Goma 10 Tage vor der Geburt (4) und im nichtschwangeren Zustand (5).

Auch der soziale Status der Schwangeren und deren Körperlichkeit beeinflussen das eine Schwangerschaft kennzeichnende Verhalten.

Recht typisch sind Veränderungen im sozialen Temperament. Schwangere verlieren allmählich ihre Spielfreudigkeit und spielen schliesslich gar nicht mehr. Das zeigt sich deutlich, weil erfahrene Mütter, wenn sie schwanger sind, noch eng mit ihrem älteren Kind verbunden sind, und in diese Beziehung gehören spielerische Interaktionen. Dass dieser Verzicht aufs Spielen mit körperlichen und physiologischen Veränderungen zu tun hat, merkt man, weil zuerst die Spiele aufgegeben werden, die an den Körper Anforderungen stellen, also kraftaufwendige Spielraufereien und Jagden.

Schwangere werden überdies ruhiger, engagieren sich nicht mehr so stark sozial, schränken später auch ihr tägliches Bewegungspensum ein, ruhen öfter als zuvor, bevorzugen von den früheren Gewohnheiten abweichende Ruhehaltungen, das heisst, sie liegen vermehrt auf dem Rücken und auf einer Seite und meiden zunehmend das Auf-dem-Bauch-Liegen. Manchmal entwickeln sich auch Vorlieben für gewisse Futterstücke und Getränke, ja wir konnten bei einer Schimpansin in Basel sogar eine deutliche Zuneigung zu einer anderen Schimpansenfrau beobachten, die nur auffällig wurde, wenn sie schwanger war.

Achilla/G, die Stammutter der Basler Gorillazucht, zeigte zwei solche Eigenheiten. Sie ass gerne Bananen - die schon lange nicht mehr auf dem Menüplan der Gorillas stehen - und tat das, indem sie sie schälte, das Fruchtfleisch aufnahm und die Schalen unbeachtet zur Seite legte. Im schwangeren Zustand blieb sie dieser Vorliebe treu, legte aber erstaunlicherweise das Fruchtfleisch zur Seite und ass nur die Schalen. Unter ihren menschlichen Bekannten war Achilla schon immer den Männern mehr zugetan als den Frauen. Das war typisch für ihre Beziehungen zu Menschen. Immer wenn sie schwanger war, änderte sich das, denn dann standen ihr Menschenfrauen näher als -männer, und sie zeigte diese vorübergehende Bevorzugung in ihrem Verhalten deutlich.

Selbst der Fortschritt einer Schwangerschaft lässt sich im Vergleich, wenn wir von der leichten Zunahme der Brust einmal absehen, äusserlich kaum ablesen. Kati/G 60 Tage (1), 33 Tage (2) und 20 Tage (3) vor der Geburt ihres Töchterchens Uzima.

Je weiter die Schwangerschaft fortschreitet, desto verlässlicher werden Anzeichen, die sich aus dem Verhalten ergeben, mit dem die Schwangeren auf physiologische Veränderungen reagieren.

In Einzelfällen schwellen die Brüste schon drei Monate vor der Geburt an, und die Brustwarzen vergrössern sich. Ausnahmsweise wird auch schon Vormilch gebildet, und das bekommt man zu sehen, weil sich auf der Warzenspitze "Milchtropfen" bilden. Mit Sicherheit treten diese Erscheinungen von der drittletzten Woche an auf. Schwangere kratzen dann ihre Brüste mit den leicht aufgelegten Fingerspitzen, streichen rhythmisch mit den Händen über sie hinweg, und manchmal tun sie das beidseitig gleichzeitig. Die so eingesetzten Finger werden regelmässig vor die Nase

1

In den letzten Schwangerschaftswochen und -tagen machen Anzeichen im Verhalten auf die bevorstehende Geburt aufmerksam. Typisch ist in dieser Zeit das Brustkratzen (1), das Auspressen und Auflecken von Vormilchtropfen (2 und 3) und im Laufe der letzten beiden Wochen regelmässige manuelle Inspektionen der Vagina (4), immer verbunden mit geruchlichen und geschmacklichen Kontrollen vor Nase und Mund (5).

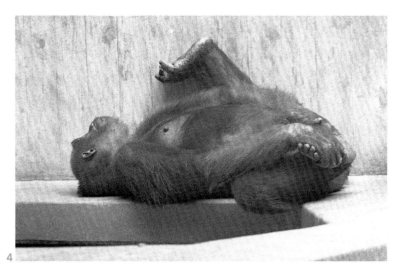

4

2

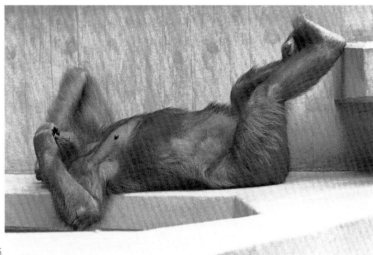

5

3

Bei den Schimpansen zeigen sich ein bis zwei Tage vor der Geburt auch die Familienmitglieder an der Schwangeren interessiert. Diese wird häufig aufgesucht, und solche Besuche schliessen immer eingehende und vielfältige Kontakte mit dem Genitalbereich der Schwangeren mit ein.

oder in den Mund geführt. Oft werden die Brüste auch direkt mit den Lippen und mit der Zunge untersucht, und austretende Flüssigkeit wird aufgeleckt oder mit einem Finger aufgetupft und in den Mund gebracht.

Bewegungen des aktiven Kindes bekommt man in den letzten zwei Monaten nur ausnahmsweise zu sehen. Spüren können sie Pflegerinnen und Pfleger, wenn sie mit der Schwangeren auf sehr vertrautem Fuss stehen und ihr in einer freundlichen Geste die Hand auf den Bauch legen können. Doch heute ist das nur noch durchs Gitter möglich, denn die Menschenaffenfamilien leben jetzt als Gemeinschaften rund um die Uhr zusammen und die Gehege werden nicht mehr betreten.

Im letzten Monat vor der Geburt geben Schwangere ihren Urin häufiger und in kleinen Portionen ab, die oft richtiggehend ausgepresst werden. Elsie/O hat ihr Urinlösen oft unterstützt oder herbeizuführen versucht, indem sie ihre Finger möglichst tief in die Vagina steckte.

In den letzten 24 Stunden vor der Geburt werden die Schwangeren immer rastloser. Sie finden oft kaum mehr für längere Zeit Ruhe am gleichen Ort, beschäftigen sich intensiv mit ihrer Genitalregion und prüfen den dabei aufgenommenen Geruch vor der Nase und im Mund. Auch vertraute Familienmitglieder wenden sich jetzt dem Genitale der Schwangeren gelegentlich pflegend zu. Zudem werden von den letzten Mahlzeiten nur noch ausgewählte kleine Bissen aufgenommen, oder die Nahrungsaufnahme wird gänzlich verweigert.

Weil sich Schwangerschaften in der frühen Zeit so schwer durch Beobachtung diagnostizieren lassen, hat man schon früh versucht, sie, gleich wie bei Menschen, über Urinproben abzuklären. Auch bei Menschenaffen wird gegen Ende des ersten Schwangerschaftsmonates das Hormon Choriongonadotropin ausgeschieden, das bei einer bestimmten nachgewiesenen Konzentration über eine Schwangerschaft verlässlich Auskunft zu geben vermag. Vor Jahrzehnten hat man solche Proben in Basel einfach ins Labor des Frauenspitals gegeben und von dort den Befund erhalten. Heute erledigt diese Abklärung der Tierarzt im Zoo selber.

	Flachlandgorilla	Schimpanse	Orang-Utan
Dauer des weiblichen Zyklus	30 Tage	34 - 36 Tage	29 - 32 Tage
Dauer der empfängnisbereiten Zeit innerhalb des Zyklus (Brunft)	3 Tage	10 Tage	3 - 4 Tage
Dauer der Schwangerschaft	257 Tage	228 Tage	245 Tage
Alter beim Auftreten der ersten Brunft (Menarche)	7 bis 8 Jahre	9 Jahre	8 bis 9 Jahre
Alter bei der ersten Konzeption	8 bis 9 Jahre	9 bis 10 Jahre	8 bis 9 Jahre

Die in der Tabelle aufgeführten Werte sind Durchschnitte, die eine grobe Orientierung gestatten sollen. Sie stammen aus Zusammenstellungen in Arbeiten von Angela Meder, D.E. Martin und K. Gould, und anderen.

Bild Seite 60
Unmerklich verändert sich im Laufe der Schwangerschaft auch das tägliche Aktivitätsmuster einer Schwangeren. Die Bewegungsaktivität wird etwas reduziert, auffällig werden häufige Ruhepausen in aufrecht sitzender, angelehnter Haltung, und beim liegenden Ruhen wird die Rückenlage deutlich bevorzugt. Im Bild die hochschwangere Goma/G.

Geboren werden "...14.27 Uhr - Das Köpfchen ist in der Geburtsöffnung zu sehen. Tana/S umfasst es mit einer Hand, presst, umgreift mit der anderen Hand das austretende Ärmchen und zieht ihr Neugeborenes vollends aus dem Geburtsweg. Sie nimmt es sofort eng an den Bauch und überdeckt es mit beiden Armen..."

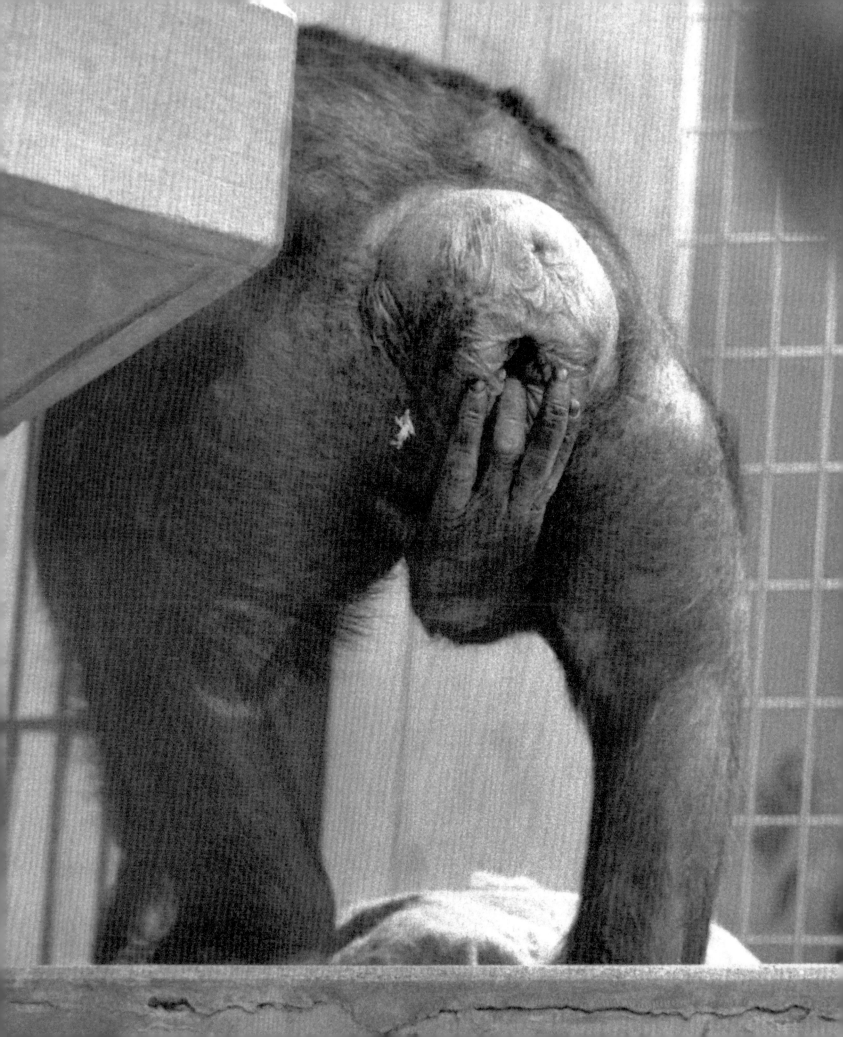

1

Allgemeines zur Geburt

Menschenaffenmütter bringen je Geburt nur ein Kind zur Welt. Zwillingsgeburten sind bei ihnen etwa so häufig wie beim Menschen.
Die Schwangerschaft dauert im Mittel bei Schimpansen 228, Orang-Utans 245, Bonobos 255 und Gorillas 257 Tage.
Der Geburtenabstand beträgt vier bis fünf Jahre. Er ergibt sich daraus, dass vom zweiten Schwangerschaftsmonat an bis ins letzte Drittel der 3 1/2 bis 4 Jahre dauernden Stillzeit die Brunften und die mit ihnen verbundenen Paarungen ausbleiben. Mit dem Alter einer Mutter nehmen die Abstände zwischen den Geburten zu. Rechnen wir mit einer mittleren Lebenserwartung von 40 bis 45 Jahren und mit einem Alter von 10 bis 11 Jahren bei der Erstgeburt, so wird eine Menschenaffenmutter in ihrem Leben fünf bis sieben Kinder zur Welt bringen. Das gilt nur, wenn wir von der Annahme ausgehen, dass alle Kinder einer Mutter aufwachsen und von ihr selber betreut werden.
Auch heute noch ist das Geburtsgeschehen bei Menschenaffen lückenhaft dokumentiert. Das hat zwei Gründe. In Freilandstudien wird man selten Zeuge von Geburten, und wenn, so bleiben Beobachtungen oft nur auf kurze Abschnitte des Geschehens beschränkt. In Zoos hat man festgestellt, dass die Anwesenheit von Beobachtern die Gebärende oft stört und irritiert. Im Interesse von Mutter und Kind hat sich in verantwortungsvoll geführten Zoos glücklicherweise durchgesetzt, Menschenaffengeburten entweder gar nicht zu beobachten, oder so rücksichtsvoll, dass man Beobachtungen dann sofort einstellt, wenn das Verhalten der betroffenen Mutter zeigt, dass sie sich gestört fühlt.

Bild Seite 63
Schimpansin Lua nimmt, unmittelbar vor der Geburt, mit dem noch Ungeborenen im Geburtsweg Kontakt auf.

Quarta/G mit der neugeborenen Muna und ihrer vorangehenden Tochter Faddama (2), ein Bild, das die für Menschenaffen typischen, langen Geburtenabstände zu illustrieren vermag.

Zwillinge kommen bei Menschenaffen etwa so selten zur Welt wie bei Menschen. In Basel sind nur einmal Zwillingskinder geboren worden, die beiden Töchterchen von Orang-Utan-Mutter Kasih (3).

Jacky/S leidet unter hormonellen Störungen, mit der Folge, dass bei ihr die Geburtenabstände ungewöhnlich kurz sind. Sie trägt am Bauch ihr Neugeborenes, auf dem Rücken die etwas mehr als zweijährige Quamisha und sie wird überdies noch von ihrer ältesten Tochter Mwana begleitet (1).

Die Geburt

In physiologischer Hinsicht verlaufen die Geburten bei allen Menschenaffen ähnlich und sind mit denen bei Menschen vergleichbar.

Der Geburtsvorgang dauert, wenn wir von den ersten beobachtbaren Anzeichen an rechnen, mehrere Stunden. Als vager Mittelwert kann ein Zeitraum von 4 bis 5 Stunden gelten. Präzisere Angaben sind nicht möglich, denn die in der Literatur erwähnten Werte weichen von Fall zu Fall extrem voneinander ab. Keling und Roberts zum Beispiel bezeichnen in einer Studie eine Dauer zwischen 40 Minuten und acht Stunden als für Schimpansen normal. Ähnlich weit liegen auch die Daten auseinander, die für Gorillas und Orang-Utans genannt werden. Diese "Abweichungen" hängen sicher einmal davon ab, dass Geburten, abhängig von unterschiedlichen lebensgeschichtlichen Daten, verschieden verlaufen können. Hinzu kommen aber vermutlich viele methodische Gründe. Oft wird man auf den Geburtsvorgang erst aufmerksam, wenn er schon begonnen hat. Äusserlich sind die Wehen nicht immer leicht erkennbar. Die Messungen setzen vielfach bei unterschiedlich definierten Anzeichen ein, und das akribische Beobachten und Dokumentieren einer Geburt kann deren Verlauf störend verzögern.

Treten Wehen auf, so werden typische Körperhaltungen eingenommen, die aber stark variieren. Am häufigsten ist die Rücken- oder Seitenlage. Schimpansinnen stellen in der Seitenlage oft einen Fuss auf die Sohle auf und recken ihren Hinterkörper so aufgestützt frei in die Höhe, so dass das Gewicht des Körpers auf der bodennahen Schulter ruht. Auf Wehen reagieren die Gebärenden, indem sie in liegender Haltung die Beine durchdrücken und steif wegstrecken, oder mit den Füssen und Händen

Lua/S in einer für Schimpansinnen recht typischen Wehenstellung, während einer Wehenpause (1). Wenn Presswehen einsetzen, so fassen Hände und Füsse Widerstände, und die beim Pressen aufgewendete Kraft bewirkt, dass das Gesäss hochgestemmt wird (2 bis 5).

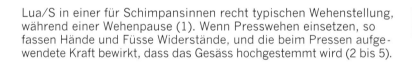

Unmittelbar vor der eigentlichen Geburt erkundet Tana/S die Geburtsöffnung, indem sie mit einem oder mehreren Fingern in den Geburtsweg eindringt (1 und 2). Die Bilder stammen aus dem Film "Rund um die Geburt eines Schimpansen".

Über das Pressen wird die Geburtsöffnung ein erstes Mal geweitet (3).

Die eigentliche Geburt beansprucht nur zwei bis drei Minuten. Die Mutter Tana/S nimmt das Kind, das über das Pressen ausgetrieben wird, mit einer bereitgehaltenen Hand in Empfang (4 und 5) und zieht es danach vollends aus der Geburtsöffnung. Die Bilder stammen aus dem Film "Rund um die Geburt eines Schimpansen".

nach einem festen Widerstand suchen, um anstemmend ihre Kraft einzusetzen. Die Zeit der Wehen ist oft auch von einer auffallenden Bewegungsunruhe begleitet. Während des Geburtsverlaufes werden die Pausen, die die einzelnen Wehenschübe voneinander trennen, immer kürzer, bis sich die finalen Presswehen praktisch ohne Pause folgen. Oft beschäftigt sich die Gebärende während der Wehen und in den Wehenpausen mit ihrer Vagina. Diese wird tupfend mit einem Finger berührt, der danach vor die Nase geführt oder in den Mund gebracht wird. Gelegentlich wird die Perinealregion mit der flach aufgelegten Hand auf knetend anmutende Weise massiert, oder es werden ein bis zwei gestreckte Finger sondierend tief in die Vagina eingeführt. Schimpansenmütter führen den Bruch der Fruchtblase oft aktiv herbei, wenn sie auf die beschriebene Weise mit den Fingern in die Vagina eindringen. Auch bei Gorilla- und Orang-Utan-Frauen ist dieses Verhalten, wenn auch deutlich seltener, zu beobachten.

Die Körperhaltungen, die bei der Geburt eingenommen werden, variieren. Häufig liegt die Mutter auf dem Rücken und hat die Beine angezogen und seitlich links und rechts vom Körper abgelegt, oder sie steht in einer gebückten, leicht kauernd, Haltung. Geburten können aber auch normal, auf allen vieren stehenden erfolgen. Die eigentliche Geburt, also die Zeit vom Moment, in dem der Kopf des Kindes direkt hinter die Geburtsöffnung zu liegen kommt, bis zum vollständigen Austritt des kindlichen Körpers, verläuft erstaunlich rasch und nimmt in der Regel nur wenige Minuten in Anspruch. Alle Menschenaffenmütter beschleunigen diesen Vorgang dadurch, dass sie den Kopf des Kindes mit der offen zur Schale geformten Hand an

der Geburtsöffnung "erwarten". Tritt er aus, so wird er umfasst, kurz darauf umgreift die andere Hand die eine Schulter und den Oberarm des Kindes, und dann wird es vollends aus der Geburtsöffnung gezogen und in einer gleich anschliessenden fliessenden Bewegung Bauch zu Bauch an den Körper genommen und mit beiden Armen überdeckt.

Nicht allein dieses aktive Eingreifen der Mutter hilft dem Menschenaffenkind so rasch zur Welt. Die Neugeborenen sind mit einem Gewicht von 1500 bis 2000 Gramm sehr leicht und klein. Das Becken ihrer Mütter ist so gebaut, dass dessen Öffnung für den kleinen Kopf des Neugeborenen kaum zum Engnis wird, das die Geburt behindert oder verzögert. Normalerweise wird die Nachgeburt, die mit dem Kind über die Nabelschnur noch verbunden ist, im Laufe der der Geburt folgenden Stunde ausgestossen. Wir werden etwas später auf das auf Nabelschnur und Nachgeburt ausgerichtete Verhalten der Mutter separat zurückkommen. Doch vorab soll uns jetzt das Protokoll einer Schimpansengeburt den hier theoretisch und allgemein geschilderten Geburtsverlauf detailliert vor Augen führen.

Zum Beispiel
die Geburt eines Schimpansen…

Im Affenhaus des Zoologischen Gartens in Basel war es mir bisher nur einmal möglich, eine Menschenaffengeburt von Anfang bis zum Ende ununterbrochen zu beobachten und zu dokumentieren. Das war, als die Schimpansin Tana ihr Töchterchen Fali zur Welt brachte, ihr zweites Kind. Während der Zeit der Geburt waren folgende Familienmitglieder bei Tana: die erwachsene Lua mit ihrem Sohn Dan, Xindra und Benga, die jüngeren Schwestern Tanas, und Bassa, Tanas erste Tochter. Dass sich die übrigen Familienmitglieder nicht in den gleichen Räumen mit der Schwangeren befanden, war nicht Absicht, sondern ergab sich aus der üblichen täglichen Routine. Als Tanas Verhalten an jenem Morgen verriet, dass ihre Geburt möglicherweise bevorstand, entschloss man sich, den Schieber zum Nebenraum zu schliessen, um jede zusätzliche Störung zu vermeiden. So kam es, dass Tana in Gesellschaft all der Familienmitglieder verblieb, die sich zu jenem Zeitpunkt bereits in ihrem direkten Umfeld befanden. Etwa zwölf Stunden nach der Geburt bekamen dann auch die übrigen Familienmitglieder Zutritt zu Tana und ihrem Neugeborenen.

Anzeichen der bevorstehenden Geburt beobachteten die Pflegerinnen und Pfleger bei ihrem ersten Kontrollgang am Morgen, bei Arbeitsantritt. Tana verhielt sich ausgesprochen nervös, ging unruhig umher und schien sich an keinem Ruheplatz für längere Zeit richtig wohl zu fühlen. Auch die übrigen Schimpansen waren auf eine für sie ungewöhnliche Weise sozial aufmerksam. Oft begaben sie sich zu Tana und untersuchten mit feinen, zurückhaltenden Finger-, Lippen- und Zungenberührungen Tanas Genitalregion. Sie spürten, dass ihnen Ungewöhnliches bevorstand. Je weiter die Zeit fortschritt, desto klarer wurde aus Tanas Verhalten auch, dass sie genau wusste, dass sie ein Kind zur Welt bringen würde.

Von 08.30 Uhr an wurde Tana kontinuierlich beobachtet. Das nun folgende, im Wortlaut wiedergegebene Geburtsprotokoll veranschaulicht den Ablauf der Ereignisse jenes Tages, und es vermag auch zu zeigen, auf welche Weise die anwesenden Familienmitglieder ins Geburtsgeschehen miteinbezogen waren. Das Protokoll setzt um 12.55 Uhr ein und endet um 15.15 Uhr.

Die das Geburtsprotokoll begleitende chronologische Bildfolge stammt aus dem Film "Rund um die Geburt eines Schimpansen". Die Bilder sind fortlaufend numeriert, und die Bildnummern sind als Klammerzahlen ins Protokoll eingefügt und verweisen so direkt auf den zum Bild gehörenden Text.

Geburtsprotokoll

12.55 Tana (T): Für kurze Zeit öffnet sich die Vagina ein wenig, es sind perineale Muskelkontraktionen zu sehen (1),

13.00 T hat vermutlich Wehen, sie nimmt wiederholt eine typische Stellung ein: liegt halb zur Seite, halb auf dem Bauch, hat das rechte Bein auf der Sohlenfläche des Fusses aufgestellt und trägt so ihr Gesäss hoch aufgereckt (5),

13.04 T geht in einen Schlafkäfig, Bassa (B) und Dan (D) folgen ihr nach,

13.06 T verlässt den Schlafkäfig,

13.08 aus T's Vagina tropft Flüssigkeit, nur vereinzelte Tropfen,

13.10 T sucht den Schlafkäfig auf, verlässt ihn aber sofort wieder, sie scheint keine Schmerzen zu haben,

13.14 Platzwechsel von T,

13.17 T zeigt Presswehen, etwas Kot tritt aus,

13.18 T geht in den Schlafkäfig, von den Juvenilen begleitet,

13.19 T verlässt den Schlafkäfig,

13.20 T erneut in beschriebener Wehenlage, und wieder tropft Flüssigkeit aus,

13.21 T erhebt sich, Platzwechsel, nimmt eine Kauerstellung ein,

13.22 T's Perinealregion wird von Xindra (X) inspiziert und gegroomt (2),

13.24 erneut tritt Flüssigkeit aus, T wechselt den Platz, verzieht den Mund: Mund in der Mitte schmal geöffnet, die Mundwinkel sind seitlich nach hinten gezogen und gerundet (silent beared teeth-display),

13.25 X inspiziert T perineal,

13.27 T nimmt erneut Bauchlage ein,

13.28 X inspiziert T perineal, eingehend und interessiert, Berührungen mit dem vorgestreckten Finger und mit den vorgeschobenen Lippen, Finger werden von X anschliessend

in den Mund gebracht (3), T wechselt den Platz,

13.29 X inspiziert T perineal,

13.31 T Platzwechsel, Bauchlage, Flüssigkeit tritt tropfenweise aus, T's Platzwechsel beschränken sich auf engen Raum,

13.34 T hat Wehen und schüttelt dabei den Kopf, ein Bein hat sie seitlich weggestellt (5),

13.35 T sucht Nebenkäfig auf, X folgt ihr nach und inspiziert T wieder perineal,

13.37 T in Bauchlage, Gesäss etwas hochgestellt, seitliches Schaukeln mit dem Gesäss,

13.38 Wehen, begleitet von rhythmischen Schaukelbewegungen mit dem Gesäss, Platzwechsel,

13.39 Platzwechsel, Bauchlage,

13.41 T steht auf, Platzwechsel,

13.42 Flüssigkeitstropfen treten aus,

13.43 T setzt sich aufs Gesäss,

13.45 T wechselt den Platz,

13.48 T wechselt den Platz, Flüssigkeit tropft aus, T leckt vom Boden die Flüssigkeitstropfen auf,

13.52 T seitliches Kopfschaukeln, Platzwechsel, T führt Finger in die Vagina ein, die Vagina öffnet sich beim Pressen kurz, klein, rund,

13.54 T sucht Hängematte auf,

13.55 T untersucht ihre Vagina mit den Fingern, führt erst einen, danach zwei gestreckte Finger in die Vagina ein (4),

13.57 erneut gleiches Verhalten wie 13.55 h,

14.00 T wechselt den Platz, ein Bein seitlich abgestellt, starkes Austropfen von Flüssigkeit, Vagina wird mit Finger inspiziert, Finger wird abgeleckt (5),

14.03 Platzwechsel, Bauchlage, Wehen,

14.04 ein Bein von T ist stark abgestellt, Inspektion der Vagina,

14.07 T inspiziert die Vagina, perineale Region wird auf die Hand gepresst,

14.08 T stochert auffallend stark mit zwei und dann mit drei gestreckten Fingern in der Vagina,

14.09 T Platzwechsel, T drückt den Kopf gegen die Wand, Inspektion der Vagina mit Finger, Wehenlage, so angespannt pressen, dass T fast einen Kopfstand erreicht, so sehr wird das Gesäss hochgestemmt,

14.11 Platzwechsel, Seitenlage, Maul verziehen, wie zuvor einmal beschrieben, deutlich erkennbar gleiche Mimik,

14.13 T inspiziert Vagina,

14.15 Platzwechsel, Wehen, Bauchlage, X inspiziert T's Vagina,

14.17 T Kopfschaukeln,

14.18 erneutes Kopfschaukeln,

14.19 T steht auf, inspiziert Vagina, Vagina leicht geöffnet, danach beidhändig Inspizieren der Vagina,

14.21 Platzwechsel,

14.23 T nimmt Seitenlage ein, X inspiziert T's Vagina,

14.25 T steht auf, X inspiziert T's Vagina,

14.26 X inspiziert T's Vagina mit dem Mund, T in Seitenlage, wechselt dann in Wehenlage,

14.27 Platzwechsel, X folgt, T's Vagina ist fünflibergross offen (6 und 7), Kopf des Kindes tritt aus, X steht nahe dabei, rückt erschrocken etwas weg (8), Kind wird ganz ausgepresst, T umfasst mit einer Hand den Kopf des austretenden Kindes (9), und mit der anderen ein Ärmchen, dann wird während des Aufsitzens das Neugeborene von T auf die Bauchseite gezogen (10 bis 13),

14.28 Blut tritt aus der Vagina von T, Fali (F), das Neugeborene, wird von T untersucht, B und X sind ganz nahe dabei (15), T greift

nach hinten und zieht an der Nabelschnur (NS), dann bückt sie sich tief nach unten, hält mit einem Arm F gegen ihren Körper und leckt vom Boden Blut auf (19), X bericht von hinten die Nabelschnur,

14.31 T zieht erneut in gebückter Haltung an der NS, danach bückt sie sich und leckt Blut auf (18),

14.34 Platzwechsel, Lua (L) kommt hinzu, inspiziert den Geburtsplatz, nimmt blutverschmiertes Pflanzenblatt auf,

14.36 T liegt auf dem Rücken,

14.38 T zieht an der NS, "hooting" (Tuten) gegen L gerichtet,

14.39 T richtet sich auf (20) und klettert in Hängematte, inspiziert Vagina, hält und untersucht NS, X inspiziert Vaginalregion von T, Neugeborenes ist vermutlich weiblich,

14.44 L inspiziert T's Perinealregion und besonders Vagina, T leckt erneut Blut auf, F greift gegen den Kopf, T inspiziert Vagina und zieht an der NS, alle andern Tiere sind erregt, neugierig und interessiert,

14.47 T zieht an NS, leckt Blut auf, NS wird von T in den Mund genommen,

14.52 X und D berühren F (16),

14.54 T hebt F an den Ärmchen hoch über sich, sie liegt dabei auf dem Rücken (17),

14.55 F an T's Brust, sucht, L inspiziert die Genitalregion des Neugeborenen,

14.58 T nimmt am Gitter Kontakt mit Eros auf, Geschlecht von F ist eindeutig weiblich,

15.02 F wird von T an den Ärmchen hochgehoben,

15.04 die Nachgeburt (NG) ist ausgetreten, T beleckt die NG und beisst hinein, lutscht an ihr, hebt sie hoch vors Gesicht, L kommt hinzu, setzt sich in Körperkontakt mit T, bringt ihr Gesicht nahe vor das von T und beide

sehen sich konzentriert die NG längere Zeit an, T berührt sie dabei und lutscht an ihr, sie wird von T richtiggehend ausgelutscht, etwa die Hälfte des Inhaltes des NG-Gewebes und der NG-Flüssigkeit ist ausgesogen worden,

15.15 der Rest der NG wird beim Gehen von T nachgeschleift oder mitgetragen.

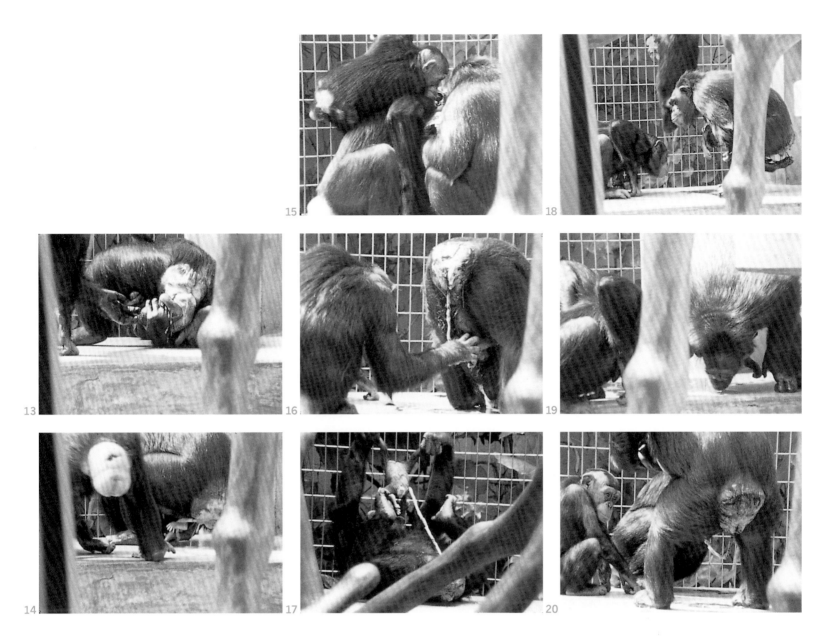

Am nächsten Morgen ist bei Arbeitsantritt der Pfleger die Nachgeburt noch über die Nabelschnur mit dem Körperchen von Fali verbunden. Kurz nach neun Uhr findet man die Placenta im Gehege und mit ihr verbunden ein langes Stück Nabelschnur. Es wurde nicht beobachtet, wie die Nachgeburt und die Nabelschnur vom Neugeborenen getrennt worden sind. Auf interessante Begebenheiten mit Nabelschnur und Placenta der geschilderten Geburt gehen wir im Abschnitt "Nabelschnur und Nachgeburt" noch kurz ein, und mit Folgebeobachtungen zur Geburt Falis werden wir uns im Kapitel, das die der Geburt folgenden Stunden beschreibt, noch beschäftigen.

Geburtszeit und Geburtsort

Überblicken wir die Geburten im Zoologischen Garten Basel, so zeigt sich, dass Gorilla- und Schimpansenmütter ihre Kinder in der Regel in den Tagesrandstunden oder in der Nacht zur Welt bringen. Geburten im Tagesverlauf sind eher Ausnahmen, obwohl natürlich gerade diese Ausnahmen, aus verständlichen Gründen, in der Literatur am besten dokumentiert sind. Bei den Orang-Utans verhält es sich erstaunlicherweise umgekehrt: sie gebären mehrheitlich am Tag. Diese Feststellungen gelten nicht nur für die Verhältnisse in Basel. Auch das umfangreiche, von Alison Jolly unter dem Titel "Primate birth hour" publizierte Datenmaterial aus vielen Zoos weist in dieselbe Richtung.

Die Tatsache, dass unabhängig von der unterschiedlichen Haltungsroutine in Zoos Geburten meist in der Nacht erfolgen, zeigt uns, dass die Geburtszeit, neben den physiologischen Faktoren, vom grundsätzlichen Bedürfnis der Gebärenden nach Ruhe mitbestimmt wird. Die äusseren Bedingungen eines Haltungssystems scheinen dabei eine untergeordnete Rolle zu spielen. Auch einer Menschenaffenmutter fordert die Geburt ein gehöriges Mass an Konzentration ab. Alison Jollys Erhebungen zeigen überdies, dass ungestört verlaufende Geburten weniger lange dauern als solche, bei denen die Aufmerksamkeit der Gebärenden von Reizen aus der Umgebung abgelenkt wird.

Menschenaffen sind, wie wir früher sahen, Taglebewesen, die die Nacht über schlafen. Damit sind im Zoo die Nacht- und Tagesrandstunden die Zeiträume, in denen Störungen durch Sozialpartner und solche, die sich aus den täglichen Aktivitäten ergeben, weitgehend ausbleiben. Nachts sind überdies keine Besucher anwesend, die mit der Tagesroutine verbundenen Auftritte von Pflegerinnen und Pflegern fallen weg, und auch bei den in den Nachbargehegen untergebrachten Hausbewohnern herrscht Ruhe.

Auch bei den Taggeburten in Basel zeigte sich das mit einer Geburt verbundene Bedürfnis nach Ruhe deutlich. Mit zwei Ausnahmen (Tana/S und Faddama/G) haben sich alle Mütter, die am Tag gebaren, für die eigentliche Geburt in die Intimität kleiner Nebenräume zurückgezogen, wo sie von niemandem beobachtet wurden. Sie taten das, obwohl sie sich kurz zuvor, während der Presswehen, meist in den Schauräumen aufgehalten hatten. Erstaunlich war überdies, dass die erwachsenen Familienmitglieder, die mit der Gebärenden zusammen waren, deren Wunsch nach Ruhe respektierten. Sie schauten aus Distanz zu, wenn die Mutter sich im Schaukäfig befand, folgten ihr aber nicht in die Nebenräume nach, wenn sie sich zurückzog. Auch wilden Schimpansen und Berggorillas bietet die Nacht das günstigste Umfeld für Geburten. Es herrscht soziale Ruhe, die Gemeinschaft bleibt stationär, und alle Individuen schlafen in eigenen Nestern. Nach Dian Fossey erfolgen Geburten von Berggorillas fast ausnahmslos in der Nacht. Ähnliche Verhältnisse schildert Jane Goodall für Schimpansen. Kelly Stewart dagegen hat bei Berggorillas drei Taggeburten beobachtet, die alle innerhalb der Familiengemeinschaft erfolgten. In allen Fällen haben sich den Gebärenden Familienmitglieder allerdings immer nur bis auf eine gewisse Distanz genähert. Im Gegensatz dazu verlassen, nach Jane Goodall, Schimpansinnen für die Geburt die Gemeinschaft, oder sie halten sich am Familienrand auf. Meist kehren sie mit dem Neugeborenen erst Tage nach der Geburt wieder in die Gemeinschaft zurück.

Es scheint, dass unter natürlichen Bedingungen das Verhalten taggebärender Mütter auch vom Arttemperament und von der sozialen Organisationsform abhängt, denn diese Umstände bestimmen das Mass der zu erwartenden Störungen mit.

Beobachtungen zu Geburten freilebender Orang-Utans fehlen weitgehend. Orang-Utans leben, wie wir sahen, in winzigen Muttereinheiten, und sie sind dem Leben in Bäumen angepasst. Damit sind sie auch tagsüber, wenn sie sich in schwer zugängliche Tagnester zurückziehen, weder sozialen noch anderen Störungen ausgesetzt. Vielleicht erklärt uns das, warum wir bei ihnen im Hinblick auf Tag- und Nachtgeburten Verhältnisse finden, die so deutlich von den Gewohnheiten der Gorillas und Schimpansen abweichen. Die Einsicht, dass gebärende Menschenaffenmütter Ruhe brauchen, hat im Laufe der letzten Jahrzehnte auch die Zooroutine bei Geburten verändert.

Früher hat man in Zoos Menschenaffenmütter, die kurz vor der Geburt standen, von der Familiengemeinschaft isoliert. Man wollte ihnen Störungen von seiten ihrer Sozialpartner ersparen und damit zur nötigen Ruhe beitragen. Es hat Zeit gebraucht, bis man entdeckte, dass das Isoliert-Sein sich aufs Geburtsgeschehen viel negativer auswirkte als mögliche Störungen aus dem Kreise der Familie. Heute versucht man darum in vielen Zoos, diesen Erkenntnissen Rechnung tragend, Menschenaffenfrauen auch während ihrer Geburten im vertrauten sozialen Umfeld ihrer Gemeinschaft zu belassen.

Geburtshilfe

Es gibt für Menschenaffen bisher kaum Beobachtungen, die zeigen würden, dass einer Gebärenden bei der Geburt andere vertraute Familienmitglieder helfend beigestanden hätten. Normalerweise versuchen Mütter, wenn die Geburt naht, neugierige Familienmitglieder auf Distanz zu halten. Sie dulden dann, vom eigenen älteren Kind einmal abgesehen, nur ausnahmsweise Artgenossen in ihrer unmittelbaren Nähe, und auch das nur, wenn sie mit einem Individuum sehr vertraut sind. Feldbeobachtungen zeigen, dass das ähnlich auch für wilde Schimpansen und Berggorillas gilt. Die bevorzugten Geburtsorte und Geburtszeiten zeigen auch, dass die Mütter, die vor einer Geburt stehen, Situationen bevorzugen, in denen sie allein sind und mit grosser Wahrscheinlichkeit auch allein bleiben.

Normalerweise verlaufen Geburten ohne Komplikationen, so dass einer Geburtsassistenz durch ein Familienmitglied auch kaum je eine das Leben der Mutter oder des Kindes sichernde Funktion zukommen würde.

Typisch jedoch ist, wie einleitend beschrieben, dass alle Menschenaffenmütter selber, über das Pressen hinaus, aktiv ins Geburtsgeschehen eingreifen, indem sie die Lage des Kindes und seine Bewegungen im Geburtsweg sondieren und es später aktiv aus der Geburtsöffnung ziehen.

Eine der eingangs genannten Ausnahmen von der hier dargestellten Regel verdient, wegen ihrer Einmaligkeit besonders erwähnt zu werden. Im Zoo von Dresden lebte die Orang-Utan-Frau "Suma II" mit ihrem männlichen Partner "Buschi II" zusammen. Was während einer von Sumas Geburten geschah, soll hier mit den Worten von Winfried Gensch, der die Ereignisse beobachtet hat, geschildert werden: "Als die Geburt in ihr letztes, entscheidendes Stadium trat, und der Kopf des Babys in der Geburtsöffnung erschien, schlossen sich Buschis fleischige Lippen um das Köpfchen, und wie ein gut ausgebildeter Geburtshelfer brachte Buschi auf diese Weise seinen Sohn ans Licht der Welt. Behutsam fasste er das Neugeborene mit den Fingern seiner mächtigen Hand im Nacken und hielt es hoch. Nach geraumer Zeit, es kann eine Minute oder länger gedauert haben, gab das Jungtier seinen ersten Ton von sich. Von diesem Augenblick an interessierte sich Suma für ihr Kind. Mit liebevoller Sorgfalt nahm sie es nun an sich und drückte das feuchte gelbbraune Baby an ihre behaarte Brust."

Es bleibt zu diesem Bericht noch nachzutragen, dass sich dieses Verhalten Buschis bei einer späteren Geburt auf ähnliche Weise wiederholte.

Lua/S erlebte bei ihrem ersten Kind Dan eine äusserst schwere
Geburt. Die Wehen dauerten überlang und das Neugeborene zeigte
nach der Geburt ein völlig verformtes, in die Länge gezogenes
Köpfchen (2). Dan machte überdies einen leblosen Eindruck (3), und
erst Stunden nach der Geburt waren erste Lebenszeichen zu sehen,
die trotz der Geburtsprobleme Hoffnungen weckten (1).

Lua wandte sich ihrem Neugeborenen sofort mütterlich besorgt zu. Ihre dabei ständig wechselnden Gesichtsausdrücke (1 bis 3) machten deutlich, dass sie mit grosser Sorge und Unsicherheit auf den Zustand ihres Neugeborenen reagierte.

Immer wieder äusserte Lua auch ganze Folgen von "Hoot"-, Heul- und Schreilauten (4 bis 6), ein im Anschluss an eine Geburt unübliches akustisches Verhalten, das als Ausdruck der Besorgnis und der Irritation gedeutet werden kann.

	Flachlandgorilla	Schimpanse	Orang-Utan
Dauer der Geburt inklusive Wehen, Mittelwert	3 bis 4 Stunden	3 bis 4 Stunden	3 bis 4 Stunden
	Die publizierten Werte liegen bei allen Arten weit auseinander. Bei Schimpansen z.B. gelten 40 Minuten bis 8 Stunden als normal		
Gewicht des Neugeborenen, Mittelwert	1900 - 2300g	1765g	1728g
	Weibliche Neugeborene sind in der Regel etwas leichter		
Länge der Nabelschnur, Mittelwert	50 bis 150cm	50 bis 150cm	50 bis 150cm
	Die Länge der Nabelschnur variiert bei allen drei Arten stark		
Grösse der Nachgeburt	15,5 x 14,11cm	keine Angabe	17,5 x 15,5cm
Dicke der Nachgeburt	1,9cm	2,0cm	2,6cm
Gewicht der Nachgeburt	342g	200g	285g
Intervall zwischen der Geburt und dem Ausstossen der Nachgeburt, Mittelwert	15 bis 60 Minuten		
	Mittelwert ohne Einbezug von extremen Fällen		
Anzahl Kinder je Geburt	1	1	1
Häufigkeit von Zwillingsgeburten	0,8%	1,1%	1,1%
	Diese Werte stammen aus einer Arbeit von Thomas Geissmann. Sie stimmen mit dem Wert bei Menschen von 1.11% weitgehend überein.		
Intervalle zwischen den Geburten einer Mutter, Mittelwert	4 Jahre	4 bis 5 Jahre	4 bis 5 Jahre
	BS 4 Jahre 6 Monate	*BS 4 Jahre 3 Monate (resp. 3 Jahre 11 Monate*)*	*BS 5 Jahre 5 Monate (resp. 6 Jahre 3 Monate**)*
Alter bei der ersten Geburt, Mittelwert	8 bis 10 Jahre	10 bis 11 Jahre	8 bis 9 Jahre
	BS 9 Jahre 6 Monate	*BS 10 Jahre 5 Monate*	*BS 10 Jahre 7 Monate*

Die in der Tabelle aufgeführten Werte sollen grob informieren. Sie zeigen die Abweichung zwischen Daten aus dem Freileben und denen im Zoo nicht auf. Die Werte stammen aus Zusammenstellungen in Arbeiten von Thomas Geissmann, Angela Meder, M.E. Keeling und J.R. Roberts, K.S. Ludwig und R. Bauer, und anderen.

Mit BS sind die in Basel erhobenen Daten bezeichnet.
*Dieser Wert schliesst die ungewöhnlich kurzen Geburtenabstände von Jacky ein.
**Dieser Wert schliesst ein ungewöhnlich langes Intervall (9 J 6 Mt) von Kasih ein.

Bild Seite 80
Goma/G brachte ihren Sohn Tamtam hinter dem geschlossenen Schieber in einer Schlafboxe zur Welt. Die Mitglieder der Gorillafamilie belagerten die Schlafkäfigtür, verfolgten das Geburtsgeschehen über die Laute und Gerüche, die sie wahrnehmen konnten, und erwarteten gespannt den ersten Auftritt Gomas mit dem Neugeborenen.

Nach der Geburt "Oft schaut die Mutter dem Neugeborenen einfach ins Gesicht und beginnt dieses dann mit der Zunge leckend zu säubern. Nicht nur die Gesichtsoberfläche ist ihr dabei wichtig, sondern sie führt ihre Zunge auch tief in den Mund des Neugeborenen ein und umschliesst dabei seinen Kopf mit den Lippen derart, dass er beinahe in ihrem Mund zu verschwinden scheint."

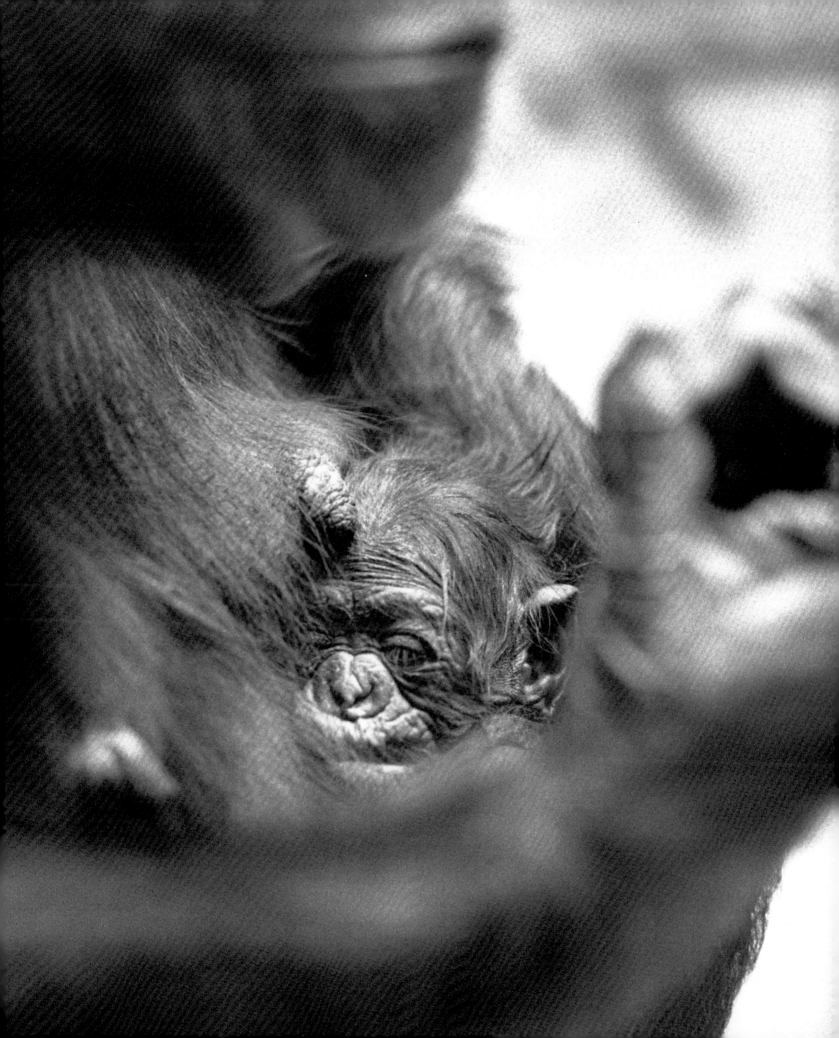

Traglinge

Menschenaffen kommen, wie alle Primaten, als sogenannte "Traglinge" zur Welt. Dieser Begriff, der speziell für Primaten geprägt worden ist, sagt zum einen, dass Menschenaffenkinder während ihrer ersten Lebensmonate rund um die Uhr von ihren Müttern getragen werden. Das "Nest" eines Menschenaffenkindes ist also der Körper seiner Mutter, und es wächst "in" ihm über die erste Zeit seines Lebens in einer eigentlichen "Mutterhülle" heran. Das Wort Tragling charakterisiert darüber hinaus aber auch den besonderen Typus des Geburtszustandes der Menschenaffen, der sowohl Merkmale des Nestflüchter- wie auch solche des Nesthockerkindes aufweist und darum keinem dieser beiden Zustände, in die alle übrigen Säugetierkinder eingeordnet werden, einfach zuzuordnen ist. Wie Nestflüchterkinder kommen neugeborene Menschenaffen körperlich weit ausgereift, mit offenen und funktionsfähigen Sinnesorganen zur Welt, und das nach einer relativ langen Schwangerschaftsdauer. Die Regel ist auch, dass bei den Menschenaffen je Geburt immer nur ein Kind zur Welt kommt. Zwillingsgeburten treten bei ihnen so selten auf wie bei Menschen.

Ähnlich dagegen wie Nesthockerkinder sind Menschenaffenkinder zum Zeitpunkt der Geburt zu eigener Lokomotion nicht fähig und damit auf die umfassende Betreuung durch ihre Mütter angewiesen. Ihr eigener Beitrag zu dieser mütterlichen Leistung ist die Tatsache, dass sie über angeborene Klammergriffe verfügen, durch die sie sich vom Moment der Geburt an mit Händen und Füssen im mütterlichen Fell festzuhalten vermögen.

Drei Mütter mit ihren Neugeborenen am ersten Lebenstag des Kindes: Faddama/G mit Nangai (1), Elsie/O mit Suma (2) und Lua/S mit Dan (3). Die Kleinen werden Bauch-zu-Bauch getragen und von ihren Müttern am Körper gestützt.

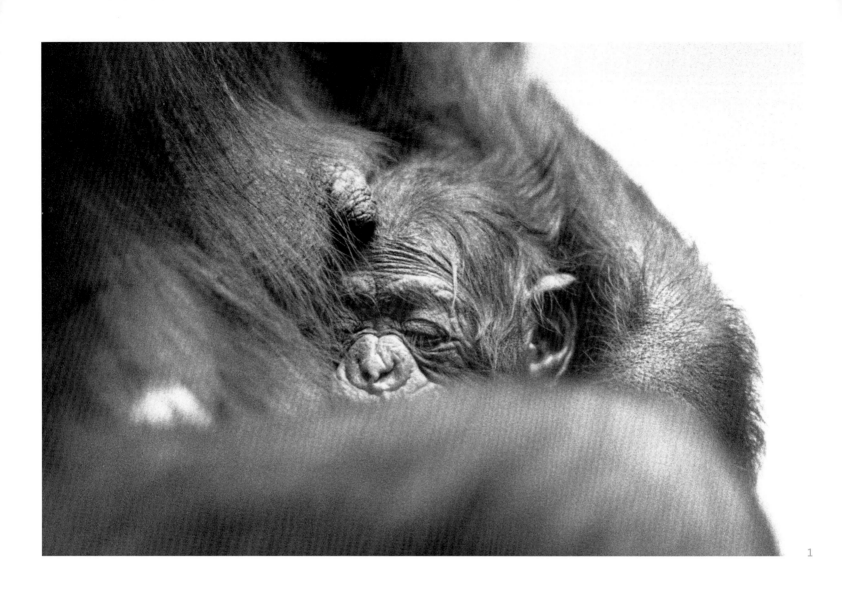

Neugeboren
Das Äussere des Neugeborenen

Menschenaffenkinder kommen erstaunlich klein und leicht zur Welt, wenn wir ihr Geburtsgewicht in Beziehung zum Körpergewicht ihrer Mütter betrachten. Das Gewicht erwachsener Frauen beträgt im Mittel, bei recht grosser Streuung, bei Schimpansen und Orang-Utans 35 bis 50 Kilo und bei den Gorillas 60 bis 80 Kilo. Neugeborene Schimpansen- und Orang-Utan-Kinder wiegen 1600 bis 1900 Gramm und die der Gorillas 1900 bis 2300 Gramm. Das Gesichtchen, die Handinnenflächen und die Fusssohlen der Neugeborenen sind haarlos. Der übrige Körper ist im Zustand der Geburt nur teilweise und karg behaart. Die der Mutter im Bauch-zu-Bauch-Kontakt anliegende Körperoberfläche, also die Bauch- und Brustregion und die Innenseiten der Arme und Beine, scheinen beinahe nackt. Das begünstigt den unbehinderten Wärmefluss zwischen dem Körper der Mutter und dem des Neugeborenen. Die Aussenseiten der Extremitäten und der Rücken tragen eine spärliche Haardecke, die aber die Färbung der Haut deutlich durchscheinen lässt. Einzig die Kopfoberseite des Neugeborenen ist, einem aufsitzenden Käppchen gleich, dicht behaart. Diese Kopfhaare können, wenn sie nach der Geburt trocken sind, in auffälligen "Frisuren" vom Kopf abstehen und dem Gesichtchen einen verwegen anmutenden Ausdruck verleihen. Sehr typisch ist das für Orang-Utans. Die Färbung der Haut des Neugeborenen variiert von Art zu Art. Sie erscheint beim Gorilla zuerst verwaschen weiss-grau und nimmt nach ein bis zwei Tagen dann eine grau-rosa Tönung an. Der Schimpanse hat eine hellrosa gefärbte Haut, und beim Orang-Utan ist sie hell, rötlich braun mit einem Anflug von Blau. Auch beim Orang-Utan und Schimpansen dunkelt die Farbe ein bis zwei Tage nach der Geburt etwas nach. Bei allen drei Arten sind die Handinnenflächen, die Fusssohlen und das Gesicht etwas heller als der übrige Körper, und das bleibt über längere Zeit so. Eine besondere Eigenart zeigt überdies der neugeborene Gorilla. Bei ihm tragen die Handinnenflächen und Fusssohlen individuelle helle Fleckenmuster, die dem stellenweisen Fehlen des Pigmentes zuzuschreiben sind. Diese Flecken sind unmittelbar nach der Geburt noch nicht deutlich zu sehen, treten aber schon am zweiten und dritten Lebenstag auffällig und signalhaft hervor.

Die Gesichtchen der Neugeborenen sind nach der Geburt ausgesprochen runzelig und erwecken oft einen etwas greisenhaften Eindruck. Vom dritten und vierten Lebenstag an unterscheidet sich aber das Schlaf- vom Wachgesicht deutlich, und die Runzeln im Gesicht treten dann nur noch beim völlig entspannten Schlafgesicht auffallend in Erscheinung. Die Genitalregion weiblicher Neugeborener ist zum Zeitpunkt der Geburt oft etwas angeschwollen und deutlich gerötet. Besonders ausgeprägt ist das bei den Schimpansen, bei denen sich das Geschlecht des Neugeborenen darum schon beim ersten Blick auf die Anogenitalregion erkennen lässt.

Ein Blick in die Gesichtchen Neugeborener aller drei Arten im Anschluss an die Geburt: Tana/S mit Punia (1), Faddama/G mit Nangai (2) und Elsie/O mit Xempaka (3). Typisch für die der Geburt unmittelbar folgende Zeit sind die offenen Augen, das "von Runzeln übersäte" Gesichtchen, das den Neugeborenen einen "müde" und oft auch "greisenhaft" anmutenden Ausdruck verleiht, das haarlose Gesichtsfeld und das noch feucht gelockte Käppchen auffallend langer Kopfhaare.

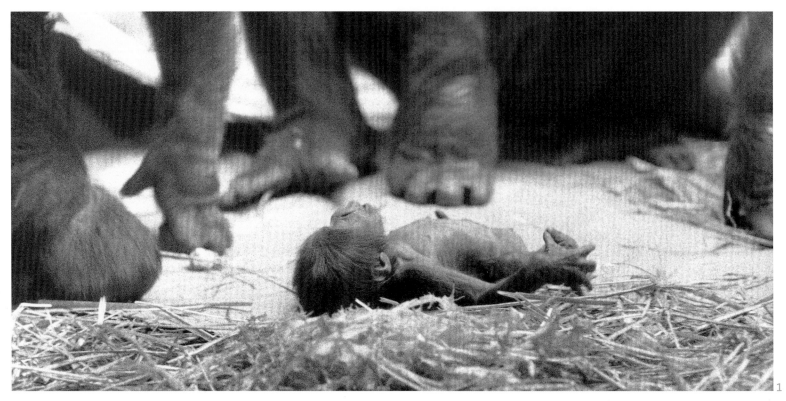

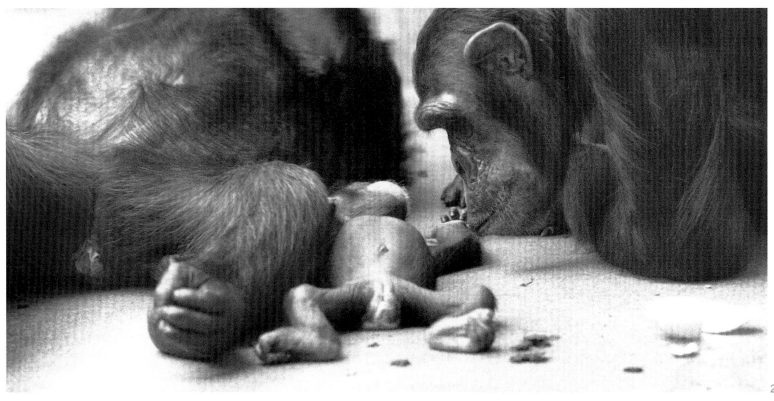

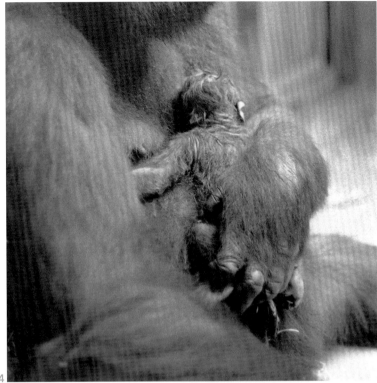

4

5

An den dem Mutterkörper abgewandten Körperstellen tragen die Neugeborenen eine dichtere, wärmende Haardecke. Allerdings ist diese, selbst innerhalb einer Art, von Kind zu Kind recht unterschiedlich ausgebildet: Nangai/G, das Neugeborene von Faddama (4), und Faddama/G, dasjenige von Quarta (5).

Die Bauchseite und die Innenfläche der Extremitäten Neugeborener, die Körperstellen also, die beim Bauch-zu-Bauch-Kontakt dem Mutterkörper anliegen, sind nur spärlich behaart. Das begünstigt den Wärmefluss zwischen dem Körper der Mutter und dem des Kindes. Neugeborene der drei Arten: Gorilla (1), Schimpanse (2) und Orang-Utan (3).

89

1

Die Äusserungen Neugeborener

Sexta/O zeigte für ihre ersten beiden Neugeborenen kein mütterliches Interesse. Ihre Tochter Floh hat man der Mutter nach der Geburt für kurze Zeit auf einem Jutesack liegend "angeboten" in der Hoffnung, ihre Äusserungen würden Sexta umstimmen. Das Kind drückte Angst und Verlassenheit mit seinen Lauten, seiner Mimik und mit seinen Bewegungen deutlich aus. Auffallend waren seine ins Leere führenden Umklammerungsversuche mit Armen und Händen, die in allen Bildern zu sehen sind (1 bis 7). Miteinbezogen in seine Bewegungsäusserungen waren auch die Beinchen, die nur zur Ruhe kamen, wenn es ihm gelang, mit dem einen Fuss den anderen klammernd zu umfassen (1, 4 und 6). Seine Laute und seine Mimik zeigten vom "Schnütchen" über das Weinen bis zum Schreien alle seiner Situation entsprechenden Emotionen (1 und 3 bis 7).

Neugeborene Menschenaffen sind mit dem gleichen Inventar angeborener Reflexe ausgerüstet, wie wir sie auch von neugeborenen Menschen kennen. Allerdings ist der Klammerreflex bei neugeborenen Menschenaffen stärker ausgebildet und von Geburt an funktionstüchtig, denn ihm kommt lebenssichernde Bedeutung zu.

Der Moro-Reflex, also das durch eine Bewegung der Liegeunterlage ausgelöste Ausbreiten der Arme, das sogenannte Umgreifen, ist beim Menschenaffenkind, das am Körper seiner Mutter lebt, ebenfalls funktionell verständlich. Er sichert dem Kind den Kontakt und die Griffstellen fürs Klammern dann, wenn die Mutter durch die Bewegung anzeigt, dass Lage- oder Haltungsveränderungen bevorstehen. Das ebenfalls zum Reflexablauf gehörende, auf das Ausbreiten folgende Zurückführen der Arme an den Körper ist nur dann zu beobachten, wenn das angestrebte Ziel nicht erreicht werden kann, was am Körper einer Mutter kaum je der Fall ist.

Schon am ersten und zweiten Lebenstag sind neugeborene Menschenaffen in der Lage, ihren Kopf für kurze Zeit aufrecht und kontrolliert zu tragen, was vor allem dann ersichtlich wird, wenn sie ihn danach ruhig und geführt wieder auf den Körper der Mutter zurücklegen und nicht immer einfach zurückfallen lassen. Die Bewegungsfähigkeit der Neugeborenen nach der Geburt ist nur schwer zu beurteilen. Sicher ist, dass sie ihren Körper auf dem der Mutter nicht aus eigener Kraft zu verschieben vermögen. Ihre Disposition, sich festzuklammern und diese Klammergriffe keinesfalls aufzugeben, verhindert und unterdrückt viele andere Bewegungsleistungen. Gelegentlich bekommt man das Öffnen und Schliessen der Hand- und

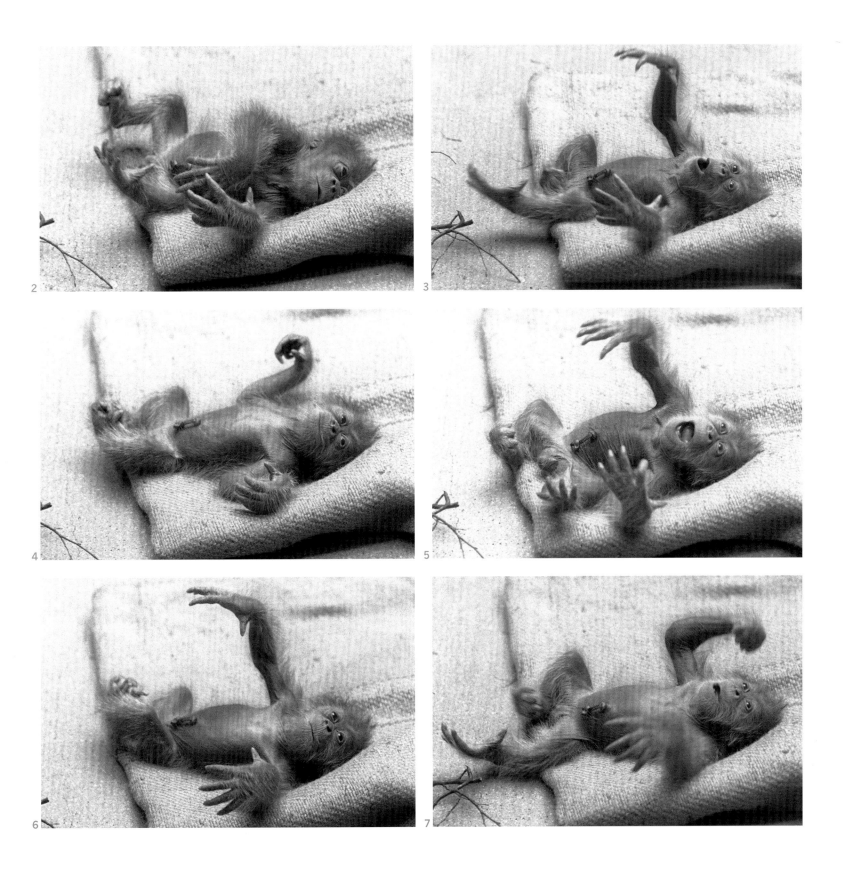

Schon am ersten Lebenstag halten erfahrene Mütter die Kinder auch in freierer Form am Körper. Jacky/S trägt Djema mit einer Hand umschlossen an sich (1), Quarta/G hat Muna nur vom anliegenden Arm gestützt tief zwischen den überschlagenen Beinen liegen (2), und Elsie/O hält Suma quer vor sich, seitlich zwischen Arm und Körper (3).

Eine beeindruckende Leistung des Neugeborenen gleich nach der Geburt ist sein meist ausgesprochen wacher Gesichtsausdruck mit offenen Augen, die nicht selten deutlich nach oben, gegen das Gesicht der Mutter gerichtet sind: Tana/S mit Punia (4) und Quarta/G mit Douala (5).

Fussgriffe zu sehen, andere Finger- und Zehenbewegungen und hin und wieder auch das spastisch anmutende Umherwehen mit Armen und Beinen. Bei Neugeborenen, die am Körper der Mutter bleiben, sind allerdings diese oft betont als ungerichtet beschriebenen Bewegungen nicht ganz so häufig wie bei Neugeborenen, die in menschlicher Obhut aufwachsen. Das hat damit zu tun, dass der Mutterkörper und die Lage des Neugeborenen auf ihm oft erst erkennen lassen, worauf sie gerichtet sind. Ein Beispiel dafür ist der zuvor erwähnte Umgreif-Reflex, der, in einem "Bettchen" häufig ausgelöst, ein ungerichtetes Wehen mit den Armen ist und ohne Funktion scheint. Am Mutterkörper ist nur die erste Hälfte des Reflexablaufes zu sehen, und er führt zu einer funktionellen Endhandlung.

Die auffälligsten Bewegungen des Neugeborenen in den ersten Lebenstagen sind die mit dem Kopf ausgeführten angeborenen Such- und Einstellbewegungen, die ihm, wann immer es Hunger verspürt, den Nippel suchen, diesen positionieren und schliesslich einsaugen helfen.

Am Körper der Mutter nimmt das Neugeborene eine immer ähnliche Haltung ein. Es hat seine Beinchen winklig an den Körper gezogen, und die Fussgriffe klammern. Die Arme hält es ebenfalls gewinkelt, aber etwas stärker zu beiden Seiten hin ausgebreitet, und auch die Handgriffe halten im mütterlichen Fell.

Die Augen des Neugeborenen machen, wenn sie offengehalten werden, einen überaus wachen Eindruck. Wie weit mit ihnen gleich nach der Geburt schon optische Reize wahrgenommen werden, ist schwer zu sagen. Das gilt auch für den wachen und offenen Blick ins Gesicht der Mutter. Ich habe ihn bei den meisten von mir

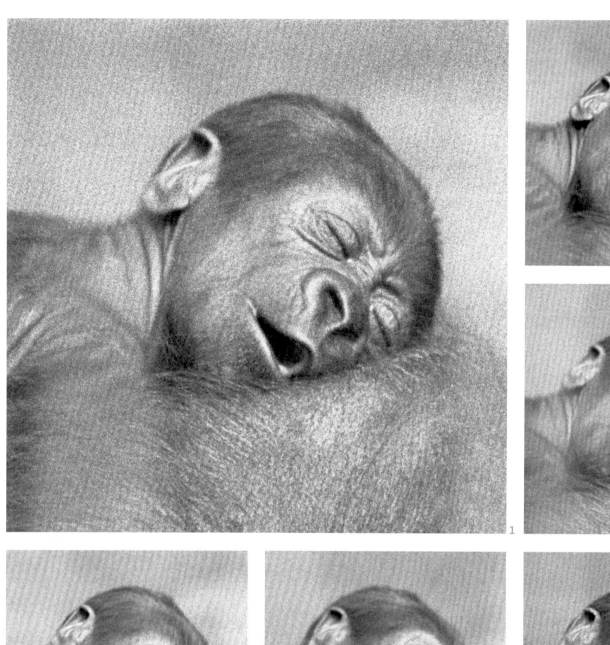

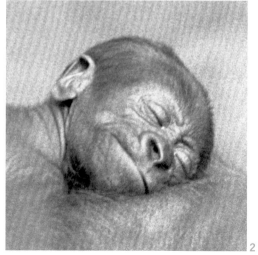

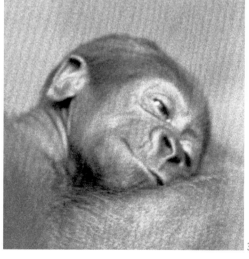

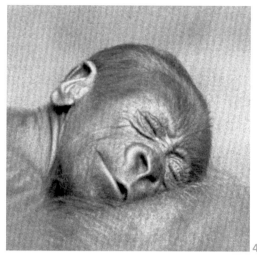

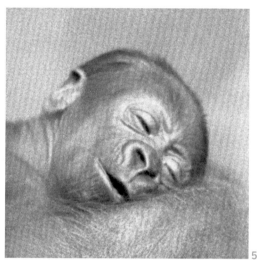

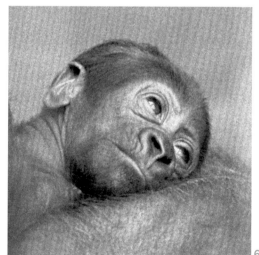

Mütter gehen mit ihren Neugeborenen ausgesprochen sorgfältig und rücksichtsvoll um.
Das wird selbst dann deutlich, wenn sie, wie
hier Tana/S (7 und 8), die Lage ihres Kindes
am Körper verändern, indem sie es höher an
den Körper nehmen.

Das Aufwach-Gesicht der kleinen Quarta/G.
Wohlbefinden drücken Neugeborene mit
Ruhe und Schlaf aus. Das Aufwachen ist ein
sanfter Vorgang, dem kleine Bewegungen und
mimische Veränderungen vorangehen, die
die Mutter schon früh auf ihr aufwachendes
Kind aufmerksam machen. So ist dafür gesorgt, dass das Kind, wenn es wach ist, sich
nie schreiend oder auf andere Weise Energie
ausgebend um mütterliche Zuwendung
bemühen muss (1 bis 6).

beobachteten Neugeborenen aller drei Menschenaffenarten bereits in der ersten
Lebensstunde feststellen können. Das Kind hat die Augen offen, das Gesicht nach
oben gerichtet und demjenigen der Mutter zugewendet. Die Mutter schaut ihm
dabei ins Gesicht. Was das Kind aber wahrnimmt, bleibt sein Geheimnis. Schon am
zweiten und dritten Lebenstag fixiert es für kurze Zeit auffällige optische Reize, und
wenn solche eine gewisse Längenausdehnung besitzen, etwa Neonröhren oder ein
Schattenriss, den die einfallende Sonne zeichnet, so können die Augen diesem Reiz
auch folgen. Die Augen werden dabei ruhig gehalten und langsam synchron bewegt.
Laute bekommt man von den Neugeborenen nur selten zu hören, obwohl diese
schon am ersten Tag über ein kleines Lautrepertoire verfügen. Sie können geräusch-
voll heftiger atmen, lassen leise "Grunz"- und "Mauz"-Töne hören, die oft wie ein
Aufmucken anmuten. Neugeborene können auch ein leises wimmerndes Weinen
äussern, das ganz selten etwas stärker wird und dann einem verhaltenen Schreien
gleichkommt.
All die hier aufgezählten Äusserungen - Laute und Bewegungen jeglicher Art - zeigen
in der ersten Lebenswoche Unbehagen an, wobei Unbehagen hier im weitesten
Sinne des Wortes zu verstehen ist, also auch Hunger oder den Wunsch nach mehr
Wärme miteinschliesst. Das Wohlbefinden hat in dieser ganz frühen Zeit seinen
Ausdruck vornehmlich in der Ruhe und im Schlaf. Laute des Wohlbehagens scheinen
dem Neugeborenen, wenn wir vom Schmatzen beim Saugen und ähnlichem absehen,
zu fehlen.
Grob gesehen sind im Zustand der Geburt die Neugeborenen der Schimpansen mit

95

Die ersten Zuwendungen der Mutter zum Neugeborenen sind immer auf dessen Gesichtchen gerichtet. Die Mutter entfernt mit den Lippen Geburtsspuren vom Gesicht (Kasih/O an Yari, 3), kontrolliert und säubert seinen Mundraum, indem sie mit der Zunge in diesen eindringt (Quarta/G bei Muna, 1), oder das Gesichtchen und Teile des Kopfes werden mit den Lippen völlig umschlossen (Lua/S bei Dan, 2).

Faddama/G blickt versunken ins Schlafgesichtchen ihres kleinen Söhnchens Nangai (4).

4

denen der Gorillas zu vergleichen. Der neugeborene Orang-Utan scheint hinsichtlich seiner Fähigkeit, zu klammern und mit den Beinen stossend und den Armen ziehend seinen Körper auf dem Körper der Mutter zu verschieben, schon bei der Geburt etwas reifer zu sein.

Die Antworten der Mutter

Der zuvor geschilderte Geburtszustand des Menschenaffenkindes macht klar, dass es nach der Geburt in allen Dingen völlig auf seine Mutter angewiesen ist. Die der Geburt folgenden Stunden und Tage nehmen einen besonderen Stellenwert ein. Sie sind die Zeit, in der Mutter und Kind ihre Äusserungen gegenseitig kennenlernen und ihr Verhalten aufeinander abstimmen. Sie kommen über diesen Dialog, der über alle Sinnesorgane geführt wird, zu der Synchronisation, die das erfolgreiche Zusammensein auf Zeit zu sichern vermag. Bei all dem spielen Lernprozesse bei Mutter und Kind eine wichtige Rolle. Natürlich bildet das beiden angeborene Verhalten die Grundlage des Sich-einander-allmählich-verstehend-Annäherns. Die angeborenen Verhaltensanteile sind durch reines Beobachten nicht von den erworbenen zu unterscheiden. Das, was wir gleich im Anschluss an die Geburt zu sehen bekommen, macht da allerdings eine kleine Ausnahme, vor allem, wenn wir eine primipare Mutter beobachten, die nicht auf eigene frühere Erfahrungen mit einer Geburt und einem Neugeborenen "zurückgreifen" kann.
Gleich nach der Geburt zeigt die Mutter Reaktionen, die angeboren sind, denn sie erfolgen so rasch und spontan, dass ein vorangehendes Lernen unwahrscheinlich ist.

Erst nach dem Mund und dem Gesicht beschäftigt die Mutter sich pflegend und erkundend auch mit anderen Körperstellen des Neugeborenen. Tana/S untersucht ein Ärmchen (1) und die Ohröffnung (2) von Töchterchen Bassa, und Kasih/O zeigt sich am Nabel ihres Töchterchens Atjeh interessiert (3).

3

Betrachten wir das, was nach der Geburt geschieht, so drängt sich eine Trennung in zwei Bereiche auf. Wir wollen uns zuerst ansehen, welche Reaktionen die Geburt unmittelbar begleiten und nur gerade dann auftreten, und danach all die Verhaltensweisen und -tendenzen von Mutter und Neugeborenem, die über die Stunde der Geburt hinausführen, Tage andauern und die erwähnte Annäherung und Synchronisation einleiten, vertiefen und festigen.

… gleich nach der Geburt

Im Kapitel über die Geburt haben wir schon über die ersten mütterlichen Leistungen dem Neugeborenen gegenüber gesprochen. Die Mutter nimmt es sofort an ihren Körper und umschliesst es mit den Armen. Oft schaut sie ihm danach einfach ins Gesicht und beginnt dieses dann mit der Zunge leckend zu säubern. Auch die Lippen und Finger werden dabei eingesetzt. Auffallend ist, dass die Mutter sich zu Beginn säubernd auf das Gesicht des Neugeborenen konzentriert. Nicht nur die Gesichtsoberfläche ist ihr dabei wichtig, sondern sie führt ihre Zunge auch tief in den Mund des Neugeborenen ein. Sie umschliesst dabei dessen Kopf mit ihren Lippen derart, dass er in ihrem Mund zu verschwinden scheint. Manchmal führt die Mutter dabei auch Mundbewegungen aus, die darauf schliessen lassen, dass sie saugt und bläst. Man nimmt an, dass diese Interventionen der Befreiung der Atemwege des Neugeborenen dienen. Dieses besondere Verhalten ist bei Schimpansen und Gorillas nicht in jedem Fall zu sehen, für Orang-Utan-Mütter dagegen ist es ausgesprochen typisch. Das hat vermutlich einfach damit zu tun,

3

4

Mit zu dem, was unmittelbar nach einer Geburt geschieht, gehören eingehende und wiederholte Inspektionen der eigenen Genitalregionen durch die Mütter. Dabei werden Finger in die Vagina eingeführt (Fifi/S, 1 und Kati/G, 3) und danach vor dem Mund (2) oder vor der Nase (4) geprüft. Auch in den der Geburt folgenden Tagen ist dieses Verhalten sporadisch immer wieder zu beobachten.

5

Fifi/S leckt nach der Geburt ihres Töchterchens Tana Blut- und Fruchtwasserlachen vom Boden auf (5). Oft beschäftigen sich Mütter kurz auf diese Weise mit den Geburtsspuren, noch bevor sie sich ein erstes Mal dem Neugeborenen selbst zuwenden.

Typisch für alle Mütter ist, dass sie ihre Neugeborenen hin und wieder an den Ärmchen frei, hoch über sich halten. Das gibt ihnen die Möglichkeit, sich die Kinder mit einem Blick "von oben bis unten" zu betrachten: Mutter Fifi/S mit Benga (1) und Mutter Tana/S mit Kipenzi (2).

Bei der Mutter löst das Neugeborene mit seinen Äusserungen (Bewegungen und Laute) immer sofort "Unruhe" aus. Erfahrene Mütter reagieren dann, indem sie ihr Kind zur Brust bringen, während unerfahrene sie am Körper, auf der Suche nach der Stelle, an der sie zur Ruhe kommen, zu verschieben beginnen. Deren Neugeborene geraten dabei in alle erdenklichen Lagen (Mutter Kati/G mit Uzima, 3 und 4). Das Verhalten der Mütter, auf die Unruhe ihrer Neugeborenen "antworten zu müssen", scheint angeboren, nicht jedoch das Wissen darum, was genau zu tun ist, um sie zur Ruhe zu bringen.

dass bei ihnen in der Beziehung zwischen Mutter und Kind ganz allgemein die oralen Zuwendungen eine sehr viel grössere Rolle spielen als bei den beiden anderen Arten. Nach der Säuberung des Gesichtchens wendet sich die Mutter auf vergleichbare Weise den Händen, Füssen und der Anogenitalregion zu, und erst danach anderen Körperregionen. Sie verweilt aber an all diesen Stellen viel kürzere Zeit als zuvor beim Gesicht. Andere Formen der Zuwendung gleich nach der Geburt treten nur dann auf, wenn das Kind sich äussert und die Mutter so zur Aktivität auffordert. Typisch für die Zeit nach der Geburt ist zudem, wenn das Kind sich ruhig verhält, dass die Mutter sich um die Spuren der Geburt kümmert. Sie wendet sich der Nabelschnur und der Nachgeburt zu, nimmt vom Boden leckend Blut und Fruchtwasser auf, oder sie tupft die Rückstände mit den Fingern oder dem Handrücken auf und führt sie in den Mund. Begleitet sind diese Beschäftigungen auch immer von Inspektionen der eigenen Genitalregion, in die sie immer und immer wieder Finger einführt und diese dann ableckt.
Gesamthaft gesehen wendet die Mutter in der Regel für die Zuwendung zu diesen Spuren in der ersten Stunde mehr Zeit auf als für die, die auf ihr Neugeborenes gerichtet ist. Sehr oft beschäftigt sich die Mutter kurz mit Blut und Fruchtwasser, noch bevor sie das Kind zu säubern beginnt.

... etwas später

Alle Kontakte, die die Mutter, abgesehen vom erwähnten Halten, Ansehen und Säubern, mit dem Neugeborenen aufnimmt, sind von der mütterlichen Seite her gesehen reaktiv. Die Mutter reagiert antwortend auf die Äusserungen - Laute und Bewegungen - des Neugeborenen, und sie kann diese nicht hinnehmen, ohne sofort aktiv zu werden. All ihre Antworten machen einen gleichförmigen Eindruck und zielen nur darauf ab, das Neugeborene so rasch wie möglich zur Ruhe zu bringen. Gelingt der Mutter das, so wird auch sie gleich wieder ruhig. Hat sie keinen Erfolg, so steigert sie ihre Aktivität, und es wird offensichtlich, dass sie für das Neugeborene die Lage und Situation am eigenen Körper sucht, in der es zur Ruhe kommt. Die erste Antwort der Mutter ist immer die, dass sie das Kind auf dessen Äusserungen hin enger an sich nimmt und es mit den Armen stärker umschliesst.

Goma/G zum Beispiel tat das nach der Geburt ihres Sohnes Tamtam so stark und eindrücklich, dass der Kleine kaum mehr zu atmen vermochte. Er zog schwer keuchend Luft ein, und man glaubte damals, ihn von der Mutter trennen zu müssen, um sein Leben zu sichern. Erst nach etwa einer halben Stunde entspannte sich Goma, und ihre affektiven Reaktionen wurden für Tamtam erträglicher.

Wenn diese erste mütterliche Intervention das Kind nicht zu beruhigen vermag, so wird die Mutter es am Körper suchend zu verschieben beginnen.

Kati/G hat in dieser Situation alle möglichen Lagen am Körper ausprobiert. Sie hielt ihr Neugeborenes mit dem Rücken zum Bauch, dann wieder Bauch-zu-Bauch, aber mit dem Kopf nach unten gerichtet, sie schob es seitlich am Körper unter den einen

Arm, versuchte es auch hinter sich auf den Rücken zu bringen, oder sie hob es ganz aus dem Körperkontakt und versuchte, es auf ihre Kopfoberseite und in die Nackenregion zu legen.

All dieses Verschieben macht einen recht dramatischen Eindruck, denn zum einen scheint die Mutter dabei unruhig und nervös, und zum andern greift das Kind, wo immer es sich befindet, sofort mit allen vieren fest ins mütterliche Fell. Hat die Mutter einen Griff des Neugeborenen freibekommen, und wendet sie sich dem zweiten und dem dritten zu, so schliesst sich der erste sofort wieder, und das fürs Verschieben nötige Grifflösen macht in dieser Zeit einen recht chaotischen Eindruck. Das alles zeigt recht deutlich, dass die Mutter auf die Äusserungen ihres Kindes auf angeborene Weise zu reagieren hat. Sie tut das affektiv und suchend, aber nicht gerichtet. Sie weiss also nicht, auf welche Weise sie das Kind ruhig bekommen kann. Das erste das mütterliche Verhalten deutlich ausrichtende Erlebnis ist der erste zufällig herbeigeführte Saugkontakt des Neugeborenen. An der Brust kommt es sofort zur Ruhe, und die Mutter registriert das. Sie wird jetzt deutlich ruhiger und bringt das Neugeborene auf all seine Äusserungen hin direkt zur Brust, in die Lage also, von der sie erfahren hat, dass sie dort die erwünschte Wirkung erreichen kann. Dem gleichen Muster folgend macht die Mutter im Laufe der nächsten zwei bis drei Tage weitere solche Erfahrungen, die ihr Verhalten mehr und mehr ausrichten.

Sie lernt die unterschiedlichen Äusserungen des Neugeborenen allmählich kennen und unterscheiden und schliesslich auch mit angepassten Handlungen beantworten. Die primipare Mutter braucht für den Weg hin zu diesem verständigen Eingreifen mehr Zeit als die erfahrene, die von Anfang an sehr viel gezielter auf ihr Neugeborenes reagiert.

Das Kind erfährt im Laufe dieser Ereignisse, dass seine Mutter sich ihm auf seine Äusserungen hin zuwendet und dass sie seine Bedürfnisse zu stillen vermag.

So wachsen Mutter und Kind gemeinsam in diesen ersten Tagen in eine einander verstehende immer tiefere Verbundenheit hinein.

Die Geburt, ein soziales Ereignis

Ebenfalls in den Stunden nach der Geburt offenbart sich, dass bei Menschenaffen das "Geborenwerden" ein soziales Ereignis ist, in das auf die eine oder andere Weise alle mit Mutter und Kind zusammenlebenden Familienmitglieder miteinbezogen sind.

Wie oft und auf welche Art die Mitglieder einer Gemeinschaft mit Mutter und Kind in Kontakt zu kommen versuchen, ist von Altersklasse zu Altersklasse verschieden und hängt darüber hinaus auch von der Persönlichkeit und von der sozialen Stellung der einzelnen Individuen ab.

Auffallend bei allen diesen Begegnungen ist, dass die Neugier nicht einfach hemmungslos ausgelebt wird, und dass in der Regel die Mutter des Neugeborenen den Verlauf von Begegnungsszenen bestimmt, duldend oder zurückweisend. Auch sind die Mütter in dieser Beziehung voneinander sehr verschieden, abhängig von ihrer Persönlichkeit und ihrer mütterlichen Erfahrung.

Erwachsene zeigen Mutter und Kind gegenüber in den Tagen nach der Geburt eine auffallende Zurückhaltung, und sie nehmen Zurückweisungen meist widerspruchslos hin, auch wenn sie der Mutter ranglich überlegen sind. Mit zu dieser Zurückhaltung gehört zum Beispiel, dass sie es respektieren, wenn die Mutter ihren Wunsch nach Intimität dadurch ausdrückt, dass sie sich in einen der angrenzenden kleinen Nebenräume zurückzieht. Sie folgen ihr dorthin kaum je nach. Die Erwachsenen beschränken sich oft darauf, Mutter und Kind einfach aus gemessener Distanz aufmerksam zu beobachten. Wenn sie Kontakte zum Neugeborenen suchen, so richtet sich ihr Interesse darauf, es mit einem vorgestreckten Finger sachte tupfend zu berühren, um danach den so übernommenen Geruch vor der Nase und im Mund zu prüfen. Vor allem die erwachsenen Frauen tendieren darauf, bei solchen Gelegenheiten mit dem Genitale des Kindes in Berührung zu kommen. Aber selbst

Die Geburt ist auch ein soziales Ereignis. Unter allen am Neugeborenen interessierten Familienmitgliedern üben nur die älteren Jugendlichen, mit ihrem ungestümen Wesen, auf Mutter und Kind einen gewissen sozialen Druck aus. Tamtam/G im Alter von 6 1/2 Jahren versucht hier auf recht unzimperliche Weise, Quartas Neugeborenes zu berühren.

Mütter mit Neugeborenen werden nach der Geburt von den neugierigen Kindern der Familie oft richtiggehend belagert (1). Sie erklären den Kleinen unmissverständlich, welche Formen des Kontaktes zum Neugeborenen sie dulden und welche nicht. Besondere Neugier wecken sie, wenn sie das Neugeborene pflegen oder es hochhalten und so der Runde der "Zuschauer" demonstrativ vorzeigen (Tana/S mit Töchterchen Punia, 2 und 3).

Tanas älterer Sohn Kipenzi/S, links im Bild, profitiert vom Privileg des grösseren Bruders, Mutter Tana nahe sein und sich mit dem neugeborenen Schwesterchen auseinandersetzen zu dürfen (4). Die von Tana geduldeten Kontakte verleiten Kipenzi zum Versuch (5 bis 7), seiner Mutter das Neugeborene zu entwinden und es an den eigenen Körper zu nehmen.

solche Kontakte streben Erwachsene nur selten direkt an. Sie wenden sich normalerweise erst freundlich fellpflegend der Mutter zu, stimmen diese so für ihr Vorhaben günstig und klären gleich auch noch deren Bereitschaft ab, Kontakte zu dulden. Erst nach diesem "Vorspiel" versuchen sie sich dem Neugeborenen direkt zuzuwenden. Und wenn sie dennoch abgewiesen werden, so kehren sie zum einleitenden Pflegen der Mutter zurück, fast so, als hätten sie das Neugeborene nur versehentlich berührt. Typisch für Menschenaffenmütter ist, dass sie sich dann, wenn sie bei Berührungsversuchen am Neugeborenen in den Konflikt zwischen Dulden und Ablehnen geraten, selber ihrem Kind pflegend zuwenden oder an ihm eine Körperstelle eingehend zu erkunden beginnen. Sie tun das ausgesprochen demonstrativ und bewirken damit, dass beteiligte Erwachsene aus nächster Nähe interessiert und aufmerksam zuschauen und die angestrebten Kontakte zum Neugeborenen unterlassen. Erlaubt die Mutter, dass Familienmitglieder mit dem Neugeborenen Kontakt aufnehmen, so kommt es in der Folge ausnahmslos zu freundlichen und zurückhaltenden Berührungen, bei denen nicht nur die Finger, sondern oft auch die Lippen und die Zunge erkundend eingesetzt werden. Das Interesse richtet sich dabei meist auf die Extremitäten, die Hände und Füsse, die Genitalregion und auf das Gesicht des Neugeborenen. Alles, was hier über das Verhalten Erwachsener einer Mutter und ihrem Neugeborenen gegenüber gesagt wurde, sind nicht einzelne Episoden, sondern Verhaltensweisen und Strategien, die in Varianten immer wieder zu sehen sind.

Im Gegensatz zu den Erwachsenen geniessen Kleinkinder und Kinder eine gewisse

Die jugendliche Faddama/G zeigte grosses Interesse, als ihre Mutter Quarta ihr kleineres Schwesterchen Muna zur Welt brachte. Quarta wies Berührungsversuche mit einer abwehrenden Handbewegung zurück (5), duldete aber die Nähe ihrer älteren Tochter und deren eindrücklich zur Schau gestellte, auf das Neugeborene gerichtete Aufmerksamkeit (6 bis 8).

Das ältere Geschwister eines Neugeborenen hält sich nach der Geburt oft nahe bei der Mutter auf und lernt schnell, dass es beim "neuen" Kind willkommener ist als andere Kinder und sich auch mehr Kontakt-Freiheiten herausnehmen darf (Jacky mit der neugeborenen Quamisha und der älteren Tochter, 1 und 2).

Mit einem Berührungsversuch aus Distanz drückt Suma den Wunsch nach Kontakt mit Kasihs Neugeborenem aus (3). Die Mutter wendet sich in der Folge dem Körper des Kindes zu und lenkt so Sumas Zuwendungsform vom beabsichtigten Berühren auf interessiertes Zuschauen um (4).

4

5

Ältere Jugendliche und erwachsene Individuen erkaufen sich den Zugang zu freundlichen Kontakten mit dem Neugeborenen oft, indem sie sich zuerst fellpflegend der Mutter zuwenden und diese so freundlich und duldsam stimmen (4 und 5).

Auch erwachsene Familienmitglieder bleiben von einer Geburt nicht unberührt, aber sie benehmen sich Mutter und Neugeborenem gegenüber zurückhaltend und rücksichtsvoll. Mutter Tana/S erlaubt der erwachsenen Lua, ihr Neugeborenes mit einem tupfenden Finger zu berühren (1), und Vater Eros, ein Füsschen des Neugeborenen anzusehen (2). Fifi/S beschäftigt sich mit der neugeborenen Tana, und die erwachsene Josephine beobachtet die mütterlichen Zuwendungen sehr aufmerksam (3).

Narrenfreiheit und sind darum sozialen Regeln nicht im gleichen Mass verpflichtet. Zudem sind sie überbordend neugierig. Es gehört in den Stunden nach einer Geburt mit ins Bild, dass die Mutter von neugierigen Kindern auf Schritt und Tritt begleitet wird, und wenn sie sich irgendwo hinsetzt, so wird sie richtiggehend belagert. Kinder versuchen dabei auf alle denkbaren Weisen, mit dem Neugeborenen in Kontakt zu kommen, und erweisen sich dabei oft als kindlich zudringlich. Erst wenn sie begriffen haben, dass die Mutter solche Begegnungen strikt ablehnt, nehmen sie ihre Neugier etwas zurück, setzen sich oft einfach nahe zur Mutter und schauen ihr und dem Neugeborenen zu. Grundsätzlich verhalten sich Mütter neugierigen Kindern gegenüber sehr duldsam und erlauben, vor allem, wenn sie nur mit einem zu tun bekommen, diesem in der Regel weit mehr als Erwachsenen. Allerdings bestimmen auch bei solchen Begegnungen die Wesensart der Mutter, ihre soziale Stellung und ihre eigene mütterliche Erfahrung, wieweit sie sich auf die Neugier Kleiner einlassen will. Unerfahrene Mütter verhalten sich restriktiver, sind in ihren Zurückweisungen unmissverständlich und bleiben auch stetem Drängen gegenüber eher verschlossen, während sich erfahrene toleranter zeigen und auch differenzierter auf neugierige Wünsche einzugehen vermögen.

Sozial etwas belastender für eine Mutter mit einem Neugeborenen erweisen sich in der Familie die jugendlichen Individuen und unter diesen vor allem die älteren männlichen Jugendlichen. Sie neigen bereits zum für Männer typischen Imponierverhalten, vertrauen auf ihre Kraft und sind in dem Alter, in dem man provozierend seine sozialen Grenzen sucht. Freundliche Zugeständnisse einer Mutter versuchen

111

Gelegentlich führen auch "Ablenkungs-manöver" und kleine Listen zum erwünschten Kontakt mit einem Neugeborenen.
Ein Jugendlicher bietet Mutter Lua/S seine Finger für einen "Lippenkontakt" an und berührt gleichzeitig tiefer unten verstohlen Luas Kind (1). Lua bleibt gelassen und duldet die Kontakte weiter (2). Eine ähnliche Strategie verfolgt auch Josephine/S mit Mutter Fifi. Sie pflegt ihr vertieft zugewandt das Gesicht (3) und berührt im weiteren Verlauf der Szene Fifis Kind, ohne dabei hinzuschauen (4).

sie auszunutzen, und oft überschreiten sie dann auch die Schranke der einem Neugeborenen und seiner Mutter angemessenen Kontaktformen. Diese Eigenarten führen dazu, dass sich Mütter ihnen gegenüber meist unzugänglich und abweisend verhalten und damit natürlich Widerspruch wachrufen, der dann zu neuen Provokationen führt. Es sind vor allem solche Erfahrungen mit älteren Jugendlichen, die in Zoos früher dazu geführt haben, dass man Mütter für die Geburt und die frühen Tage mit dem Neugeborenen von der Gemeinschaft getrennt und isoliert hat. Sinnvoll ist das nicht, denn die Isolation ist ein schwerwiegenderer Eingriff als die auftretenden Störungen, und in einer intakten Familiengemeinschaft sorgen die anderen Erwachsenen, indem sie sich mit der Mutter solidarisieren, dafür, dass der erwähnte Druck Jugendlicher nicht eskaliert.

Die Beziehungen der Mütter von Neugeborenen zu anderen Müttern von Kleinkindern, und auch die zum eigenen älteren Kind weichen von den geschilderten Verhaltensnormen der einzelnen Altersgruppen ab. Andere Mütter mit kleinen Kindern zeigen in der Gemeinschaft eine Neigung, mit der Mutter und dem Neugeborenen zusammenzusein. Sie suchen oft deren Nähe, sind meist auch willkommen, und ihren Kontaktbedürfnissen mit dem Neugeborenen erlegt die Mutter kaum Beschränkungen auf.

Auch für das eigene ältere Kind der Mutter, die geboren hat, gelten andere Kontaktregeln als für die übrigen Kinder der Grossfamilie. Es darf der Mutter nahe sein, kann seine Kontaktbedürfnisse mit dem Neugeborenen schon am ersten Tag voll ausleben, und es wird das kleine neugeborene Geschwisterchen schon nach wenigen Tagen von der Mutter gelegentlich auch zum Halten anvertraut bekommen. Diese Bevorzugung des eigenen älteren Kindes hat verschiedene Gründe. Es ist das mit der Mutter vertrauteste Individuum der Gemeinschaft. Es erwirbt im Umgang mit dem kleinen Geschwister und unter der Kontrolle und Anleitung der Mutter all die praktischen Erfahrungen, die für seine eigene spätere Mütterlichkeit unerlässlich sind. Überdies erleichtert die Mutter ihm mit ihrer Grosszügigkeit die Bewältigung der Probleme, mit denen es zu tun bekommt, wenn es, noch in enger Abhängigkeit von der Mutter, diese plötzlich mit einem jüngeren Geschwisterchen teilen muss. Die Mutter verhindert mit ihrem toleranten Verhalten ihrem älteren Kind gegenüber eine allzudramatische Entwicklung der Eifersuchtsszenen, die bei älteren Kindern fast immer zu beobachten sind, wenn ein jüngeres Geschwister geboren wird. Die so von ihren eigenen Müttern bevorzugten Kinder merken sehr rasch, dass sie bei der Mutter und dem Neugeborenen eine besondere Stellung einnehmen, und sie nutzen diese Einsicht auf vielfältige Weise, indem sie sich mit ihren Vorrechten zum Beispiel vor anderen Kindern aufspielen oder sich am kleineren Geschwister auf eine Weise zu schaffen machen, von der sie genau wissen, dass die Mutter das nicht möchte, jetzt aber toleriert.

Gebären und geboren werden ist anstrengend und macht müde. Den ganzen ersten Tag über bekommt man von Mutter und Kind, als Ausdruck dafür, herzhaftes Gähnen zu sehen: Mutter Elsie/O mit Suma (1), Mutter Quarta/G mit Muna (2), der neugeborene Wimbi mit Mutter Achilla (3).

In den ersten drei Tagen nach der Geburt verbringen Mutter und Kind enorm viel Zeit entspannt ruhend und schlafend: Mutter Quarta mit Muna (4), Mutter Quarta mit Shaba (5), Mutter Jacky/S mit Baraka (6).

5

6

Bild Seite 116
Ruhesituation von Elsie/O mit ihrem zwei Tage alten Sohn Suma

115

Nabelschnur, Nachgeburt und Klammergriff "Achilla schwang sich die noch an
der Nabelschnur hängende Nachgeburt mit einer eleganten Bewegung einfach auf
den Rücken, wenn sie weggehen wollte..."
"Die Klammergriffe sind der aktive Beitrag des Neugeborenen, den engen Körperkontakt mit der Mutter über die Geburt hinaus aufrechtzuerhalten..."

Nabelschnur und Nachgeburt

Nach der Geburt bleibt das Neugeborene über die Nabelschnur noch mit der Nachgeburt im Mutterkörper verbunden. Diese wird im Verlauf der ersten Stunde ausgestossen, meist schon in der ersten Viertelstunde. Nicht selten beschleunigen die Mütter diesen Prozess, indem sie immer wieder an der Nabelschnur ziehen.

Die Nabelschnur ist ein etwa fingerdicker, geschmeidiger und dehnbarer Strang von milchig weisser Farbe. Ihre Länge variiert stark. Sie kann zwischen 80 und 150 cm messen. In vielen Fällen ist die Nabelschnur mit einem zugezogenen Knoten versehen, ein Hinweis auf die Bewegungsaktivität des Ungeborenen in der Gebärmutter. Die Nachgeburt wiegt 200 bis 350 Gramm. Sie bleibt oft noch Stunden, ja sogar einen bis anderthalb Tage mit dem Körper des Neugeborenen über die Nabelschnur verhängt, denn nicht alle Mütter nabeln ihre Kinder ab und essen die Nachgeburt auf. Weder zur Behandlung der Nachgeburt noch zu der der Nabelschnur lassen sich für alle Mütter geltende Aussagen machen. Die einen essen die Nachgeburt ganz auf, andere kosten nur Teile davon, oder sie kauen und lutschen an ihr herum. Wieder andere zeigen kein Interesse, sie zu verzehren, sondern wenden sich ihr zu, indem sie sie manipulieren, genau ansehen, beriechen, sie in den Mund bringen oder gar mit ihr spielen. Genauso unterschiedlich verhalten sich die Mütter der Nabelschnur gegenüber. Nur gelegentlich wird diese gleich nach der Geburt zerrissen oder entzweigebissen. Häufiger ist, dass sie auf gleiche Weise vielfältig und neugierig erkundet wird, wie für die Nachgeburt zuvor beschrieben.

Bleibt die Nabelschnur unberührt, so wird sie im Laufe des ersten oder zweiten

Bild Seite 119
Menschenaffenmütter sind nach der Geburt nicht nur mit ihrem Neugeborenen konfrontiert, sondern immer auch mit der Nabelschnur und der Nachgeburt.

120

2   3

Nicht selten bleibt im Anschluss an die Geburt die Placenta über die Nabelschnur noch während Stunden mit dem Körperchen des Neugeborenen verbunden. In dieser Zeit muss die Mutter mit diesen "Anhängseln" umgehen lernen, denn nur so lassen sich Komplikationen vermeiden.

Muna/G, Quartas Töchterchen, trug am Morgen nach der nächtlichen Geburt nur noch die Nabelschnur am Körperchen (2). Die Nachgeburt war verschwunden. Punia/S, Mutter Tanas Töchterchen (3), und Yari/O, Kasihs Söhnchen (1), beide am Tag ihrer Geburt, noch mit Nabelschnur und Nachgeburt.

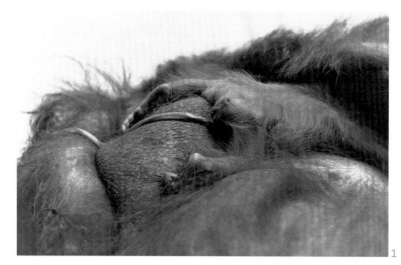

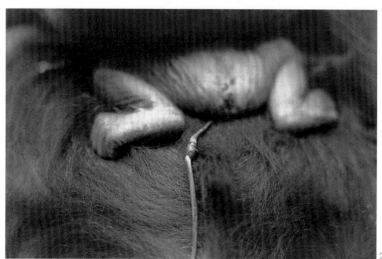

Die Nabelschnur ist bei der Geburt ein etwa daumendicker, milchigweisser Strang (1), der schon Stunden später einzutrocknen beginnt, dünn und steif wird und dann durchtrennt wird oder von selber bricht. Die Nabelschnüre neugeborener Menschenaffenkinder sind oft mit Knoten versehen, eindrückliche Hinweise auf die Bewegungsaktivität der Ungeborenen im Uterus (2).

Quarta/G erkundet die Nabelschnur manuell (3) und unterzieht sie einer eingehenden olfaktorischen Inspektion (4).

Tages nach der Geburt trocken, steif und lederfarben und bricht bei einer sie belastenden Bewegung der Mutter. Es kommt auch vor, dass die Nabelschnur bereits im Verlauf der Geburt, ohne direktes Zutun der Mutter, zerreisst. In Basel war das zweimal zu beobachten. Als die Schimpansin Jacky ihr erstes Kind Xandra zur Welt brachte, erschrak sie, als die eigentliche Geburt einsetzte. Sie kletterte vor Schreck am Rückgitter des Geheges hoch, gebar ihr Kind dort, und es stürzte aus einer Höhe von knapp zwei Metern zu Boden. Dabei riss die Nabelschnur.

Ähnlich erging es auch Lua bei der ersten Geburt, derjenigen von Dan. Lua hatte Mühe, ihr Kind zu gebären, was selten vorkommt. Während mehr als einer halben Stunde folgten die Presswehen ununterbrochen, und Lua mühte sich erfolglos pressend ab. Sie stand dabei auf allen vieren. Plötzlich wurde das Kind ruckartig mit soviel Kraft ausgetrieben, dass es mehr als einen Meter von der Mutter weggeschleudert wurde. Lua rannte gleichzeitig erschrocken in die Gegenrichtung, und die Nabelschnur riss. Gleich danach kehrte Lua zurück und nahm den kleinen Dan an ihren Körper.

Ausgesprochen interessant sind all die Fälle, in denen die Nabelschnur mit dem Kind und der Nachgeburt noch über längere Zeit verbunden bleibt. Zweimal erlebten wir bei erstgebärenden Müttern - einer Schimpansen- und einer Gorillafrau -, dass sie nach der Geburt im einen Arm das Neugeborene sorgsam am Körper trugen und im anderen, auf gleiche Weise, die Nachgeburt. Beide zeigten in ihrem Verhalten deutlich Unsicherheit. Sie waren unschlüssig darüber, ob ihre Aufmerksamkeit auch auf die Placenta zu richten war. Erst nach einiger Zeit, als sich die Lebensäusserungen

des Neugeborenen mehrten und vergleichbare Reize von der Nachgeburt ausblieben, orientierten sie ihre Zuwendung deutlich auf das Kind.

Die Nabelschnur und die Nachgeburt können aber von Müttern nicht einfach ausser acht gelassen werden. Diese Anhängsel verlangen, wenn es nicht zu Komplikationen kommen soll, dass sie in alles, was geschieht, miteingeplant werden. Erstgebärende Mütter haben zu lernen, wie man das tut, während routinierte auf frühere Erfahrungen zurückgreifen können. Wie man mit Nabelschnur und Placenta umgeht, ist sehr individuell. Achilla/G zum Beispiel ergriff, wenn sie sich fortbewegen wollte, die Nabelschnur und schwang die an ihr hängende Nachgeburt einfach mit einer eleganten Bewegung auf den Rücken. Setzte sie sich wieder, holte sie sie herunter und legte sie säuberlich neben sich auf dem Boden zurecht.

Wenn die erfahrene Fifi/S mit einem Neugeborenen, mit dem Sacktuch, auf dem sie gerne sass, und mit der Nachgeburt dislozieren wollte, so legte sie zuerst die Nachgeburt so auf den Sack, dass sie beides mit einer Hand umgreifen konnte, und im anderen Arm trug sie das Kind. Tana/S hatte beim Sich-Setzen die Gewohnheit, die Nachgeburt hinzulegen und danach die Nabelschnur auf beinahe spielerische Weise in kreisförmigen Schlingen rund um die Nachgeburt zu ringeln.

Der zuvor schon erwähnte Dresdener Orang-Utan-Mann Buschi II, der auf so eindrückliche Weise mithalf, seine Kinder zur Welt zu bringen, erwies sich seiner Partnerin Suma auch im Umgang mit Nabelschnur und Nachgeburt als dienstbar. Er ging hinter Suma oft einfach her und beobachtete die Nachgeburt, die sie an der Nabelschnur nachschleifte. Blieb Suma damit in der Gehegestruktur hängen,

124

Den Nachgeburten wenden sich die Mütter ausgesprochen differenziert und auf unterschiedliche Art zu. Sie werden mit den Augen erkundet (Tana/S, 2), berochen (Benga/S, 4), und manchmal nach einer eingehenden Inspektion (4) teilweise oder ganz aufgegessen (Tana/S, 3).

Die intakte Nachgeburt eines neugeborenen Orang-Utan-Kindes (1).

Wenn Mütter ruhen, so wird die Nachgeburt entweder abgelegt (1) oder an der Nabelschnur hängen gelassen - hier im Falle Tanas an einer überlangen Nabelschnur (2) -, in der freien Hand gehalten (3) oder zusammen mit dem Neugeborenen eng an den Körper genommen (4).

so löste Buschi sie eilfertig und trug sie Suma dann nach. Placenta und Nabelschnur wecken auch das neugierige Interesse der Familienmitglieder. Richtet sich die Neugier auf diese Teile, so sind Mütter sehr viel duldsamer, als wenn Annäherungen und Berührungsversuche direkt auf das Neugeborene abzielen. Nabelschnur und Nachgeburt dürfen von anderen berochen, berührt, manipuliert und untersucht werden. Erwachsene halten sich aber auch dabei sichtbar zurück, und nur die Kinder vergessen gelegentlich die Grenzen. Doch normalerweise können sie mit grosser Toleranz rechnen. Tana/S ruhte kurz nach der Geburt Falis in einer Hängematte, und die Nachgeburt hing an einer überlangen Nabelschnur frei nach unten. Kinder und Jugendliche waren im Baum unter der Matte versammelt. Sie beschäftigten sich zuerst zurückhaltend mit der Placenta, begannen sie danach spielerisch mit Handschlägen so anzutreiben, dass sie in immer grösseren Bögen über ihnen frei schwang. Auf diese Weise vergnügten sie sich längere Zeit, und Tana duldete das. Natürlich hielt Tana mit der Faust die Nabelschnur dicht am Körper des Kindes so fest, dass sich gegen das Kind hin eine lose Schlaufe bildete und der Zug nicht direkt auf den Nabel des Neugeborenen übertragen wurde. Ähnlich ausgelassen mit Nabelschnur und Nachgeburt spielende Kinder und ebenso tolerante Mütter sind in Basel bei den Orang-Utans beobachtet worden.

1

Die Art und Weise, wie Nabelschnur und Nachgeburt in Bewegungen eingeplant und mitgetragen werden, verrät die mütterliche Erfahrung. Fifi/S hält die Nachgeburt, wenn sie sich hangelnd fortbewegt, mit einem Fuss an der Nabelschnur (1), und wenn sie aufrecht geht, so trägt sie sie in einer Hand, an der Nabelschnur hängend, vor sich her (2). Tana/S hat die Gewohnheit, in der Bewegung die Nachgeburt im Mund mitzutragen (3).
Das Verhalten der Nabelschnur und Nachgeburt gegenüber variiert von Mutter zu Mutter stark, und das belegt, dass dem Umgang mit diesen "Anhängseln" individuelle Lernprozesse zugrunde liegen.

Für die jüngeren Familienmitglieder sind Nabelschnur und Nachgeburt ganz besonders interessante Begleiterscheinungen der Geburt. Sie versuchen auf jede nur denkbare und erlaubte Weise ihre Neugier zu stillen. Genau und gebannt "studiert" ein Schimpansenkind die ihm unvertrauten "Dinge" aus nächster Nähe (1), und gelegentlich wird sogar ein Beriechen der Nachgeburt gestattet (2).
Dieses Interesse ist Kindern aller Altersklassen eigen. Selbst die ganz Kleinen sind fasziniert von dem, was die Mutter neben dem Neugeborenen noch mit sich trägt (3).

Die Bildfolge (2 bis 8) zeigt nicht nur die vielseitigen Zuwendungen der Mutter zum Nabel und zur Nabelschnur - ansehen, beriechen, manipulieren, mit dem Mund und der Zunge prüfen -, sondern auch Faddamas unstillbar anmutendes Interesse an all diesen mütterlichen Handlungen.

Am Tag der Geburt von Muna/G, Quartas Töchterchen, beschäftigt sich die Mutter immer wieder eingehend mit dem Nabel und der Nabelschnur, und Faddama, die ältere Tochter Quartas, leistet ihrer Mutter Gesellschaft und verfolgt alles, was diese tut, mit höchster Aufmerksamkeit (1).

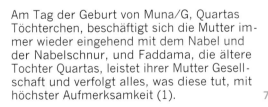

133

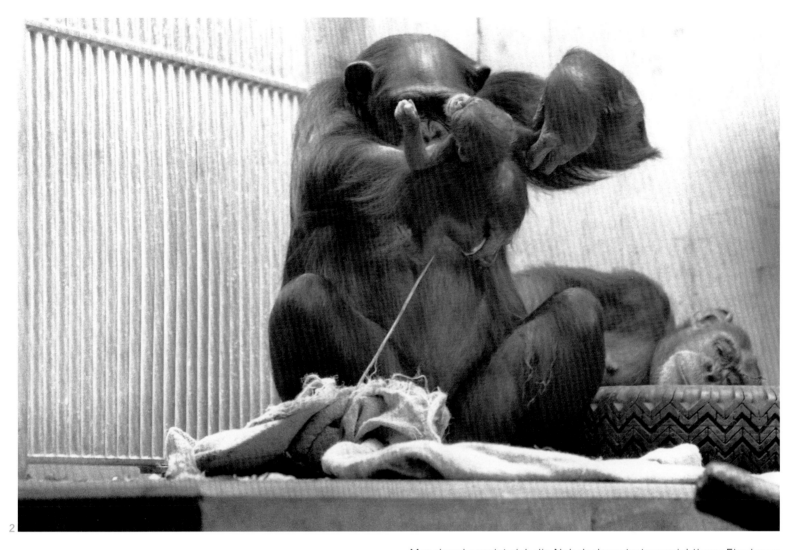

2

Manchmal erweist sich die Nabelschnur trotz umsichtigem Einplanen für Mutter und Kind als hinderlich, etwa wenn das Neugeborene sich mit Armen und Beinen in ihr verstrickt, oder wenn es sie gar als Schlaufe um das Körperchen trägt (Mutter Tana/S und Bassa, 1). Gelegentlich erschwert sie auch den etwas "freieren" Pflegeumgang der Mutter mit dem Kind (Mutter Fifi/S und Benga, 2).

Klammern und Loslassen

Im Gegensatz zu vielen anderen Tierkindern verbringen Menschenaffenkinder ihre ersten Lebensmonate am Körper ihrer Mütter. Sie werden von diesen rund um die Uhr getragen. Mit der ihnen angeborenen Fähigkeit, sich mit den Händen und den Füssen selber im mütterlichen Fell festzuklammern, leisten sie einen eigenen aktiven Beitrag, der mithilft, diese enge Kontaktbeziehung zur Mutter aufrechtzuerhalten.

Das Klammern zählt, mit dem Schlafen und dem Saugen, zu den drei auffälligsten Leistungen eines Neugeborenen, und das rechtfertigt, auf diese Fähigkeit auch gesondert und detailliert einzugehen.

Beim Klammern greift das Neugeborene mit Händen und Füssen einfach ins Fell der Mutter und nimmt Körperhaare kraftvoll in die geschlossenen Fäuste, so dass zwischen den einzelnen Fingern oder Zehen Haarsträhnen hervorragen. Vor allem in den ersten Lebenstagen gibt das Kind die Klammergriffe, wenn es wach ist, nicht selber frei. Will die Mutter seine Lage am Körper verändern oder es aus dem Körperkontakt heben, so muss sie in dieser Zeit die Finger oder Zehen des Kindes auffalten oder seine Griffe mit Gewalt aus ihrem Fell reissen. Beim Losreissen kommt es oft vor, dass ganze Büschel ausgerissener Haare in den Fäusten des Kindes zurückbleiben, was zeigt, mit welcher Kraft es beim Klammern die Haare der Mutter festhält. Erst viel später wird das Kind dann auf ein Zeichen der Mutter hin - eine feine Berührung seines Handrückens - seine Griffe selber freigeben und so mit der Mutter kooperieren.

Wenn das Kind klammert, hält es sich, mit etwas angewinkelten Armen und Beinen, so an seiner Mutter fest, dass seine Bauchseite derjenigen der Mutter angeschmiegt bleibt. Wenn es ermüdet, so verliert es nicht zuerst die Griffe, sondern den Bauch-zu-Bauch-Kontakt zur Mutter, denn es sinkt in den Griffen hängend nach unten, vom Bauch der Mutter weg, und im extremsten Fall berühren dann nur noch seine Klammergriffe die Mutter. Diese sich verändernde Haltung des Kindes am Mutterkörper versorgt die Mutter mit den nötigen Informationen über seinen Zustand, und die bewirken, dass sie es stützt und sofort in eine komfortablere und erholsamere Lage bringt.

Erkrankt ein Kind und verliert es dadurch zunehmend seine Kraft, so sind es nicht zuerst die Klammergriffe, die als Zeichen der Schwächung ausfallen. Das Klammern ist eine der letzten Fähigkeiten, die das Kind in einem solchen Zustand verliert.

Es ist darum fatal, wenn man sich in kritischen Situationen damit tröstet, dass das Kind sich ja noch festklammere, und daraus schliesst, es befinde sich noch nicht in einem allzuschlimmen Zustand.

Die Mutter beginnt schon in den ersten Lebenstagen, die Klammergriffe des Kindes zu lösen. Diese über sehr lange Zeit führende Beschäftigung mit den kindlichen Griffen hat mehrere Gründe. Das Kind muss zum einen lernen, seine Griffe auf ein Zeichen seiner Mutter hin selber freizugeben. Zum andern hat es sich daran zu gewöhnen, sich am Körper der Mutter auch ohne seine klammernden Griffe wohlzufühlen, etwa, wenn diese es zur Brust bringt, allmählich die Traghaltungen variieren und sich seinem Körper pflegend zuwenden will. Für das Kind öffnet sich mit dem Lösen der Griffe der Weg, seine durch die Reifung sich ständig mehrenden Fähigkeiten auch zu nutzen und zu üben. Es kann mit seinen Händen dann den Körper erkunden, es lernt, sich auf dem Körper der Mutter zu verschieben, sich manipulierend mit Dingen auseinanderzusetzen, und schliesslich entwickelt es seine Bewegungsfähigkeit auch frei vom Körper der Mutter.

Beide Tendenzen, das Klammern und das Loslassen, haben für das Kind eine lebenssichernde Bedeutung, und in einer bestimmten Entwicklungsphase ergibt sich aus ihnen auch ein "Konflikt". Es ist darum verständlich, dass das Lösen der Griffe ein Prozess ist, der über lange Zeit führt, und dass der Widerstand, den das Kind dabei leistet, nur durch die allmähliche Gewöhnung und in kleinen Schritten überwunden werden kann.

Normalerweise, vor allem in den der Geburt folgenden Tagen und Wochen, werden

Ihre Neugier so richtig stillen können Kinder und Jugendliche allerdings erst dann, wenn die Nabelschnur vom Kind getrennt ist und Nabelschnur und Nachgeburt in der Familie, ohne Einwände der Mutter, von Hand zu Hand gereicht werden.
Nabelschnur und Nachgeburt werden jetzt von allen geruchlich und vor den Augen und dem Mund eingehend geprüft (1). Sie eignen sich natürlich auch für die erkundenden kleinen Spielereien der Jüngeren (2 und 3).

1

Menschenaffenmütter tragen ihre Kinder von der Geburt an bis in den vierten Lebensmonat hinein ununterbrochen am Körper. Die Neugeborenen klammern sich mit Händen und Füssen im Fell der Mutter fest und werden zusätzlich von den Müttern gestützt. Elsie/O mit Sohn Suma (1), Quarta/G mit Tochter Muna (2) und Tana/S mit Tochter Punia (3).

die Kinder von den Müttern am Körper gestützt, das heisst, sie werden von diesen kaum je ihren eigenen Griffen auch wirklich ausgesetzt. Gestützt oder gehalten wird das Kind, je nach Körperhaltung, mit einer Hand, oder mit einem oder beiden Armen, die seinem Rücken von hinten her an- oder aufgelegt werden. Im Sitzen hält die Mutter die Arme entweder verschränkt, oder sie hat sie dem Körper des Kindes parallel zueinander angelegt. Sitzt das Neugeborene tief im Schoss der Mutter, so können auch die angewinkelten Beine das Stützen übernehmen.

Von neugeborenen Schimpansen und Gorillas wird vielfach gesagt, sie seien in der der Geburt unmittelbar folgenden Zeit nicht in der Lage, mit ihren Klammergriffen ihr eigenes Gewicht zu tragen. Das stimmt nur bedingt. Unter normalen Umständen verzichtet die Mutter kaum je auf die stützende Hilfe, und wenn sie es ausnahmsweise dennoch tut, so nur für sehr kurze Zeit. Überdies benehmen sich primipare Mütter, die noch keine Erfahrungen mit eigenen Neugeborenen besitzen, restriktiv und "konservativ", das heisst, sie sind "überbesorgt" und hüten sich davor, Dinge zu tun, die bei ihrem Kind Unwohlsein und damit Protestäusserungen wachrufen. Bei ihnen ist darum das "Freitragen" noch seltener zu sehen.

Es ist deshalb am ersten und zweiten Lebenstag schwer, diese Fähigkeit eines Neugeborenen zu beurteilen, weil man es eben fast nie freiklammernd beobachten kann. Nur kontinuierliche, über sehr lange Zeit führende Beobachtungen in diesen frühen Tagen geben etwas differenzierter Auskunft.

Bei allen von mir in Basel beobachteten Mutter-Kind-Paaren aller drei Menschenaffenarten waren die Neugeborenen am ersten und zweiten Lebenstag fähig, das

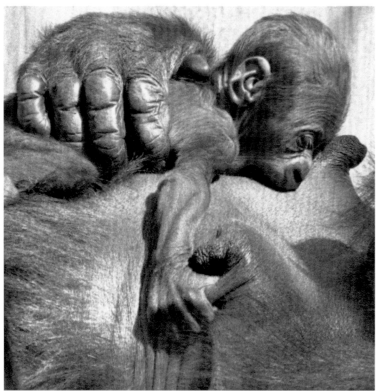

Den Neugeborenen sind die Klammergriffe angeboren. Sie vermögen ihre Finger und die Zehen greifend zu "Fäusten" zu falten (1) und sich auf diese Weise am Mutterkörper zu sichern. Beim Greifen umschliessen die "Fäuste" haarlose Haut (2) genauso kraftvoll wie Büschel des mütterlichen Haarkleides (3).

für kurze Zeit ausfallende Stützen durch die Mutter mit dem eigenen Klammern erfolgreich zu überbrücken. Trotzdem denke ich, dass die dabei aufzuwendende Kraft ein Neugeborenes dann überfordert, wenn es einer solchen Situation zu lange ausgesetzt bleibt. Ein Indiz dafür ist natürlich auch, dass die Mütter in den Tagen nach der Geburt ihre stützende Hilfe nur in Notfällen aufgeben.

Erfahrene Mütter prüfen die Klammerfähigkeit ihrer Neugeborenen schon recht früh, und sie gehen dabei mit einer Sorgfalt vor, die zeigt, dass sie die Probleme, die sich möglicherweise für das Kind aus solchen Versuchen ergeben, sehr genau kennen. Eine Mutter steht zum Beispiel in normaler Haltung da, hat beide Füsse auf den Boden gestellt, stützt den einen Arm auf den eingeschlagenen Fingerknöcheln ab und fixiert mit dem anderen ihr Neugeborenes am Körper. Dann löst sie den stützenden Arm sorgfältig, aber nur soweit, dass dieser, einem Auffangnetz gleich, einen "Absturz" verhindern kann. Selbst diese kleine Veränderung in der Kontaktbeziehung zur Mutter ruft beim Kind Unwohlsein wach, und es äussert Protestlaute, die die Mutter beantwortet, indem sie ihren Arm wieder in die stützende Position zurückbringt. Die Reaktion des Kindes bewirkt also, dass die Mutter ihr Unternehmen sofort abbricht, und so bleibt dieser erste Versuch nur ein Ansatz zum "Freitragen" des Kindes. Nur wenn die Mutter diese kleinen Schritte unzählige Male wiederholt, wird das Kind sich damit abfinden, seine Proteste bleiben aus, und die Mutter kann beim nächsten Mal etwas weitergehen. Sie wird als nächstes die tragende Hand auch auf den Boden bringen und noch etwas später vorsichtig versuchen, mit ihrem Neugeborenen ein, zwei Schritte freitragend zu gehen. Auch

141

Kinder variieren ihre Greifgewohnheiten und passen sie an, sobald sie von der Mutter vorübergehend auf ungewohnte Weise getragen oder gehalten werden. Das Umgreifen mit den Armen kann zusätzlich im Dienste des Klammerns stehen (Muna/G, 1), das Haar am Handgelenk kann für einen sichernden Griff reichen (Tamtam/G, 2) und manchmal gleich für zwei Griffe dicht nebeneinander (Tamtam, 3).

dieses Ausbauen des Versuches verläuft in vielen kleinen Einzelschritten dem vorerwähnten Muster ensprechend, und immer wird dazwischen wieder eine Phase des Probierens und Übens nötig. Während des ganzen Ablaufes, der sich über Tage hinzieht, spürt man die Spannung und die Konzentration, mit der die Mutter sich der Griffe ihres Kindes versichert, und ihre ständige Bereitschaft, stützend zuzugreifen, wenn sich das als nötig erweist.

Die geschilderte Reaktionsweise eines Neugeborenen auf Veränderungen, die von seinen Gewohnheiten abweichen, und das schrittweise Vorgehen mit Gewöhnen und Einüben sind übrigens zwischen Mutter und Kind in allen Verhaltensbereichen zu beobachten.

Manchmal geschieht das Freitragen allerdings nicht aus einer Erkundungslaune der Mutter heraus, sondern weil sich Situationen ergeben, in denen sie gezwungen wird, beide Hände einzusetzen. Ein Beispiel dazu:

Bei Quarta/G kam es einmal, nach der Geburt eines Kindes, in der Gemeinschaft zu sozialen Auseinandersetzungen zwischen einem Jugendlichen und einem älteren Silberrücken. Diese sozialen Schwierigkeiten hatten direkt mit Quarta und ihrem Neugeborenen nichts zu tun, flackerten aber über eine Woche lang immer wieder auf. Von Quarta waren darum, von ihrem eigenen zurückhaltenden Eingreifen in den Streit einmal abgesehen, immer wieder rasche Fluchten und hektische Klettereien gefordert, damit sie sich und ihr Neugeborenes aus der "Gefahrenzone" wegbringen konnte. In solchen Fällen hat Quarta ihr Kind sehr oft freigetragen und nur dann stützend eingegriffen, wenn es diese Hilfe benötigte. Dieses Kind war, ungleich vielen anderen im gleichen Alter, durch den tagelangen Zwang zum Üben schon nach kürzester Zeit wesentlich leistungsfähiger darin, sich selber sichernd zu tragen.

Es ist zweifellos so, dass Mütter, die ihre Kinder dem Freitragen häufiger aussetzen, damit die Fähigkeit ihres Kindes schulen, sein Gewicht klammernd selber zu tragen. Im Zoologischen Garten kommt eine Mutter sicher viel seltener in den Zwang, ihrem Kind diesen stützenden Halt zu entziehen, als das im Freileben der Fall ist. Dass das Neugeborene die Wirksamkeit seiner angeborenen Klammergriffe, wenn es zum Üben gezwungen ist, so enorm zu steigern vermag, ist vielleicht ein Hinweis

Wenn Fifi/S kopfunter am Deckengitter unterwegs ist, so übernimmt
ein Fuss und der zugehörige Unterschenkel das Stützen und die
Sicherung des Kindes (1).
Das Kopf- und Nackentragen wird mit den Neugeborenen oft schon
in den ersten Lebenstagen geübt. Die Mütter Kati/G (2) und Elsie/O (3)
sind sich der "Gefahr", der sie das Kind aussetzen, bewusst. Sie
gehen bei solchen "Experimenten" sorgfältig vor und sichern das Kind
in der ihm unvertrauten Haltung mit einer zum Eingreifen bereitgehaltenen Hand.

144

5

6

Es gibt auch Situationen, in denen die Neugeborenen nicht klammern, etwa dann, wenn der Griff der Mutter nicht nur stützt, sondern dezidiert zugreift (4), oder wenn die Mutter ihr Kind, wie im Bild Kasih/O, entspannt auf dem Arm aufliegen hat (5).
Halbgeöffnete oder lose Griffe sind auch dann typisch, wenn das Kind in einer Haltung auf dem Körper der liegenden Mutter schläft oder ruht, in der sich das zusätzliche Sichern mit Klammergriffen erübrigt (6).
Das Stützen durch die Mutter und das Klammern des Kindes haben auch mit dem kindlichen Wohlbefinden und mit dem Sich-geborgen-Fühlen zu tun. Gelegentlich stehen diese Funktionen auch im Vordergrund.

darauf, dass unter natürlichen Bedingungen dem Klammern viel grössere Bedeutung zukommt als im Zoo.
Im Hinblick auf die Klammerfähigkeit scheinen die neugeborenen Orang-Utans von den Gorillas und den Schimpansen abzuweichen. Sie halten sich effizienter, und es ist sicher nicht weithergeholt, wenn man diesen Unterschied mit einer stammesgeschichtlichen Anpassung des Geburtszustandes an die arboreale Lebensweise der Orang-Utans erklärt, die von den Müttern bei der Fortbewegung häufig den Einsatz beider Arme und Hände verlangt. Obwohl Orang-Utan-Mütter ihre Kinder oft seitlich und hoch am Körper tragen, was ihnen erlaubt, sie mit dem "klemmenden" Oberarm auch dann noch teilweise zu stützen, wenn sie beide Hände gebrauchen, werden ihre Neugeborenen den eigenen Griffen stärker ausgesetzt. Das dadurch erzwungene ständige Üben verstärkt deren Fähigkeit zu klammern noch zusätzlich.

3

Trotz der ihnen angeborenen Fähigkeit zu klammern werden Neugeborene in den ersten Tagen kaum je diesen Griffen wirklich ausgesetzt.
Die Mütter stützen ihre Neugeborenen mit der Hand (1), mit dem
aufgelegten Arm (2), mit den vom Rücken her angelegten Händen und
Füssen (3) oder mit einem Griff, der das Körperchen in der Lenden-
oder Gesässregion umschliesst.

Bild Seite 148
Wenn die Füsschen des Neugeborenen kraftvoll ins Fell der Mutter
greifen, so stehen zwischen den klammernden Zehen deutlich kleine
Büschelchen von mütterlichen Haaren hervor.

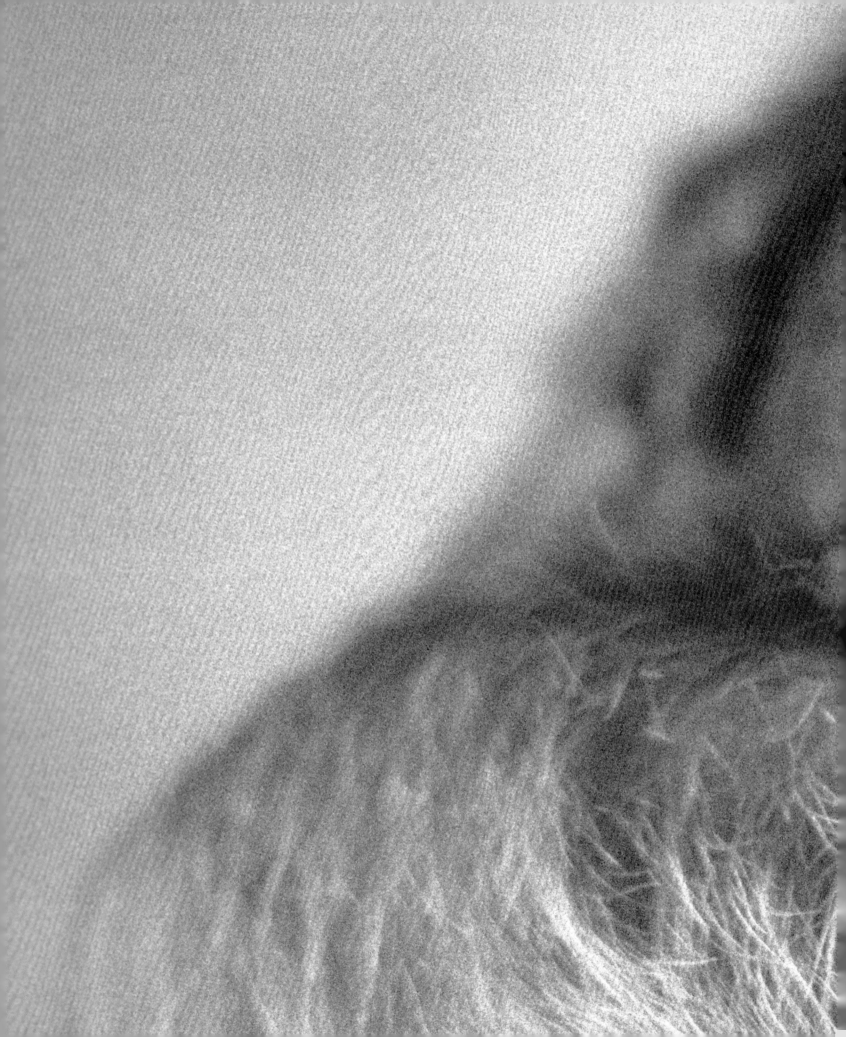

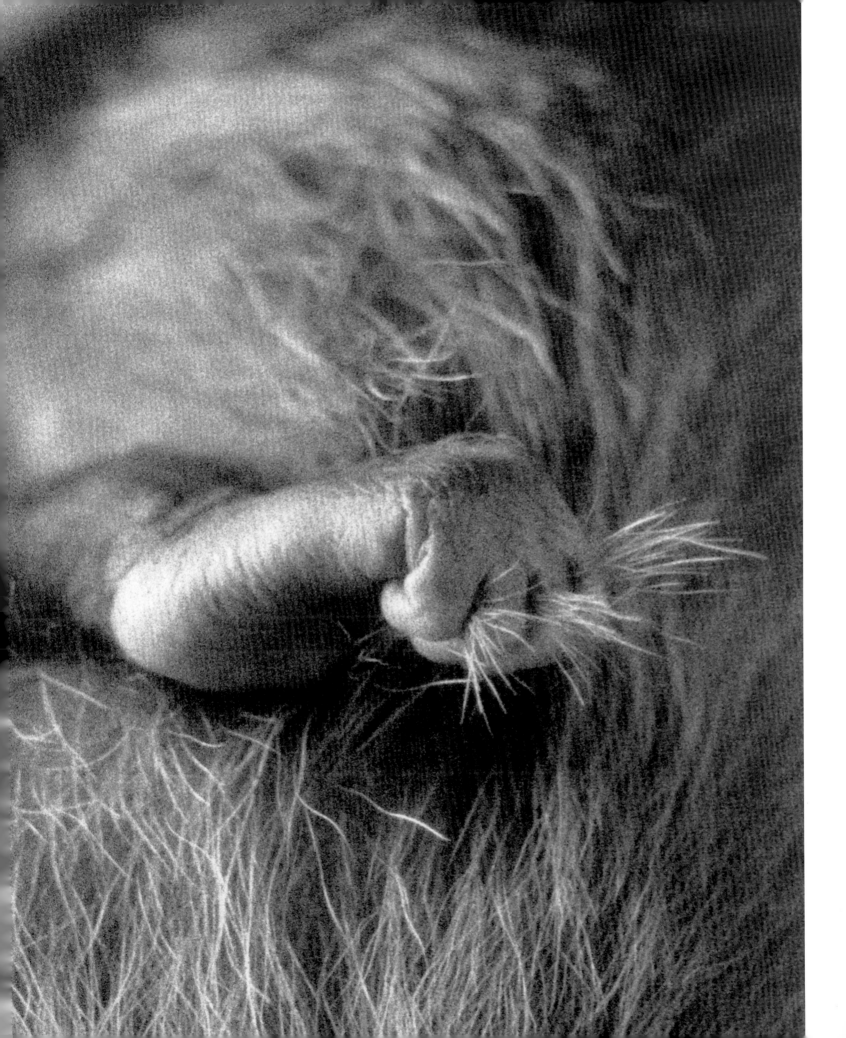

Stillen und Saugen "... Der erste Saugkontakt entscheidet darüber, ob Mutter und Kind sich nach der Geburt zu einer Beziehung finden, die über Zeit zu bestehen vermag..."

Mütter nehmen einsichtig Rücksicht auf die Bedürfnisse ihrer Neugeborenen. Wenn diese alle Stunden ihren Hunger durch Unruhe melden, so geben die Mütter andere Aktivitäten auf, nehmen eine bequeme Stillhaltung ein und bringen ihre Kinder gezielt zur Brust: Tana/S mit dem Sohn Kipenzi (1), Achilla/G mit der Tochter Donga (2) und Elsie/O mit dem Sohn Suma (3).

Bild Seite 151
Mutter Fifi/S mit ihrer Tochter Tana. In der Zeit nach der Geburt werden Menschenaffenkinder alle Stunden ein- bis zweimal gestillt.

152

3

Grundsätzliches zum Saugen

Die wohl auffallendste und wichtigste Aktivität eines neugeborenen Menschenaffenkindes sind das Saugen und alle damit verbundenen Leistungen. Der Wunsch zu saugen ist in den frühen Tagen die häufigste Ursache kindlicher Äusserungen. Das Zustandekommen des ersten Saugkontaktes entscheidet darüber, ob Mutter und Kind sich nach der Geburt finden und eine gegenseitige Beziehung aufbauen können, die über Zeit zu bestehen vermag.

Menschenaffenmütter stillen ihre Kinder dreieinhalb bis vier Jahre. Diese Stillzeiten variieren jedoch von Mutter zu Mutter, denn sie werden unter anderem auch von den Persönlichkeiten von Mutter und Kind und von der mütterlichen Erfahrung mitbestimmt. Eine weitere Abweichung vom Normalfall ist in Zoologischen Gärten zu beobachten, wo unter Umständen bis zu viereinhalb und fünf Jahren gestillt wird. Mit dieser langen Dauer ist das Saugen eine Kontaktform zwischen Mutter und Kind, die deren Beziehung über sehr lange Zeit als Konstante begleitet.

Das Saugen des Kindes und das Stillen durch die Mutter beruht auf Gegenseitigkeit, hat also die Form eines ständigen Dialoges. Der mütterliche Beitrag beschränkt sich dabei nicht nur darauf, dass sie Milch produziert und diese für ihr Kind bereithält. Die Mutter kann genauso wie das Kind eine Saugszene herbeiführen oder sie beenden. Sie hilft ihrem Kind zur Brust, zeigt ihm sehr direkt den Weg zur Warze, sie beobachtet sein Saugen aufmerksam und fordert das Kind zum Weitersaugen auf, wenn es eine Pause einlegt oder Anzeichen zeigt, an der Warze einzuschlafen. All das, was während des Saugens geschieht, ist einem minutiösen Wandel unterworfen. Veränderungen ergeben sich daraus, dass Mutter und Kind ständig lernen,

153

Eine kleine "Galerie" stillender Gorillamütter: Goma mit Tamtam (1), Quarta mit Zorillo (2), Achilla mit Donga (3), Quarta mit Muna (4), Faddama mit Nangai (5) und Quarta mit Shaba (6).

und dass das Kind sich entwickelt und immer leistungsfähiger wird. Diese Prozesse führen dazu, dass das Kind mehr und mehr selbständig zu handeln beginnt und die Mutter, abhängig davon, ihre Hilfeleistungen allmählich abbaut.

Wir wollen uns in diesem Kapitel einige Aspekte des Saugens etwas genauer ansehen.

Details rund um die Saugszene

Ein neugeborenes Gorillakind sucht oder verlangt in den ersten Tagen nach der Geburt stündlich zwei- bis dreimal nach Milch. Es äussert diesen Wunsch mit den ihm angeborenen Suchbewegungen oder mit allgemeiner Bewegungsunruhe. Zu ruhigen und regelmässigen Saugzügen kommt das Kind, wenn es die Warze zu fassen bekommen und tief eingezogen hat. In den ersten Tagen dauert eine Saugszene im Mittel etwa anderthalb Minuten. Gegen den achten bis zehnten Tag hin pendelt sich dieser Wert dann bei ungefähr 3 1/2 Minuten ein. Allerdings sind, je nach Sauglage, schon am ersten und zweiten Lebenstage ununterbrochene Warzenkontakte auch bis zu 10 Minuten zu beobachten. Dabei wird aber nicht kontinuierlich über die ganze Zeit gesaugt. Die langdauernden Warzenkontakte treten dann auf, wenn das Kind sich in einer Sauglage befindet, in der es bequem saugen kann und selber keine Kraft aufzuwenden braucht, um seine Haltung am Mutterkörper aufrechtzuerhalten. Das ist etwa dann der Fall, wenn die Mutter auf dem Rücken liegt und ihren Säugling bäuchlings auf dem eigenen Bauch aufliegen hat. Beim Saugen wird die Warze von den Lippen umschlossen und die Zunge liegt ihr dicht an, so dass sie wie in einem Futteral von unten und von der Seite her ein-

Elsie/O stillt den 30 Tage alten Sohn Suma (7 bis 9). Sumas Blick ist entspannt auf die Mutter gerichtet (7), seine Griffe sind locker aufgelegt, und das Saugen wird von Zeit zu Zeit von Arm- und Handbewegungen begleitet (8 und 9). Mutter Elsie stützt ihr saugendes Kind und stellt den angewinkelten Arm gleichzeitig so vom Körper ab, dass die Brustwarze gut erreichbar vom Körper wegsteht.

155

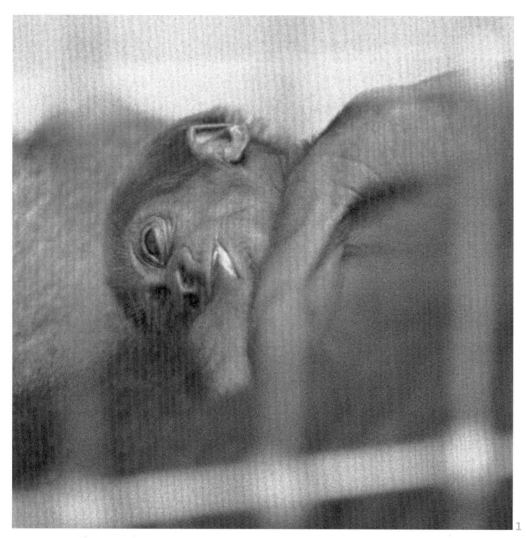

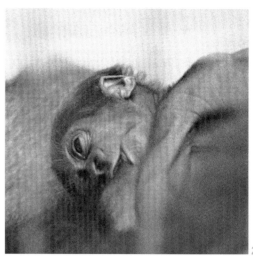

Wird gesaugt, so ist die Warze von der Zunge teilweise umschlossen, und die Lippen liegen ihr geschlossen an (2). Bei kleinen Saugpausen entspannt sich der "Zungen-Lippen-Griff" um die Warze, und oft wird dann ein kleiner weisser Milchrand um die Warze herum sichtbar (beide Bilder Achilla mit Quarta, 1).

Am Anfang einer Saugphase wird die Warze so tief wie möglich eingesogen (3), nach längerem Saugen nimmt die Saugfrequenz etwas ab, und oft wird dann vom Kind nur noch die Warzenspitze umschlossen (beide Bilder Achilla/G mit Wimbi, 4).

Wenn die Kinder etwas älter sind und beim Saugen nicht mehr allzusehr ermüden, beschäftigen sie sich in kurzen Saugpausen oder nach dem Abbrechen des Saugens mit kleinen "Zungenspielen" (Wimbi/G bei Mutter Achilla, 5 und 6), oder sie bringen ihre Finger zum Mund und lutschen und kauen an und auf ihnen herum (Tamtam/G bei Mutter Goma, 7).

gebettet ist. Lippen und Zunge dichten so nach vorne ab und verhindern, dass beim Saugen Luft eintritt. Dort, wo die Zunge seitlich diese Aufgabe nicht übernehmen kann, tun das zwei kleine Fettpolster, die auf beiden Wangenseiten in den Mundraum ein wenig vorragen, die Buchatschen Fettpfropfe. Sie schliessen zusammen mit der Zunge so gut ab, dass die Lippen der Warze völlig entspannt anliegen können. Das bekommt man deutlich zu sehen, denn sobald Milch fliesst, bildet sich an den Lippenrändern ein feiner Milchsaum. Äusserlich, an den beiden Wangen, treten in entspanntem Zustand die erwähnten Fettpolster als erbsengrosse Erhebungen deutlich hervor. Sie verschwinden, wenn gesogen wird, und erscheinen nach jedem Saugzug wieder. Bei guter Sicht auf die Wange des Säuglings kann man darum die Saugzüge sehr genau mitzählen.

Beim ruhigen Saugen erfolgt alle ein bis eineinviertel Sekunden ein Saugzug. Diese Frequenz bleibt über die ganze Saugszene gleich und nimmt erst kurz vor deren Ende etwas ab. Eine ungestörte Saugszene endet immer ähnlich. Das Neugeborene stellt seine Saugzüge ein, entspannt sich, rutscht am Körper der Mutter etwas nach unten, verliert dabei die Warze aus dem Mund und schläft ein. Befindet es sich in einer Lage, in der es nicht absinken kann, so schläft es einfach ein, ohne die Warze aus dem Mund freizugeben.

Der Milcheinschuss bei der Mutter kann in Einzelfällen schon am ersten Tag so stark erfolgen, dass das Neugeborene beim Saugen den hier beschriebenen ruhigen Eindruck hinterlässt. Oft erfolgt aber der eigentliche Milcheinschuss erst am zweiten oder am dritten Lebenstag. Darüber wusste man in der frühen Zeit der Gorillazucht

157

Wenn der noch kleine Säugling am Ende eines Saugaktes die Brustwarze freigibt (1), so folgt manchmal vor dem Einschlafen (3) noch
eine kurze Phase, in der an den eigenen Händen oder Fingern
gesaugt wird (2). Die Bilder zeigen Quarta/G mit dem Sohn Zorillo.

Die Saugphasen Neugeborener und kleiner Säuglinge sind mit 1 1/2
bis 2 Minuten relativ kurz, und sie enden meist auf ähnliche Weise:
Die Kadenz der Saugzüge lässt nach (4 und 7), das Kind entspannt
sich, rutscht langsam von der Warze (5 und 8) und schläft schliesslich
ein (6 und 9). Elsie/O mit Sohn Suma (4 bis 6) und Quarta/G mit
Sohn Zorillo (7 bis 9).

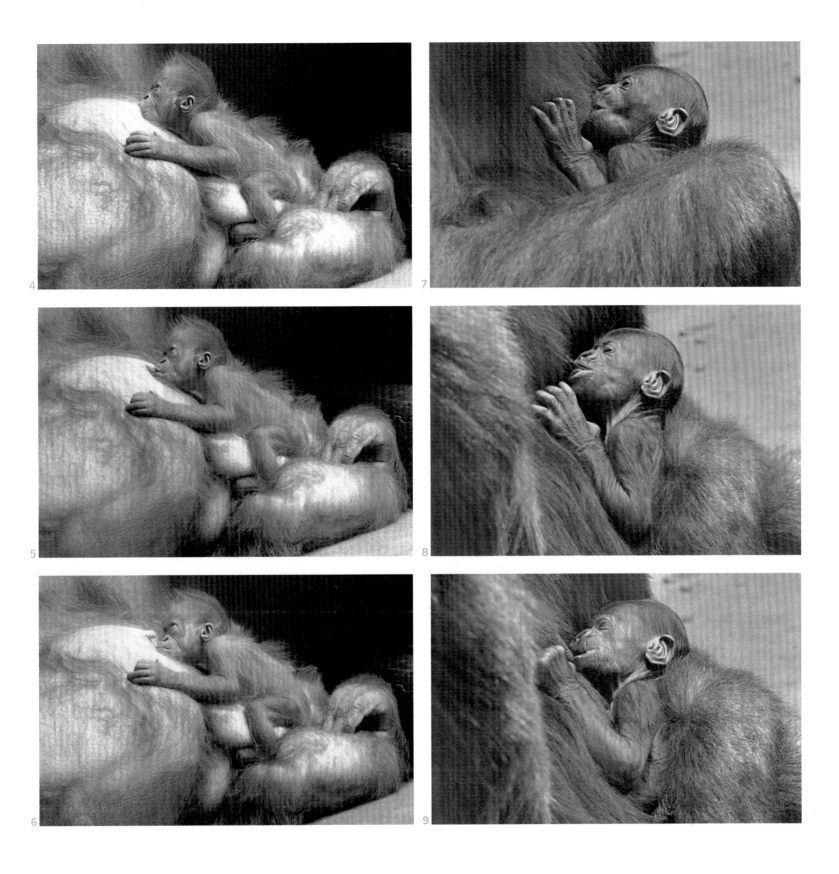

Am Ende der Saugszene rutscht der kleine Säugling ermüdet etwas nach unten und verliert dabei die Warze aus dem Mund. Oft leitet danach ein herzhaftes Gähnen eine Schlafphase ein (Achilla/G und Wimbi, 1 und 2). Wenn die Sauglage das Nach-unten-Rutschen verhindert, so schlafen Kinder oft auch mit der Warze im Mund ein.

Nach ihrem zweiten Kind litt Achilla bei allen Mutterschaften an Brustentzündungen. Wenige Tage nach dem Milcheinschuss zeigte die Brust Knoten und Verhärtungen, und die Brustwarze schwoll mächtig an. Das bereitete Achilla Schmerzen, und für ihre Kinder war es schwierig, die Warze zu fassen, sie einzusaugen und während des Saugens mit Lippen und Zunge umschlossen zu halten: Achilla mit Wimbi (3), Achilla mit Douala (4 bis 6). Als die Entzündung zeitlich etwas verschoben an beiden Brüsten auftrat, war Achilla nicht mehr in der Lage, ihre Kinder zu stillen.

nicht so genau Bescheid, und viele Neugeborene wurden, aus Sorge um ihr Überleben, mit der Diagnose "mangelhaftes Saugverhalten" einfach zu früh von ihren Müttern getrennt.

Such- und Einstellbewegungen

Wenn das neugeborene Gorillakind Hunger verspürt, so äussert es die ihm angeborenen Suchbewegungen. Es hat dabei sein Köpfchen mit dem Gesicht auf dem Mutterkörper aufliegen und bewegt es rhythmisch streichend zu beiden Seiten hin. Das Neugeborene zeigt diese Suchbewegungen überall am Mutterkörper, unabhängig davon, ob es sich in Reichweite der Brustwarze befindet oder nicht.

Auslöser für sein Verhalten ist sein Wunsch, zur Milch zu kommen. Wenn sich das Kind am Mutterkörper in einer Lage befindet, aus der heraus es die Brust zu erreichen vermag, oder wenn seine Mutter es auf seine Suchbewegungen hin in diese Lage bringt, so wird es gelegentlich beim Suchen mit dem Mundumfeld die Brustwarze berühren. Geschieht das, so ändert sich sein Verhalten sofort. Es stellt die Suchbewegungen ein und wechselt zu der ebenfalls angeborenen Einstellreaktion. Dabei öffnet es den Mund weit und beginnt mit dem Kopf frontal und kraftvoll gegen die mit den Suchbewegungen lokalisierte Stelle zu "schlagen". Es richtet den Mund so immer direkter auf die Warze hin aus, und wenn es sie zu fassen bekommt, sind noch ein bis zwei weitere "Schläge" nötig, die die Warze so zentrieren, dass sie tief in den Mund eindringt und umschlossen und eingesogen werden kann.

1

Die Suchbewegungen sind neugeborenen Menschenaffen angeboren. Sie helfen die Brust finden und teilen der Mutter gleichzeitig mit, dass ihr Kind trinken möchte (der "suchende" Tamtam/G, Mutter Gomas Sohn, 1).

Beim "Suchen" wird der Kopf streichend, rhythmisch von der einen Gesichtsseite zur anderen bewegt. Berührt das Mundumfeld des Kindes dabei die Brustwarze, so wechseln die Suchbewegungen in die ebenfalls angeborene Einstellreaktion über (Goma/G mit Tamtam, 2 bis 4).

Die Suchbewegungen von Atjeh/O, der Tochter von Kasih (5 und 6).

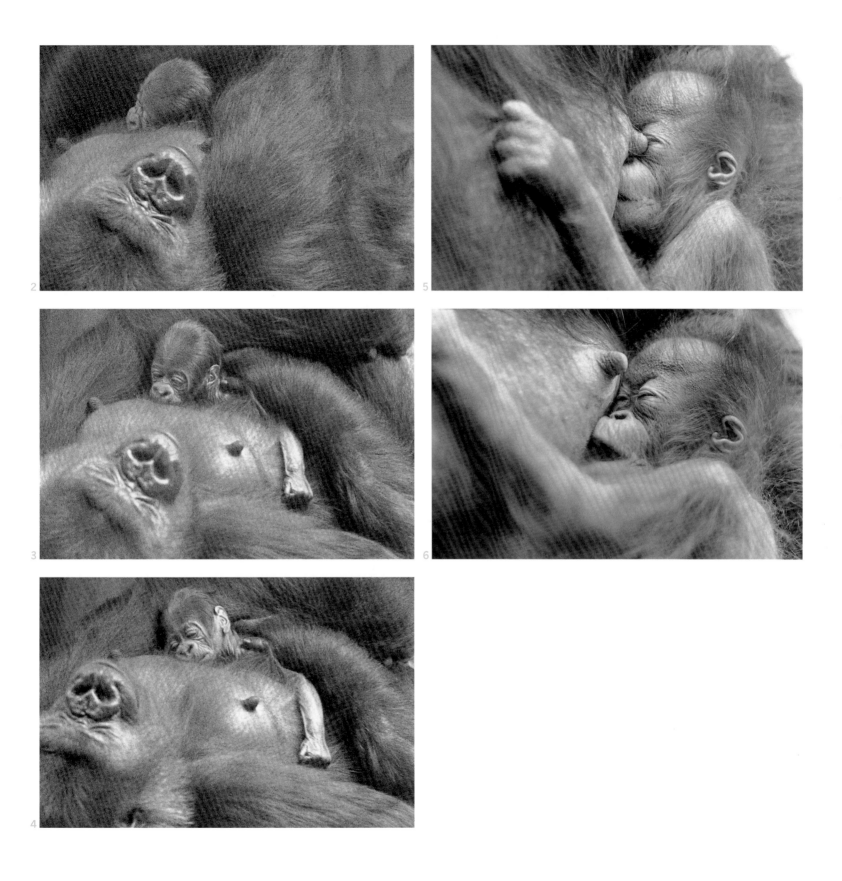

Wenn das Mundumfeld des Neugeborenen die Brustwarze berührt, so wechselt dieses von den angeborenen Suchbewegungen zur ebenfalls angeborenen Einstellreaktion. Die seitlichen, streichenden Pendelbewegungen mit dem Kopf werden eingestellt und das Gesicht wird mit weit offenem Mund rhythmisch gegen die Warze geschlagen, die so zentriert wird und dann tief eingesogen werden kann. Die Bilder zeigen diese Einstellreaktion bei einem Orang-Utan (1) und einem Gorillakind (2).

2

Erst jetzt folgen die rhythmischen Saugbewegungen, die dafür sorgen, dass dem Kind Milch zufliesst.

So detailliert wie hier beschrieben bekommt man allerdings die Suchbewegungen und die Einstellreaktion, und deren Zusammenspiel, nur in den ersten Tagen nach der Geburt zu sehen. Ausgiebiges Suchen wird dem Kind nämlich schon bald dadurch erspart, dass die Mutter ihm auf die Suchbewegungen hin gezielt direkt zur Warze hilft. Überdies lernt auch das ständig reifende Kind sich immer mehr direkt nach der Brust auszurichten, und auch das kürzt das Brustsuchen ab.

Zu diesem Zeitpunkt setzt das Kind die Suchbewegungen auch einfach nur als Signale ein. Es sagt der Mutter mit ihnen, dass es saugen möchte.

Es ist auffallend, dass dann, wenn das Suchverhalten dergestalt unnötig wird, also um den sechsten bis achten Lebenstag herum, die Dauer der einzelnen Saugphasen von 1 bis 1 1/2 auf 2 bis 2 1/2 Minuten ansteigt. Vermutlich hängt diese Veränderung damit zusammen, dass die aufwendige Suchaktivität für das Neugeborene mit beachtlichen Anstrengungen verbunden ist, und dass dann, wenn Suchen unnötig wird, seine ganze verfügbare Kraft dem eigentlichen Saugakt zufliessen kann.

1

Der Beitrag der Mutter zum Sauggeschehen

An der Gestaltung einer Saugszene ist bei den Gorillas die Mutter aktiv mitbeteiligt. In den ersten 10 Lebenstagen sichert die mütterliche Hilfe dem Neugeborenen sogar das Überleben, denn es ist in dieser Zeit noch nicht fähig, ausschliesslich aus eigener Kraft zur Brust zu kommen.

Die Art und Weise, wie die Mutter auf den Saugwunsch ihres Kindes eingeht und wie sie es beim Saugen selber unterstützt, ist erstaunlich vielfältig. Sie bringt ihr Kind in eine komfortable Sauglage, sie stützt es, sie hilft ihm an die Warze, sie überwacht seine Saugaktivität und interveniert, wenn das nötig wird.

Nicht alle Mütter reagieren zum Zeitpunkt der Geburt gleich gezielt und effizient. Ihre unterschiedlichen Persönlichkeiten und das Mass ihrer Erfahrungen spielen eine Rolle. Doch im Normalfall führen schon die Erfahrungen am ersten Lebenstag des Kindes auch die noch unerfahrene Mutter sehr schnell zu solch lebenssicherndem Helfen.

Betrachten wir die Saugszenen am dritten Lebenstag. Wenn das Neugeborene seinen Saugwunsch ausdrückt, so wird die Mutter es sofort zur Brust bringen. Sie tut das, indem sie ihm die Fuss- und Handgriffe aus dem Fell löst und es in Brustnähe schiebt. Unter Umständen wird sie dabei auch gleich noch eine für das Kind und für sich selber bequemere Körperhaltung einnehmen, etwa aufsitzen oder sich auf den Rücken legen. Sie umgreift danach den Kopf des Kindes von hinten her mit einer Hand und richtet ihn auf die Brust aus. Dieses Ausrichten kann so präzis erfolgen, dass der offene Mund des Kindes direkt an der Brustwarze angesetzt wird. Saugt das Kind, so vermeidet die Mutter jede Störung. Sie bewegt sich nicht, sondern bleibt auffallend ruhig. Sie überdeckt überdies stützend den Körper des Kindes, je nach Sauglage, von hinten oder oben her mit einer Hand, einem Arm oder mit beiden Armen.

Oft beobachtet die Mutter ihr Kind, während dieses saugt. Das ist vor allem dann der Fall, wenn sie in sitzender Haltung stillt. Sie hat dann den Kopf gesenkt und ihr Blick ruht auf dem Kind.

Besonders deutlich wird die aktive Beteiligung der Mutter am Sauggeschehen, wenn sie direkt eingreift. Etwa dann, wenn die abnehmende Saugfrequenz das nahe Ende

3 4

Oft tragen die Mütter ihre Kinder so am Körper, dass diese die Brustwarze nicht selbständig erreichen können. Der Säugling meldet den Saugwunsch mit seinen Suchbewegungen oder mit Bewegungsunruhe, worauf die Mutter seine Griffe aus ihrem Fell löst und ihn am Körper in eine Sauglage bringt, in der er die Brust mühelos erreichen kann: Elsie/O mit Suma (1 und 2), und Goma/G mit Tamtam (3 und 4).

einer Saugszene anzeigt, oder wenn das Kind vorübergehend seine Saugzüge einstellt. In solchen Fällen fordert die Mutter das Kind zum Weitersaugen auf, und das geschieht von Mutter zu Mutter sehr verschieden. Erfahrene Mütter zeigen ein ganzes Repertoire von Interventionshandlungen. Der Rücken des Kindes wird von einem Finger der aufliegenden Hand angetippt, mit einer Fingerspitze wird die runzlige Nackenhaut des Kindes mehrmals zusammengeschoben, eine Hautfalte am Körper des Kindes wird mit zwei Fingern ergriffen, leicht vom Körper weggezogen, oder die stützenden Arme führen mehrmals ruckende, abrupte Bewegungen aus, die den kindlichen Körper erschüttern. All diese Bewegungen haben einen deutlichen Aufforderungscharakter. Sie muten etwas "gröber" an als andere mütterliche Berührungen am kindlichen Körper, aber sie lösen beim Kind kaum je Lautäusserungen oder andere Proteste aus. Die übliche Antwort des Kindes auf solche Störbewegungen ist das Weitersaugen. Manchmal beginnt die Mutter in der gleichen Situation auch einfach ihren Oberkörper rhythmisch zu wiegen. Eine auffallende Aufforderung zum Weitersaugen ist das "Drohen mit dem Warzenentzug". Die Mutter hebt dabei die Schulter der Saugseite soweit an, dass die Warze ein wenig aus dem Mund des Säuglings gezogen wird. Die Reaktion des Kindes ist ein heftiges "Nachschnappen", dann folgen einige hastige Saugzüge und schliesslich wird in gewohnter Weise weitergesaugt.

All diese Interventionsformen habe ich in ähnlicher Weise, aber nicht mit der gleichen Häufigkeit, auch bei freilebenden Berggorillas beobachten können. Dass die Mütter all diese Bewegungen wirklich als Aufforderungen zum Weitersaugen einsetzen, zeigt sich daran, dass sie diese, wenn der gewünschte Effekt erreicht wird, sofort einstellen. Das gleiche geschieht auch dann, wenn das Kind, weil es gesättigt ist, auf mehrfache Aufforderungen keine Reaktion zeigt. Normalerweise beginnt eine Saugszene damit, dass das Kind, wenn es Hunger verspürt, Suchbewegungen äussert, und sie endet, wenn es satt ist oder müde wird. Das heisst, dass die Initiative, die zum Beginn oder zum Ende des Saugens führt, meistens beim Kind liegt.

Aber auch die Mutter ist in der Lage, Saugszenen herbeizuführen oder zu beenden. Sie kann ihr Kind, ohne von diesem dazu aufgefordert zu sein, einfach zur Brust

3 4 5

Schon sehr früh machen Mütter die Suchbewegungen ihres Kindes dadurch unnötig,
dass sie sein Köpfchen mit einer Hand
von hinten her umfassen und sein Mäulchen
direkt auf die Brustwarze ausrichten:
Quarta/G mit Yoko (1), und mit Muna (2).
Erfahrene Mütter leisten solch einsichtige
Hilfen von der Geburt an, unerfahrene brauchen etwas mehr Zeit.

Mütter begleiten das Saugen der Kinder mit
ihrer Aufmerksamkeit. Sie schauen ihnen
entweder einfach nur zu (Goma/G und
Tamtam, 3, Elsie/O und Suma, 5), oder sie
wenden sich dem Kopf oder dem Körper
des Kindes sachte pflegend zu (Fifi/S und
Tana, 4).

bringen oder es von der Brust nehmen. Manchmal führen mütterliche Aktivitäten,
die nichts mit dem Saugen zu tun haben, - etwa eine Haltungsveränderung oder
pflegende Zuwendungen - dazu, dass das Kind solche Verhaltensweisen als Aufforderungen versteht und zu saugen beginnt, oder dass durch sie eine Saugeszene abgebrochen wird. Diese aktive Beteiligung der Mütter am Sauggeschehen ist am
auffälligsten im ersten Lebensmonat des Kindes. Danach nimmt sie mit zunehmender
sensorischer und motorischer Reifung des Säuglings ab, wird mehr und mehr über-
flüssig. Noch etwas später, wenn das Kind aus jeder Lage heraus selbständig zur
Mutterbrust gelangen kann, sind Hilfen nur noch ausnahmsweise zu beobachten.
In der erwähnten frühen Zeit bestimmt die mütterliche Aktivität auch weitgehend,
an welcher der beiden Brüste gesaugt wird. Eine Bevorzugung einer Brust ist nicht
festzustellen. Oft ist es einfach so, dass die Lage des Kindes am Mutterkörper
bestimmt, zu welcher Brust es von der Mutter hochgenommen wird. Der Wechsel
von der einen zur andern Brust, innerhalb einer Saugszene, wird in den ersten zehn
Tagen nur von der Mutter herbeigeführt, und das nur ausnahmsweise, etwa im
Rahmen einer Aktivität, die zum Weitersaugen auffordert.

Nicht ganz so offensichtlich und häufig wie beim Gorilla ist das aktive Einflussneh-
men auf das Sauggeschehen bei den Schimpansenmüttern. Das hat vermutlich
damit zu tun, dass Schimpansinnen im Durchschnitt etwas kleiner sind als Gorillafrauen, die Neugeborenen beider Arten aber etwa die gleichen Masse zeigen. Damit
ist das Schimpansenkind, wie immer es von der Mutter getragen wird, der Brust
etwas näher und eher in der Lage, durch seine eigene suchende Aktivität den Kontakt
mit der Mutterbrust herzustellen. Trotzdem zeigen detaillierte Beobachtungen auch
beim Schimpansen ein durchaus vergleichbares Bild. Noch etwas anders liegen die
Verhältnisse bei den Orang-Utans. Deren Neugeborene sind, wenn sie zur Welt
kommen, motorisch und sensorisch etwas reifer. Sie vermögen sich zum Beispiel mit
Beinen und Armen stossend und ziehend schon in den ersten beiden Lebenstagen
auf dem Mutterkörper zu verschieben. Hinzu kommt, dass sie von ihren Müttern
immer etwas seitlich am Körper getragen werden und meist sehr hoch, so dass sie
der dem Körper angelegte Oberarm stützt. Die Brüste der Orang-Utan-Mütter sind
am Körper ebenfalls etwas seitenständig und ihre Brustwarzen weisen zur Seite
hin. Diese besondere Tragart und der Reifezustand der Neugeborenen sind sicher
Anpassungen an die arboreale Lebensweise und sorgen überdies dafür, dass der
Kopf des Kindes sich auch in der normalen Traghaltung sehr nahe bei der Brust der
Mutter befindet.

Doch auch bei Orang-Utan-Müttern in Zoologischen Gärten ist einsichtiges und
helfendes Verhalten dem saugenden Kind gegenüber regelmässig, wenn auch seltener
als beim Gorilla, zu beobachten.

Faddama/G stellt beim Stillen den freien Arm winklig ab und erreicht so, dass die Brust vom Körper wegsteht und mit der Warze direkt aufs Gesicht des Kindes gerichtet ist (1). Nangai liegt auf dem anderen Arm auf und wird mit der Hand noch gesichert. Mit vergleichbar weggestelltem Arm unterstützt Elsie/O ihren Sohn Suma beim Saugen (3). Bei Quarta/G, die Muna in der Handinnenfläche aufliegen hat und deren Rücken und Kopf mit dem ebenfalls angewinkelten Arm stützt, ist der Effekt dieser Haltung für das Kind schön zu sehen (2).

Während Yoko/G saugt, beschäftigt Quarta sich mit seinem Körperchen (4) und schaut seine Genitalregion an (5). Mütter wenden sich oft dem Körper ihres saugenden Kindes zu, denn sie lernen rasch, dass dann ihr beschäftigter Säugling auf solche Zuwendungen selten mit den üblichen Protesten reagiert.

171

Die Haltung beim Stillen und Saugen

Mütterliches Schimpansen-"Tête-à-tête" während einer Ruhepause in der Hängematte (1): Tana mit der saugenden Punia (links) und Jacky mit der neugeborenen S... (rechts).

Die Mutter nimmt beim Stillen bevorzugt Körperhaltungen ein, die die Unbeholfenheit des Neugeborenen weitgehend berücksichtigen.

Sie stillt meistens sitzend oder liegend, beim Liegen in Rücken- oder Seitenlage. Sitzt die Mutter, so ist ihre Haltung entspannt und wirkt oft etwas zusammengekauert. Ihr Blick ist gesenkt und ruht auf dem Kind, wenn ihre Aufmerksamkeit nicht von dem beansprucht wird, was um sie herum geschieht. Sie hat das Kind am Bauch und stützt es mit den Armen, die sie entweder gekreuzt oder parallel über seinen Rücken legt. Das Neugeborene hat seine Beine eng an seinen Körper gezogen und die Arme schwach gebeugt ausgebreitet. Seine Fuss- und Handgriffe klammern. Wird es so gestützt, dass ein Festhalten nicht nötig ist, sind seine Klammergriffe oft nur locker geschlossen.

Liegt die Mutter auf dem Rücken, so hat sie ihr Kind Bauch zu Bauch auf dem Körper liegen. Es muss in dieser Lage nicht gestützt werden. Die Mutter hat dennoch einen oder beide Arme auf dem Körper des Kindes aufliegen. Manchmal deckt sie das Kind auch nur mit der aufgelegten Hand oder sie umfasst seinen Kopf sanft von hinten her mit der zur Schale geformten Hand.

Liegt die Mutter auf der Seite, so legt sie ihren Kopf auf den bodenseitigen, angewinkelten Arm, auf dem auch der Kopf des Kindes aufliegt. Das Kind klammert sich an der Mutter fest oder es liegt mit dem Rücken auf dem Boden. Der bodenferne Arm, der das Kind stützt, liegt dem Körper quer an und ist mit der Hand auf dem Boden abgestellt. In dieser Haltung wird deutlich, wie die Mutter dem Kind auch in kleinen Details das Saugen zu erleichtern vermag. Wenn sie nämlich den senkrecht

172

Mütter stützen ihre Kinder, wenn diese saugen. Aber schon das zwei Tage alte Neugeborene vermag sich klammernd in Sauglage zu halten, wenn der stützende Griff entfällt (Elsie/O mit Xempaka, 1 und 2). Liegt die Mutter auf dem Rücken und hat sie das saugende Kind auf dem Bauch aufliegen, so wird der stützende Griff oft freigegeben (Kati/G mit Uzima, 5). Wird der Säugling auch in dieser Haltung mit der Hand oder dem Arm gedeckt, so dient diese Aufmerksamkeit seinem Wohlbefinden (Quarta/G mit Shaba, 4).

Die Haltungen, die die Mütter beim Stillen einnehmen, wenn ihre Kinder noch klein sind, ähneln einander bei allen drei Arten sehr. Mütter liegen entweder auf dem Rücken und haben das Kind dem Körper an- oder aufliegen (Schimpanse, 1, Gorilla, 4, Orang-Utan, 7) oder auf der Körperseite mit dem Kind seitlich an sich (Schimpanse, 2, Gorilla, 5, Orang-Utan, 8). Im Sitzen werden die Kinder am Körper immer gestützt (Schimpanse, 3, Gorilla, 6, Orang-Utan, 9). Die Mütter bevorzugen einzelne dieser Stillhaltungen individuell.

gestellten Unterarm vom eigenen Körper etwas ausdreht, so senkt sie die bodenferne Brust dem Gesicht des Kindes zu und die Warze berührt dessen Mund.

In all diesen Lagen verhält sich die Mutter, solange das Kind saugt, völlig ruhig, und nur sanfte Wiegebewegungen mit dem Oberkörper sind gelegentlich zu sehen. Dem Saugen folgt in der Regel eine kurze Schlafphase von Mutter und Kind, ohne dass dazu die Lage verändert wird.

Dass den Müttern beim Stillen von Neugeborenen und noch sehr kleinen Säuglingen an der Ruhe liegt, drückt sich auch darin aus, dass sie zuvor einen Platz aufsuchen, an dem sie möglichst ungestört bleiben. In Basel bieten vor allem die Hängematten in den Räumen diesen Komfort, denn in ihnen findet nur gerade die Mutter Platz, und sie sind für neugierige Artgenossen schwerer zugänglich als Stillplätze auf dem Boden oder auf einer Konsole.

Mit geringfügigen Abweichungen nehmen die Mütter aller Menschenaffenarten ähnliche Stillhaltungen ein. Das gilt sogar für die Orang-Utans, denn die meisten Haltungen in Zoos bieten nicht die räumlichen Strukturen, die ihnen ermöglichen würden, ihre arborealen Gewohnheiten kompromisslos auszuleben. Allerdings neigen Orang-Utan-Frauen dazu, sich zum Stillen auf hochgelegene Ruheplätze zurückzuziehen. Typisch sind die beschriebenen Haltungen von Mutter und Kind für die der Geburt folgenden Tage. Mit fortschreitendem Alter des Kindes werden die mütterlichen Stillhaltungen variantenreicher, und Mutter und Kind zeigen zunehmend häufiger zusätzliche, das Saugen begleitende Aktivitäten.

Trostsaugen

Die nachfolgende Szene ist, in den unterschiedlichsten Variationen, allen vertraut, die gelegentlich schon Menschenaffenkinder beobachtet haben: Quarta/G ist zehn Monate alt und darf sich, ihrem Alter entsprechend, gelegentlich von Mutter Achilla entfernt aufhalten. Sie ist lebhaft und neugierig. Seit Tagen versucht sie auf solch kleinen Ausflügen, den untersten Aststumpf des künstlichen Baumes zu erklettern. Bisher ohne Erfolg. Auch heute zieht es sie zum Aststumpf, und diesmal gelingt ihr das Vorhaben. Aber Quartas Triumph ist kurz, denn sie verliert mit einem Fuss den Stand, rutscht ab, fällt zu Boden, schreit, rappelt sich auf und eilt in der schnellsten ihr verfügbaren Gangart zu Achilla zurück. Diese kommt ihr, durch den kindlichen "Alarm" aufgeschreckt, entgegen. Quarta drängt sich, sobald sie die Mutter erreicht hat, Bauch zu Bauch an deren Körper und nimmt, von den Armen der Mutter umschlossen, auch sofort die Brustwarze in den Mund. Nun folgen wenige hastige Saugzüge, und Quarta beruhigt und entspannt sich. Kurze Zeit später verlässt sie Mutter Achilla wieder und geht mit gestärktem Mut und Tatendrang erneut auf den Aststumpf zu, um einen nächsten Aufstieg zu wagen, obwohl sie zuvor beim gleichen Unternehmen dramatisch in Angst und Schrecken versetzt worden ist.

Auf ähnliche Weise reagieren alle Menschenaffenkinder, wenn sie etwas erleben, was ihnen Schmerz bereitet, Angst einflösst, sie in Unsicherheit versetzt oder sie auf andere, ihnen unvertraute Weise bedrängt. Je nach Intensität des Erlebnisses werden sie jammern, weinen oder schreien und sich bis ins kleinste Detail so verhalten wie Achillas Töchterchen Quarta im eben geschilderten Beispiel.

Diese Reaktion zeigt uns, dass für ein Menschenaffenkind der Kontakt, der mit dem Saugen verbunden ist, und das Saugen selber nicht ausschliesslich der Ernährung dienen, sondern dass man sich so auch mit Geborgenheit und Trost versorgen kann. Man spricht bei diesem Verhalten von "Trostsaugen".

Typisch für dieses Trostsaugen ist, dass das Kind die Warze erregt und hastig in den Mund nimmt, und dass meist nur wenige heftige Saugzüge nötig sind, um seine Not zu lindern. Danach bleibt die Warze meist noch eine Weile im Mund des Kindes, und es wendet seine Augen und den Blick wieder dem Ort zu, an dem es kurz zuvor die schlechte Erfahrung gemacht hat.

Selbst bei sehr kleinen Säuglingen, die noch ganz an den Mutterkörper gebunden

Ist der Saugwunsch des Kindes auf die mit dem Saugen verbundene Geborgenheit gerichtet, so bieten ihnen die Mütter gelegentlich zum "Saugen" auch einfach die Zunge (Mutter Elsie mit Sohn Suma, 1) oder die Unterlippe an (Mutter Goma mit Sohn Tamtam, 2).

sind, ist dieses Trostsaugen zu beobachten. Es können auch uns nichtig erscheinende Gründe sein, die dazu führen: eine sanfte Zurückweisung durch die Mutter, ein Wunsch, den sie nicht erfüllt, oder wenn sie dem Kind einen Pflanzen- oder Nahrungsteil wegnimmt, dem sich das Kind interessiert zuwendet. Sogar das auf Dritte gerichtete aggressive Husten der Mutter, das das Kind als unfreundlich kennengelernt hat und das sich ihm über die ruckartigen Erschütterungen der Bauchdecke mitteilt, kann das Trostsaugen auslösen.

Eine Beobachtung an wilden Berggorillas sei hier noch angefügt: Mutter Picasso sitzt im dichten Pflanzengewirr und ist mit Essen beschäftigt. Ihr drei Monate alter Sohn Ineza, der sich vom Mutterkörper aus schon interessiert mit den für ihn erreichbaren Pflanzen der Umgebung auseinandersetzt, steht auf dem Bauchansatz der Mutter, lehnt sich mit dem Bauch gegen die eine Schulter der Mutter, schaut nach hinten hinaus und wendet sich greifend einer Pflanze zu. Es ist eine grosse Brennnesselstaude. Ineza erreicht sie mit einer Hand und "verbrennt" sich die Handinnenfläche. Er jammert, rutscht am Mutterkörper nach unten und beginnt zu saugen. Wenig später, nach wenigen Saugzügen, klettert er wieder in die frühere Stellung hoch und versucht erneut, nach der gleichen Staude zu greifen.

Wenn Menschenaffenkinder im Alter von drei bis dreieinhalb Jahren entwöhnt werden, so verbieten ihnen die Mütter einfach die Brust. Das heisst, sie halten sie mit allen erdenklichen Mitteln davon ab, die Warze auf die ihnen vertraute Weise zum Saugen in den Mund zu nehmen. Das ist für alle Menschenaffenkinder ein traumatisches Erlebnis, und oft brauchen sie sehr lange, bis sie begriffen haben, dass die Mutter nicht bereit ist nachzugeben. Die Zurückweisungen an der Brust führen in dieser Zeit bei den Kindern zu richtigen Wutausbrüchen, sie stampfen mit den Füssen, schlenkern die Arme unwillig, schreien und schlagen mit Händen und Füssen gegen die Mütter.

Man kann sich fragen, was denn das Kind beim Entwöhnt-Werden wirklich verliert, dass es sich mit dem "Verlust der Brust" so schlecht abfinden kann. Man denkt zuerst an die das Kind ernährende Milch. Das ist aber aus einleuchtenden Gründen vermutlich nicht der Fall. Im Alter von drei bis dreieinhalb Jahren spielt im Rahmen der Gesamternährung der mütterliche Milchanteil für die Kinder keine gewichtige Rolle mehr, denn sie sind schon längst zur selbständigen Versorgung mit festem Futter übergegangen. In kleinen Portionen wird pflanzliche Nahrung schon am Ende des ersten Lebensjahres aufgenommen, und am Ende des zweiten Lebensjahres sind zum Beispiel Gorillakinder notfalls in der Lage, mit festem Futter, also ohne Muttermilch, zu überleben.

Mit dem "Brustverbot" während der Entwöhnung verliert das Kind aber zusätzlich auch die Möglichkeit, an der Brust trostsaugend Ruhe, Geborgenheit und Ausgeglichenheit zu finden. Im Gegensatz zur Ernährung hat es im Alter der Entwöhnung noch nicht gelernt, sich bei der Mutter auf andere Weise als mit dem Trostsaugen zu beruhigen.

Es ist mit grösster Wahrscheinlichkeit der Verlust des Trostsaugens, der den Kindern die Zeit der Entwöhnung so unendlich schwer macht.

Wie das Trostsaugen entsteht

Das Trostsaugen ist für die emotionale Gesundheit eines Menschenaffenkindes genau so wichtig wie das Milchsaugen für die physische. Es darf uns darum nicht wundern, dass uns die Suche nach den Wurzeln des Trostsaugens in die ersten Lebenstage zurückführt.

Wir haben früher schon gesehen, dass eine Menschenaffenmutter auf alle Äusserungen ihres Neugeborenen mit affektiver Zuwendung reagiert, die nur darauf abzielt, ihr Kind zur Ruhe zu bringen. Sie sucht in solchen Momenten am eigenen Körper nach der Lage und der Situation für ihr Kind, die diese erwünschte Ruhe herbeiführt. All ihre dabei gezeigten Verhaltensweisen sind erkundend und nicht vom Wissen begleitet, wie und wo der erhoffte Effekt zu erreichen ist. Kommt das Kind dabei zufällig zu seinem ersten Brustkontakt und zum Saugen, so realisiert die Mutter sofort, dass nun das angestrebte Ziel gefunden ist. Oft führt schon die erste solche Erfahrung dazu, dass die Mutter danach ihr Kind, wann immer sich dieses äussert, sofort und gezielt zur Brust und damit zur Ruhe bringt. In den ersten Tagen nach der Geburt reagiert die Mutter undifferenziert auf die ihr vom Kind mit Bewegungen und Lauten vorgetragenen Wünsche. Unabhängig davon, ob das Kind Hunger verspürt, mehr Wärme braucht, sich unwohl fühlt, sich in einer unbehaglichen Lage befindet, sein Körperchen von den Armen der Mutter stärker bedeckt haben möchte oder ob es einen Griff verliert und ihm damit der Kontaktverlust droht, immer heisst die mütterliche Antwort in den ersten Tagen "Saugen". Nach dem effektiven Hunger wird nicht gefragt. Das Kind lernt darum vom ersten Lebenstag an die Brust als den Ort kennen, der, über das Stillen des Hungers hinaus, alle Bedürfnisse befriedigt. Das ist natürlich keine Täuschung, denn das An-die-Brust-Bringen des Kindes ist mit so vielen Änderungen verbunden - die andere Lage am Körper, die einsetzende Zuwendung, das affektive Umschliessen des Kindes mit den Armen -, dass meist auch das wirkliche Bedürfnis befriedigt wird.

Die Zeit, in der die Mutter dann die Äusserungen des Kindes differenziert kennen lernt und sie auch differenziert zu beantworten beginnt, kommt erst viel später, und zu dem Zeitpunkt hat das Kind sich unbeirrbar daran gewöhnt, dass man an der Brust neben Milch auch Sicherheit, Trost und Geborgenheit bekommt.

So entsteht das Trostsaugen, eine Gewohnheit, an der das Kind über all die Jahre seiner Kindheit hinweg beharrlich festhält. Es wird die Saugsituation aufsuchen, wann immer sein emotionales Gleichgewicht das verlangt.

Diese frühe mütterliche Reaktion, das Kind in den ersten Tagen auf all seine Äusserungen hin sofort an die Brust zu bringen, ist vorab affektiv und bei allen Müttern zu beobachten, unabhängig davon, ob sie noch über keine mütterliche Erfahrung verfügen oder schon mehrere Mutterschaften erlebt haben. Das führt dazu, dass alle Kinder auf gleiche Weise diese Form des Sich-Tröstens kennenlernen. Der Effekt der Erfahrenheit einer Mutter wird erst wirksam, wenn sie den kindlichen Wünschen differenzierter zu begegnen beginnt, und zu der Zeit ist das Kind mit dem Trostsaugen schon vertraut und auch darauf angewiesen.

Die Entwicklung der Saugszene

Menschenaffenkinder werden, wie wir gesehen haben, drei bis dreieinhalb Jahre gestillt. Sie entwickeln sich in dieser Zeit von hilflosen, ganz auf die Mutter angewiesenen Neugeborenen zu recht selbständigen Kleinkindern, die lernend den grössten Teil des artgemässen Verhaltensrepertoires schon erworben haben. Diese ganze Entwicklung wird vom Saugen begleitet, und natürlich ist die zuvor beschriebene "frühe Saugszene" damit einem steten Wandel unterworfen. Wir wollen uns hier noch einige auffallende, im Laufe der Zeit auftretende Änderungen im Sauggeschehen ansehen.

Schon vor dem zehnten Lebenstag beginnt das Kind seine Hand- und Fussgriffe gelegentlich selbständig zu öffnen und wieder zu schliessen. Es lernt mit den Armen zu ziehen und mit den Beinen zu stossen und sich am Mutterkörper auch "räumlich" zu orientieren. All diese Fähigkeiten zusammen ermöglichen dem Kind, seinen Körper am Körper der Mutter gerichtet zu verschieben. Es kommt so mehr und mehr in die Lage, die Brust aus eigener Kraft zu erreichen, und die Mutter reduziert, abhängig davon, ihre Hilfeleistungen allmählich.

Typisch für die gleiche Zeit ist, dass das Kind, wenn es gesaugt hat, eine Hand in den Mund führt, an ihr lutscht und auf ihr herumkaut, und erst danach in den Schlaf findet. Auch das klassische Daumenlutschen ist dann zu beobachten. Allerdings leisten dabei, neben dem Daumen, einzelne Finger oder der Fussdaumen den gleichen Dienst. Diese orale Beschäftigung mit den Fingern und den Händen, die bis zu zehn Minuten dauern kann, tritt sowohl nach Saugszenen auf, die das Kind selber beendet hat, wie auch nach solchen, die gegen seinen Willen abgebrochen wurden. Die Bedeutung dieses Verhaltens ist nicht einfach zu erklären, denn nicht immer sind offensichtliche Saugdefizite nachzuweisen. Das Lutschen kann der Beruhigung dienen, die in den Schlaf führt, oder dem in derselben Zeit aktuellen und vom Saugen unabhängigen Erkunden des eigenen Körpers.

Ebenfalls verbunden mit der neuerworbenen Beweglichkeit wächst die Sicherheit und die Körperbeherrschung des Kindes. Es wird, während es saugt, aktiver, bewegt gelegentlich Arme und Beine und spielt mit seinen Klammergriffen im mütterlichen Fell, etwa indem es die Griffe synchron zum Saugrhythmus auf "knetend" anmutende Weise öffnet und schliesst. Soweit ihm die Warze im Mund das erlaubt, dreht es den Kopf oder hebt ihn an, und es legt beim Saugen auch häufiger kleine Pausen ein, wohl aus der Sicherheit heraus, jetzt problemlos wieder zur Warze zu kommen. Sobald seine visuelle Neugier über seine Mutter "hinauswächst", wandern während des Saugens auch seine Augen umher. Wenn das Kind etwas entdeckt, was für kurze Zeit seine Aufmerksamkeit fesselt, führt auch das zu Saugunterbrüchen. Die Mutter nimmt all diese Veränderungen wahr und reagiert auf sie. Sie wird aktiver, und ihre zuvor so rücksichtsvolle Bewegungsruhe während des Stillens verschwindet. Sie entdeckt zum Beispiel, dass ihr Kind, wenn es saugt, Pflegehandlungen an seinem Körper ohne grossen Protest hinnimmt, und sie profitiert von dieser Erfahrung dadurch, dass sie sich dem Kind während des Stillens auch gleich noch pflegend zuwendet. Die Mutter wechselt jetzt, ihren Bedürfnissen nachgebend, ihre Körperhaltungen, während sie stillt; sie isst, beschäftigt sich mit Dingen, ja sie kann sogar aufstehen und ihren Platz wechseln oder umhergehen. Das Kind ist jetzt fähig sich in unterschiedlichen Lagen, ja selbst wenn es transportiert wird, so festzuklammern, dass es in all diesen Situationen ungestört weiterzusaugen vermag.

Im Alter von zwei bis drei Monaten beginnt das Kind während einer Saugszene auch selbständig von der einen zur andern Brust zu wechseln, und etwas später folgt eine Zeit, in der solche Wechsel zum normalen Saugverhalten gehören und ausnahmsweise sogar zehn- bis zwanzigmal hintereinander vorkommen. Dieses Verhalten ist vor allem für einzelne Gorillakinder recht charakteristisch und konnte nicht nur bei den Flachlandgorillas im Zoo, sondern auch bei freilebenden Berggorillas beobachtet werden, seltener jedoch bei Schimpansen- und kaum je bei Orang-Utan-Kindern im Zoo. Welche Motive dem ständigen Brustwechsel in diesem Alter zugrunde liegen, ist schwer zu sagen.

Ein nächster grundlegender Einschnitt im Saugverhalten erfolgt dann, wenn das Kind im vierten bis fünften Lebensmonat den Körper der Mutter regelmässig verlassen und sich alleine im mütterlichen Umfeld aufhalten darf. Das Kind ist jetzt gewachsen und beherrscht auf kindliche Weise auch das artgemässe Gehen. Verspürt es Hunger, so muss es die Mutter aufsuchen. Seine Saughaltungen sind nun vielfältig,

2

Wenn die Kinder allmählich mobiler werden,
ändert sich das Bild des Saugens.
Sie bekommen freieren Zugang zur Brust
und gestalten mehr und mehr die Saugszene
auch selber mit, etwa indem sie individuell
bestimmte Saughaltungen bevorzugen.
Quarta/G saugt im Seitenliegen und hält auch
während einer Saugpause die Brustwarze
mit einer Hand umschlossen (1), und Tana/S
nimmt eine halb sitzende und halb liegende
Stellung ein (2).

und es passt sie der jeweiligen Körperhaltung der Mutter an. Liegt diese auf dem
Rücken, so legt es sich neben sie auf den Boden und stützt den Kopf einfach auf
der Brustregion der Mutter auf. Sitzt die Mutter, so wird es sich zu ihr hinsetzen oder
in stehender Haltung an ihren Körper lehnen und auf diese Weise saugen.
Der Wandel beim Saugen ist, wie wir sahen, in den ersten sechs Lebensmonaten
reich an Veränderungen, doch danach bleibt das Bild der Saugszene über die nächsten
zweieinhalb bis drei Jahre unverändert.
Im Alter von etwa fünf Monaten saugt das Kind durchschnittlich zwischen dreieinhalb und fünf Minuten je Saugszene, und diese Dauer wird danach unverändert
beibehalten. Das Messen dieser Zeiten ist allerdings oft schwer, denn mit dem Älter-
werden ist die Zeit, die innerhalb einer Saugszene vergeht, nicht mehr identisch
mit der effektiven Saugaktivität, weil das Saugen häufig durch andere Aktivitäten
unterbrochen wird. Manchmal sind solche Pausen so lang, dass es schwer zu
entscheiden ist, ob das Weitersaugen noch der früheren oder einer nächsten Szene
zuzurechnen ist.
Bis hin zum Alter von zwei Jahren nehmen die Intervalle zwischen den Saugszenen
zu, bis schliesslich nur noch alle anderthalb bis zwei Stunden einmal gesaugt wird.
Im letzten Saugjahr bleiben diese Intervalle ungefähr gleich. Im ersten und zweiten Lebensjahr, wenn die Milch noch einen substantiellen Beitrag zur Ernährung
bildet, wird vermutlich beim Einschlafen und Aufwachen etwas kompensiert, denn
in diesen Randstunden können sich Saugszenen, auch im fortgeschrittenen Alter,
noch mit kürzeren Unterbrechungen folgen. Es ist wichtig, hier darauf hinzuweisen,

dass all die in diesem Abschnitt erwähnten Leistungen und Zeitangaben individuell, vom einen zum andern Mutter-Kind-Paar, enorm variieren können und deshalb nur als allgemeine Richtwerte zu verstehen sind.

Der Weg zum Entwöhnen

Bei einer stillenden Mutter setzen die monatlichen Menstruationen im letzten Drittel der Stillzeit wieder ein. Eine Studie von Sally Stewart zeigt, dass die Sauggewohnheiten des Kindes dieses zyklische Geschehen auslösen. Das ist dann der Fall, wenn die Intervalle zwischen den einzelnen Saugszenen über längere Zeit eine bestimmte Dauer überschreiten. Es wird danach wieder zu Paarungen kommen und in der Folge zu einer neuerlichen Schwangerschaft.

Die Zeit des Entwöhnens fällt in die ersten Monate der neuen Schwangerschaft.

Entwöhnen

Der Akt des Entwöhnens ist einfach ein "Brustverbot", das heisst, dass die Mutter ihr Kind sanft und freundlich mit einer Arm- oder Handbewegung vom Körper wegdrängt, wenn es auf die ihm vertraute Weise zur Brust zu kommen versucht.

Manche Mütter erweisen sich dabei recht unerbittlich, andere wieder gestatten Ausnahmen von der strengen Regel. Mütter neigen von Natur aus dazu, nachgiebig zu sein, und wenn ein Kind uneinsichtig und mit grossem emotionalem Aufwand am gewohnten Recht festzuhalten versucht, so steigt die Wahrscheinlichkeit, dass seine Mutter die Entwöhnungsstrategie larger handhabt. Darauf weisen die in Basel gesammelten Daten hin.

Wie schon im Abschnitt zum Trostsaugen erwähnt, ertragen die Kinder die Zurückweisungen an der Brust nur schlecht. Sie reagieren mit Wutausbrüchen, die sich mit Schreien, Aufstampfen, wildem Umsichschlagen und Sich-auf-dem-Boden-Wälzen äussern können. Individuelle Unterschiede zeigen sie nur in der Stärke und der Dauer ihrer Reaktionen.

Muna/G zum Beispiel, die Tochter von Mutter Quarta, wurde erst im Alter von fünf Jahren entwöhnt. Sie konnte sich damit über acht Monate nicht abfinden. Abend für Abend, wenn Muna sich zum Schlafen dicht zur Mutter legte, ereignete sich derselbe Zwischenfall. Um diese Zeit herrscht im Affenhaus Ruhe, denn alle Familienmitglieder sind mit Schlafvorbereitungen beschäftigt. Immer nach etwa einer halben Stunde zerriss ein lauter Schrei von Muna die Stille, und sie rannte danach schreiklagend von der Mutter weg. Die genauen Beobachtungen ergaben stets dasselbe Bild. Muna wollte die Gunst der Stunde nutzen und versuchte, sobald Quarta zu dösen begann, sachte und verstohlen die Brustwarze in den Mund zu nehmen. Quarta, dadurch aufgestört, reagierte unfreundlich und löste damit Munas Reaktion aus. Manchmal geschah das zwei- bis dreimal hintereinander und gelegentlich auch tagsüber, wenn Mutter und Kind sich für einen Tagschlaf zusammenfanden. Zuerst eilte Quarta der schreienden Tochter nach, um sie zu beruhigen und zurückzuholen. Schon wenige Tage später gab sie solche "Wiedergutmachungen" auf und wartete einfach ab, bis Muna wieder ihre Nähe suchte.

Fast alle Mütter wissen um die mit dem Entwöhnen verbundene Not ihrer Kinder und versuchen einsichtig, dieser auf vielseitige Weise lindernd entgegenzuwirken. Mit zu diesen Strategien gehört, dass sie das Brustverbot nicht immer so strikt durchsetzen. Ausserdem wird mit jeder zurückweisenden Geste oft gleich auch eine freundlich versichernde verbunden, indem die Mutter etwa aus der Abweisbewegung heraus das Kind über die Schulter fasst und es seitlich eng an den Körper zieht, so als wollte sie sagen: "Saugen ist verboten, aber sonst ist alles in Ordnung." Die Wutausbrüche beantworten die Mütter oft verständnisvoll, suchen den Körperkontakt zum Kind und beruhigen es freundlich.

Manchmal schalten sich auch andere Familienmitglieder schlichtend und tröstend in diesen Konflikt zwischen Mutter und Kind ein.

Baraka/S, die Tochter von Mutter Jacky, zeigte beim etwas verfrühten Entwöhnen besonders heftige Reaktionen, die über Tage anhielten. Baraka rannte nach jeder Zurückweisung schreiend durch zwei Räume von der Mutter weg in eine möglichst ferne Ecke, setzte sich mit dem Gesicht zur Wand, bedeckte den Kopf mit den Armen und schrie unaufhörlich. Oft kamen in solchen Situationen eine andere erwachsene Schimpansin oder Xindra, Barakas ältere Schwester, zu Baraka. Die Vermittlerin beruhigte das Kind zuerst, nahm es dann an der Hand und führte es zu seiner Mutter zurück.

Eine spätere kritische Situation tritt dann ein, wenn ein jüngeres Geschwister geboren wird. Die mit diesem Erlebnis verbunden auftretende Eifersucht kann miteinschliessen, dass auch das ältere Kind wieder versucht, an die Brust zu kommen. Manche Mütter weisen solche Versuche unmissverständlich zurück, andere zeigen sich nachsichtiger, erlauben aber selten vollwertige Saugszenen.

Gesaugt wird auch im Stehen (Nangai/G, 1) oder im Sitzen (Quarta/G, 2). Der stehende Nangai ist noch klein. Er wird von Faddama mit einer Hand gehalten, und mit der anderen unterstützt die Mutter die Brust so, dass die Warze für das Kind bequem erreichbar ist.

Bild Seite 184
Das grösste Mass an Geborgenheit erlebt das Neugeborene, wenn es am Körper der Mutter von deren Armen umschlossen wird und gleich auch noch die Brustwarze im Mund hat.

Pflegen "Körperstellen, die Aufmerksamkeit erregen, werden tupfend, reibend und kratzend mit Fingern, Lippen, Zähnen und mit der Zunge untersucht und behandelt."

Bevor gepflegt wird, suchen die Mütter mit den Augen den Kopf, die Extremitäten und das Körperchen ihrer Kinder minutiös ab. Goma/G schaut sich Tamtams Gesässregion an (1), seine eine Kopfseite und das Ohr (2) und seinen Hinterkopf (3) ...

Bild Seite 187
Menschenaffenmütter wenden für die Pflege ihrer Kinder viel Zeit und Sorgfalt auf (Jacky/S am Gesichtchen von Djema aktiv).

3

Pflegen

Während der frühen Zeit des engen und ununterbrochenen Körperkontaktes zwischen Mutter und Kind - die ersten drei bis vier Monate - sind mütterliche Pflegehandlungen am Körper des Kindes regelmässig zu beobachten. Sie gehören in dieser Zeit zur täglichen Routine. In den danach folgenden Monaten und Jahren - bis ins sechste Lebensjahr - nimmt die Frequenz des Pflegens langsam aber deutlich ab. Das Pflegen jedoch bleibt über all die Zeit ein wichtiger Teil der Zuwendungsformen zwischen der Mutter und ihrem Kind.

Die Mutter beobachtet den kindlichen Körper immer wieder minutiös, ja sie sucht ihn manchmal mit den Augen richtiggehend ab. Körperstellen, die dabei ihre Aufmerksamkeit erregen, werden tupfend, reibend und kratzend mit Fingern, Lippen, Zähnen und mit der Zunge untersucht und behandelt. Wenn ein Finger eingesetzt wird, so gehört mit dazu, dass er regelmässig vor die Augen, die Nase und in den Mund geführt wird. Ebenfalls in den Mund kommen Kleinigkeiten, die die Mutter vom Körper ablöst, wegkratzt oder aufnimmt.

Das Pflegeinteresse der Mutter richtet sich nicht gleichmässig auf alle Stellen. Besonders attraktiv sind das Gesicht, die Handinnenflächen und Fusssohlen und sämtliche Körperöffnungen. Darüber hinaus wendet sie sich all den Stellen am Körper des Kindes häufiger zu, die ihr auffällig erscheinen, wie etwa Hautpartien, die sich hell kontrastierend von der dunklen Färbung der Haut abheben. Dazu gehören zum Beispiel Aknen, die die Haut etwas dehnen und so heller erscheinen lassen, oder Kratzstellen, an denen lose Hautschuppen einen ähnlichen Effekt hervorrufen. Interessant sind auch kleine Wunden, Kratzer, Entzündungen, Schwellungen, Riefen

189

... mit in die Inspektion bezieht Goma auch Tamtams Rücken (1) und seine Bauchseite ein (2).

und durch Kot und Schmutz verursachte Flecken. Manchmal geht die Mutter beim Pflegen auch systematisch anmutend vor, so dass es zu richtigen Pflegeinspektionen am kindlichen Körper kommt, bei denen keine Stelle unkontrolliert bleibt. Oft löst die Mutter im Verlauf der Pflegehandlungen auch die kindlichen Griffe aus ihrem Fell, sei es, weil sie die Hände, Arme, Füsse oder Beine des Kindes vor ihre Augen oder zur Zunge führen möchte, oder um seinen Körper so von sich wegzudrehen, dass ihren Augen und Fingern die Körperpartien zugänglich werden, die ihr im normalen Bauch-zu-Bauch-Kontakt verborgen sind.

In den ersten Tagen nach der Geburt reagiert das Kind negativ auf diese Art der Behandlung wie auch auf die mit ihr verbundenen Haltungswechsel und Griffverluste. Es protestiert mit Lauten oder ungerichtet wehenden Arm- und Beinbewegungen und zwingt damit die Mutter, es sofort wieder an den Körper zurückzubringen. Erst nach einer kurzen Erholungspause kann die Mutter einen neuerlichen Versuch wagen.

Diese Proteste sind für das Kind typisch. Es setzt sich in diesem Alter gegen jede ungewohnte Veränderung zur Wehr, die es in eine neue, ihm unvertraute Situation bringt. Erst nach unzähligen Versuchen nehmen seine Proteste so weit ab, dass die Mutter es sich leisten kann, einfach über diese hinwegzusehen.

Das Gepflegtwerden bleibt für das Kind, wenn wir auf seine Reaktionen sehen, eine eher lästige Sache. Wenn es mit zunehmendem Alter kräftiger und motorisch geschickter wird, dann versucht es sich mehr und mehr auch mit Kraft und Entwinde-bewegungen dem mütterlichen Pflegezugriff zu entziehen. Erst zu diesem Zeitpunkt wird auch die Mutter selber gelegentlich die Kraft ihrer um ein Ärmchen oder Beinchen geschlossenen Hand einsetzen, um das Kind zum Erdulden dessen zu zwingen, was sie möchte. Aber selbst in solchen Fällen setzt sich das Kind schliesslich durch, wenn es sich heftig genug und mit allen ihm verfügbaren Mitteln wehrt.

3

4

Die totale Sicht auf den Körper des Kindes bekommt die aufs Pflegen bedachte Mutter nur dann, wenn sie ihr Kind an den Ärmchen ergreift und es mit gestreckten Armen hoch über sich hält. Einer solchen Ganz-Körpervisitation unterziehen Elsie/O ihren Sohn Suma (3), Goma/G den kleinen Tamtam (4) und Fifi/S ihr Töchterchen Tana (5).

5

Beim Pflegen setzen die Mütter, wie hier Jacky/S an Tochter Djema, die Finger (1) greifend, reibend, tupfend und kratzend genauso ein wie die Lippen (2), die Zunge und die Zähne.

Alle Kleinigkeiten, die vom Körper des Kindes aufgenommen, aufgetupft oder weggekratzt werden, kommen danach zur Prüfung vor die Augen (3), vor die Nase (4) und in den Mund (5). Die Bilder zeigen Mutter Quarta/G mit ihrer Tochter Douala.

Manchmal werden vor allem die Körperöffnungen auch mit einem kleinen "Werkzeug" behandelt. Jacky/S erkundet mit einem Hälmchen die Ohröffnung ihres Töchterchens Djema (6), und anschliessend wird das "Instrument" vor den Augen und im Mund (7) kontrolliert.

Es gibt keine Körperregion am Kind, die die Mutter beim Pflegen ausser acht lässt. Allerdings wendet sie sich bestimmten Stellen sehr viel häufiger zu als anderen: dem Gesicht (3), dem Kopf (2), dem Nabel (4), der Anal- und Genitalregion (1), den Händen (5) und den Füssen (6). Eine zusätzlich betonte Bedeutung kommt unter diesen "bevorzugten" Regionen den Augen und allen Körperöffnungen zu.

Die Bildfolge von Elsie/O bei der Pflege des Gesichtchens von Xempaka (2 bis 9) zeigt, wie vielseitig eine Mutter handelt: Die Lippen werden erkundend und "greifend" eingesetzt, mit den Fingern wird getupft und gekratzt, die Zunge wird zu Hilfe genommen, manchmal werden Finger und Lippen gemeinsam benützt, und all das verfolgt Elsie mit den Augen sehr genau.

Besonders sorgfältig und vorsichtig gehen die Mütter beim Pflegen dann zu Werk, wenn sie sich mit dem Gesichtchen ihres Kindes beschäftigen (Elsie/O mit Sohn Suma, 1).

1

Die Pflege bestimmter Körperstellen verlangt, dass die Mutter ihr Kind aus dem vertrauten Körperkontakt nehmen muss. Zuerst reagieren die Kinder darauf recht heftig und zwingen die Mütter, sie sofort wieder in die angestammte Lage zurückzubringen. Erst allmählich gewöhnen sie sich an solch freiere Haltungen und nehmen dann das Gepflegtwerden auch ruhiger hin (Goma/G mit Tamtam, 1 und 2).

Quarta/G bei einer "Pflegesitzung" mit Douala, bei der, einer minutiösen Inspektion gleich, eine ganze Körperregion systematisch anmutend kontrolliert und behandelt wird. Sie beginnt tief an einer Körperseite (3), führt zum einen Fuss (4), kehrt erneut über die Lende (6) zum Nabel (7) zurück und endet schliesslich wieder beim einen Fuss (8). Doualas Gesicht und ihre Armbewegungen zeigen, dass sie sich mit diesen Formen mütterlicher Zuwendung noch nicht so richtig abfinden kann.

2

198

Fifi/S hilft sich in einer vergleichbaren Situation, indem sie Tana einfach an beiden Ärmchen hoch vors Gesicht hebt und dem Kind damit einen allzuheftigen Widerstand verunmöglicht (2 bis 4).

Wenn sich das Kind zur "Wehr" setzt oder dem mütterlichen Zugriff zu entwinden versucht, so helfen sich die Mütter auch dadurch, dass sie es mit einem festen Griff kurz in die erwünschte Haltung zwingen. Das ist auch dann nötig, wenn, wie hier bei Quarta/G und Yoko (1), die Mutter sich fein manipulierend empfindlichen Gesichtsregionen zuwenden will.

Mütterliche Pflegehandlungen lösen bei Kindern oft Proteste aus. Uzima/G äussert sich über den Kontaktverlust nicht nur mimisch, sondern auch mit unwilligen Entwindebewegungen (1 und 2), und das Gesicht von Quarta/G drückt deutlich aus, dass ihr Mutter Achillas "Nasenputzerei" lästig ist (3).

4

Der Umgang mit Kot und Urin

Wenn die Mutter ihr Kind pflegt und es dazu aus dem Körperkontakt nimmt, so liegt seine Genital- und Analregion oft frei. Ist das Kind in solchen Augenblicken zu einer Entleerung von Kot und Urin bereit, so bewirkt die mit dem Aus-dem-Kontakt-Nehmen verbundene Abkühlung dieser Region oder die direkte Berührung von Anus und Genitale eine Entleerung.

Die Mutter erkennt in dieser Reaktion sehr bald den Weg, der sie vom Verschmutzt- oder Genässtwerden verschont. Dieser Einsicht folgend wird sie schon bald mit solchem Freihalten und mit Berührungen gezielt versuchen, die Kot- und Urinabgabe ihres Kindes herbeizuführen. Die Gorillamutter Achilla in Basel hat schon einen Monat nach dieser Entdeckung gegen 80 Prozent aller Entleerungen ihrer Tochter Quarta auf diese Weise provoziert.

Viele Beobachtungen zeigen, dass es den meisten Menschenaffenmüttern zumindest unangenehm ist, von den kindlichen Abgängen direkt verschmiert oder genässt zu werden. Entleert sich das Kind am mütterlichen Körper, so zeigt die Mutter sich zuerst überrascht, versucht die Situation mit einem Blick gegen die Genitalregion des Kindes hin zu ergründen, und danach probiert sie im Fell reibend und wischend die Spuren dieses Vorganges zu tilgen. Ist sie von Kot verschmiert, so werden oft auch Pflanzenteile benützt, um sich zu reinigen. Dieses Verhalten kann im weitesten Sinne dem "Werkzeuggebrauch" zugeordnet werden und ist nicht nur typisch für Gorilla- und Schimpansenmütter im Zoo, sondern auch für freilebende Schimpansinnen und Berggorillafrauen. Normalerweise kommt die Mutter mit ihrem Reinigungsbestreben erst dann zur Ruhe, wenn auch der kleinste Fleck verschwunden ist.

Elsie/O wird auf eine Kotentleerung ihres Sohnes Suma aufmerksam, hält ihn hoch und ist bereit, oral einzugreifen (4).

Jacky/S bemerkt, dass beim Söhnchen Gayi eine Kotabgabe bevor-
steht (1), sie dreht sein Körperchen von sich weg und hilft erkundend
etwas nach (2), dann beobachtet sie die Entleerung aufmerksam
(3 und 4), um sich schliesslich interessiert einem Teil des Resultates
zuzuwenden (5).

Benga/S hält ihr Töchterchen Swela weit vom Körper weg, damit der
Urin abfliessen kann, ohne ihr das Fell zu nässen (6).

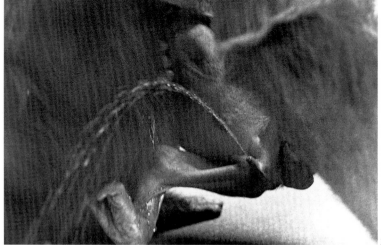

Wenn Kleinkinder beim Urinieren von den Müttern vom Körper weggehalten werden, so verrät die Art, wie der Urin abfliesst, deren Geschlecht. Bei weiblichen Kindern ist der Strahl senkrecht nach unten gerichtet (1), bei männlichen beschreibt er einen weiten Bogen (2).

Elsie/O löst das Problem, durch den urinierenden Suma nicht genässt zu werden, auf ihre Weise. Sie nimmt seinen Penis in den Mund und "trinkt" den Urin (3).

Gelegentlich, wenn Entleerungen unerwartet erfolgen, geschieht auch ein kleines "Unglück". Die auf Fifis Rücken liegende Tana/S kotet ihrer Mutter in die Kopfhaare (4).

Freilebende Berggorillas haben die Gewohnheit, auch bei schweren Regenfällen einfach das Regenende ruhig in sitzender Haltung abzuwarten. Sie suchen keinen Schutz auf. Erstaunlich ist dabei, dass ihnen auch bei langandauerndem und heftigem Regen die Nässe nicht bis auf die Haut dringt. Ihr Fellkleid ist ein wirksamer Regenschutz, der allerdings dann seine schützende Funktion verliert, wenn die Haare einer Mutter, von Kot und Urin verschmutzt, büschelweise zusammenkleben. Man versteht zumindest bei Berggorillamüttern, warum sie auf die erwähnte Weise reagieren, wenn das noch an den Körper gebundene Kind sich auf der Mutter erleichtert. Ähnlich differenziert wie Gorillamütter beschäftigen sich auch Schimpansinnen mit dem Koten und Urinieren ihrer Kinder.

Eine andere Lösung für das gleiche Problem zeigen uns Orang-Utan-Mütter, bei ihrem Kontakt- und Pflegeverhalten spielen der Mund, die Lippen und die Zunge eine sehr viel grössere Rolle. Sie wenden sich der Anal- und Genitalregion ihrer Kinder sehr häufig oral zu. Manchmal halten sie den Säugling einfach an beiden Ärmchen vors Gesicht und berühren und belutschen das Genitale und den Anus mit Lippen und Zunge. Auch sie lösen mit diesem Verhalten bei ihren Kindern die Kot- und Urinabgabe aus. Manchmal helfen sie dabei sogar noch aktiv saugend mit. Kot und Urin werden von den Orang-Utan-Müttern danach aufgenommen und geschluckt. Gelegentlich lösen auch Schimpansinnen und vereinzelt auch Gorillafrauen auf ähnliche Weise oral Entleerungen ihrer Kinder aus, und wenn sie das tun, nehmen auch sie Kot und Urin einfach auf.

Wenn der Milchkot zu Boden fällt, so zeigen sich an ihm alle Mütter der drei grossen

Fifi/S pflegt Josephine das Gesicht und achtet nicht auf ihr Töchterchen, das ihr das Fell mit Urin nässt (1).

Menschenaffenarten auffallend interessiert. Er wird aufgehoben, angesehen, vor die Nase und in den Mund gebracht und schliesslich meist gegessen. Allerdings bleibt diese Gewohnheit in der Regel auf den frühen Milchkot der Neugeborenen und der kleinen Säuglinge beschränkt.

Es ist hier interessant anzufügen, dass sich auch wilde Schimpansen Körperstellen reinigen und abwischen und dazu Pflanzenteile benützen. Jane Goodall schildert in ihrem Buch über die Gombe-Schimpansen eine ganze Reihe solcher Fälle, bei denen die verschiedenartigsten Verunreinigungen eine Rolle spielten. Selbst Berührungen durch einen "fremden Schimpansen" können das Abwischen der Kontaktstelle zur Folge haben. Sie erwähnt auch das Beispiel einer Mutter, die sich den Kot ihres Kindes mit Blättern aus dem Fell wischte.

All die in diesem Abschnitt erwähnten mütterlichen Reaktionen auf die Entleerungen der Kinder zeigen uns, dass Menschenaffenmütter auf solch kleine, überraschende Ereignisse zuerst erkundend reagieren, dann einsichtig handeln und schliesslich mit angepasstem Verhalten Probleme auch zu lösen verstehen, wie in unserem Beispiel mit der Strategie, Entleerungen zu provozieren.

Einzelnen Körperregionen wenden sich die Mütter, wie wir sahen, pflegend häufiger zu als anderen. Die Genitalregion gehört zu diesen bevorzugten Stellen (Fifi/S mit Tana, 2).

Die Zuwendung zum Genitale

Wir haben gesehen, dass eine von Menschenaffenmüttern bevorzugt gepflegte Stelle am Körper des Kindes die Genitalregion ist. Wenn mit solchem Pflegen Entleerungen ausgelöst werden, so können wir es als "hygienische" Massnahme verstehen.

Aber auch die körpererkundende Neugier der Mütter führt immer wieder zum Genitale. Berührungen haben schon beim wenige Tage alten Kind oft eine Erektion des Penis oder der Klitoris zur Folge, wobei letztere äusserlich ähnlich deutlich zu beobachten ist wie die des Penis. An Gorillamüttern fiel mir immer auf, dass sie nach genitalen Berührungen die erwähnte Reaktion gespannt abwarteten. Besonders "spektakulär" wird das Erlebnis, wenn eine Erektion gleich noch mit dem Urinieren zusammenfällt. Der Urin fliesst dann nämlich nicht einfach aus, sondern er wird in einem hohen Bogen ausgespritzt und macht das Zusehen noch lohnender. Goma/G, die Mutter des kleinen Tamtam, war von diesem Schauspiel derart fasziniert, dass sie es in den Wochen, nachdem sie es entdeckt hatte, täglich ein- bis zweimal herbeizuführen versuchte. Gelang ihr das, so sah sie dem "Urinbogen" versunken und fasziniert zu, und manchmal hielt sie einen vorgestreckten Finger in den wegspritzenden Urin, um diesen danach vor der Nase und im Mund zu prüfen. Diese Beobachtungen zeigen, dass Mütter das Geschlecht ihrer Kinder kennenlernen und dass ihre Zuwendungen zum kindlichen Körper durchaus nur erkundend sein können und dann nur die mütterliche Neugier stillen. Auf diese Weise erfahren Mütter das Wesen und die Körperlichkeit ihrer Kinder auch in den Bereichen, mit denen sie sich nicht aus praktischen, "erzieherischen" oder aufzuchtsbedingten

Ist das Kind zu einer Entleerung bereit, so lösen Mütter diese oft dadurch aus, dass sie das Genitale ihres Kindes berühren oder manipulieren (Elsie/O und Sohn Suma, 1, und Goma/G mit Sohn Tamtam, 2).

Für Goma/G waren die eindrucksvollen Urinentleerungen, die sie bei Tamtam provozieren konnte, so faszinierend, dass sie sie über Wochen immer wieder herbeiführte (3) und mit den Fingern den Urinstrahl auch auf unterschiedliche Weise erkundete.

3

Gründen zu beschäftigen haben. Sie behalten solche Erlebnisse memorierend zurück, und bei späteren Mutterschaften ist zu sehen, dass sie sich an diese erinnern und sie nutzen.

"Weg-weisende" Muster

Wir haben, als wir uns die äussere Erscheinung von neugeborenen Gorillakindern ansahen, darauf hingewiesen, dass ihnen an gewissen Stellen auf den Handinnenflächen und auf den Fusssohlen das normale grauschwarze Hautpigment fehlt. Es kann sich dabei um Schlieren, einzelne Flecken und grössere Flächen oder um Flecken- und Schlierenmuster handeln, die die ganze Handinnenfläche oder Fusssohle hellrosa zieren. Typisch ist, dass sie immer auf die Handinnenflächen und Fusssohlen beschränkt, also vom Handrücken oder vom Rist her nicht zu sehen sind. Nur selten weisen auch andere Stellen, etwa ein Teil eines Fingers oder einer Zehe, rundum einen solchen Pigmentmangel auf. Diese Zeichen oder Muster sind von Kind zu Kind verschieden. Sie sind beim eben Geborenen zuerst nur undeutlich verwaschen erkennbar, treten aber schon nach ein, zwei Tagen deutlich in Erscheinung und bilden danach für einige Zeit, bevor sie gänzlich verschwinden, unübersehbare und zur umgebenden Haut stark kontrastierende Signale.

Was diese Muster zu bedeuten haben, ist bis heute noch unklar. Die Tatsache, dass sie zu Beginn des Lebens so deutlich hervortreten und nach einer gewissen Zeit ganz verschwinden, spricht dagegen, sie einfach als funktionslos gewordene

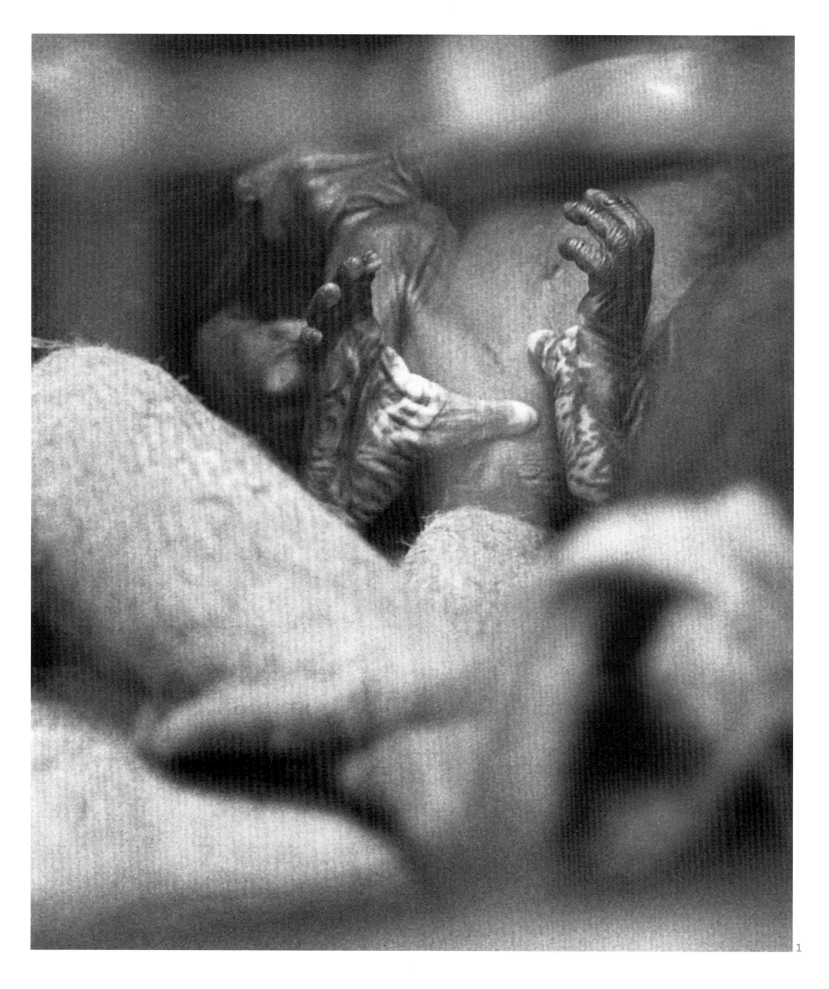

1

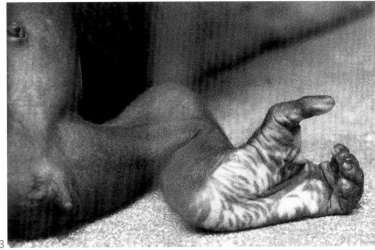

Die Handflächen- und Sohlenmuster sind von Kind zu Kind verschieden und weichen auch bei jedem Kind von Hand zu Hand und von Fuss zu Fuss voneinander ab (2 und 3). Sie sind optisch auffällige Strukturen, die Mutter und Kind immer wieder zum neugierigen Erkunden provozieren.

Die Handinnenflächen und die Fusssohlen der Gorillakinder weisen nach den ersten Lebenstagen eigenartige Muster auf, die dadurch zustande kommen, dass gewisse Stellen dieser Flächen nicht pigmentiert sind (1).

stammesgeschichtliche Rudimente anzusprechen. Mir scheint, dass sich diese Muster im Zusammenhang mit vielen anderen Beobachtungen sinnvoll erklären lassen. Ich möchte hier meine persönliche Deutung dieser Erscheinung darlegen. Etwas Geduld ist allerdings gefragt, denn zuerst führen uns unsere Überlegungen in ganz andere Bereiche.

Wenn eine Gorillamutter sich pflegend dem Körper ihres Neugeborenen oder Säuglings zuwendet, so interessieren sie vor allem sein Gesicht, seine Körperöffnungen, seine Handinnenflächen und Fusssohlen und am übrigen Körper all die Stellen, die sich vorübergehend hell vom grauen Hintergrund der normalen Hautfarbe abheben. Das besondere Interesse an solchen Hautstellen äussert sich darin, dass die Mutter sie auffallend häufig ansieht, untersucht und sich ihnen erkundend und pflegend zuwendet.

Diese für die Mutter attraktive Wirkung geht auch von den erwähnten Pigmentmustern auf den Handinnenflächen und den Fusssohlen aus. Hat die Mutter Zeit, so wird sie kaum müde, die Hand- und Fussgriffe des Kindes aus dem Fell zu lösen, die Fingerchen und Zehen so aufzufalten und danach auch festzuhalten, dass sie längere Zeit auf die Handinnenflächen und die Fusssohlen blicken kann. Oft führt sie diese Flächen auch vor den Mund und leckt sie aus.

Eine vergleichbare Neugier hellen und leuchtenden Dingen gegenüber zeigt übrigens auch das wenige Tage alte Gorillakind, wenn es sich seiner Umwelt und seinem eigenen Körper optisch zuzuwenden beginnt. Bei seinen frühen, noch spastisch anmutenden, wehenden Bewegungen mit den Armen geraten seine Hände gelegentlich im Gesichtsfeld vor seine Augen. Es nimmt dabei die kontrastreichen Muster wahr, die sich auf seinen Handinnenflächen befinden. Dieser Anblick scheint für den Säugling "reizvoll", denn je mehr er seine Händchen gerichtet zu führen vermag, desto häufiger erscheinen die Muster vor seinem Gesicht und werden angesehen. Dieses Verhalten tritt in einer gewissen Zeit so häufig auf, dass es genau so wenig zufällig sein kann wie das vergleichbare Anschauen der Fusssohlen und der Handinnenflächen durch die Mutter. Auch beim Säugling werden später, wenn er motorisch dazu in der Lage ist, die Fusssohlen auf ähnliche Weise bevorzugt vor die Augen geführt. Aus all dem wird deutlich, dass sowohl die auf helle Kontraste am Körper ausgerichtete optische Neugier von Mutter und Kind wie auch die Zuwendung zu den mit solchen Kontrasten ausgestatteten Handinnenflächen und Fusssohlen miteinander in Verbindung stehen. Das Klammern sichert dem Kind den frühen, lebenserhaltenden Körperkontakt mit seiner Mutter. Es ist für das Überleben so bedeutsam, dass es, als Reflex ausgebildet, zum angeborenen Verhaltensrepertoire eines Neugeborenen gehört. Genau so wichtig für das gesunde Heranwachsen des Kindes, für seine allmähliche Reifung und Entwicklung ist, dass es lernt, willentlich

Gorillamütter werden kaum je müde, die Handinnenflächen und die Fusssohlen ihrer Neugeborenen anzusehen: Quarta/G bei Douala (2) und Goma/G bei Tamtam (3). Sie müssen dazu die Griffe ihrer Kinder immer wieder aus dem Fell lösen, und darin liegt ein Teil der bedeutsamen Wirkung, die man den Pigmentmustern zuschreiben kann.

Gorillakinder reagieren schon in den ersten Lebenstagen auf kontrastreiche optische Reize, wie hier Quarta/G auf die weissen Zähne ihrer gähnenden Mutter Achilla (1). Sobald sie die Hände vor die Augen führen können, sind sie auch von den erwähnten Mustern fasziniert.

über seine Hand- und Fussgriffe zu gebieten. Das frühe Öffnen der Fäustchen und der zu "Fussfäustchen" geballten Zehen ermöglicht ihm den Gebrauch der Hände, Füsse, Finger und Zehen zu mehr als nur zum Klammern. Es wird fähig, sich mit Greifen, Nachgreifen, Ziehen und Stossen auf der mütterlichen Körperoberfläche fortzubewegen, und das ist der Auftakt für die danach einsetzende und stürmisch anmutende motorische und lokomotorische Entwicklung. Es gewinnt überdies für Arme und Beine neue Bewegungsräume, findet erkundend den verstehenden Weg zum eigenen Körper und zu dem der Mutter, es kann sich mit der erwachenden Neugier Dingen und Beschäftigungen zuwenden und dabei all seine Sinne einsetzen und schulen.

Es wird also schliesslich, über das Öffnen der Händchen und Füsschen aus dem mütterlichen Fell, zum aktiven, sich und die "Welt" erlebenden und in diese "gestaltend" eingreifenden kleinen Wesen.

Während einer gewissen Zeitspanne im frühen Leben stehen die beiden Bestrebungen, das Sich-klammernd-die-Sicherheit-Erhalten und das Sich-ausgreifend-die-Welt-Aneignen, miteinander im Widerspruch.

Der auf angeborene Weise tief abgesicherte Klammerreflex muss überwunden werden, und dabei helfen die erwähnten Pigmentmuster mit, die bei Mutter und Kind die Neugier nach den offenen Händen und Füssen immer wieder neu wachrufen. Wir können also in diesen Mustern äusserst wirksame Signale sehen, die als zusätzliche und verstärkende Auslöser dafür sorgen, dass Mutter und Kind sich ständig neu den kindlichen Hand- und Fussgriffen zuwenden.

Für diese Sicht der Dinge spricht, dass die Pigmentmuster im Alter von drei bis vier Monaten, dann also, wenn all die erwähnten Entwicklungsschritte beim Kind unwiderruflich eingeleitet sind, langsam verblassen und schliesslich völlig verschwinden. Vergleichbare Pigmentmuster finden wir bei neugeborenen Schimpansen- und Orang-Utan-Kindern nicht. Über die Frage, ob bei ihnen andere "Signale" ähnlich wirken oder ob für sie das frühe Lösen der Klammergriffe weniger Bedeutung hat, lässt sich nur spekulieren. Neugeborene Schimpansen haben hellrosa gefärbte Handinnenflächen und Fusssohlen, und diese Färbung gleicht sich der normalen Farbe

der übrigen Haut im vergleichbaren Zeitpunkt an, bei dem auch beim Gorillakind das Pigmentmuster verschwindet. Schimpansenmütter zeigen sich an den Händen und Füssen ihrer Kinder ähnlich interessiert, wenn auch nicht so häufig und auffallend wie Gorillamütter. Vielleicht hängt auch bei ihnen dieses Interesse mit der erwähnten Färbung zusammen.

Orang-Utan-Kinder sind, der arborealen Lebensweise ihrer Mütter wegen, länger auf ihre sie sichernden Griffe angewiesen. Es ist möglich, dass bei ihnen darum kein Gewicht auf dem frühen Freiwerden von den Griffen liegt.

Die prospektive Funktion des Pflegens

Natürlich sind die erwähnten Pflegehandlungen der Mutter an ihrem Kind nicht starr und unveränderlich. Sie wandeln sich, wie auch die ganze Beziehung sich wandelt, und sie führen über Jahre. Das, was in diesen kleinen "Auseinandersetzungen" des Pflegens geschieht, hat auf vieles, was danach folgt, einen formenden Einfluss.

Ich möchte hier nur noch einen in die Zukunft weisenden Aspekt des Pflegens anführen. Wir haben gesehen, dass die Mutter dem Kind die Griffe aus dem Fell löst und es auch aus dem Körperkontakt nimmt, und dass die Mutter diese Behandlungsweisen sehr beharrlich und oft auch über den Widerstand des Kindes hinweg verfolgt. Das Kind findet sich mit dieser Behandlung allmählich ab und ist bis dann auch sensorisch und motorisch so weit, dass es aus dieser Entwicklung Nutzen zieht. Es beginnt Arme und Beine freier zu bewegen, greift, greift nach, zieht mit den

Je mehr sich die Kinder an solche Behandlungen gewöhnen und sie entspannt ertragen können, desto mehr öffnen sich ihren Augen (Tana/S mit Mutter Fifi, 3) und ihrer Bewegungsfähigkeit (Tana und Fifi, 4 bis 6) neue, herausfordernde Räume.

Dass die Kinder beim Pflegen oft aus dem vertrauten Körperkontakt genommen und in ungewohnte Lagen gebracht werden, beeinflusst ihre Entwicklung auf bedeutsame Weise, auch wenn ihnen das am Anfang grosses Unbehagen bereitet: Uzima/G mit Mutter Kati (1) und Yari/O mit Mutter Kasih (2).

Armen und stösst mit den Beinen und entdeckt dabei, dass es so seinen Körper zu verschieben vermag. Es stützt gelegentlich eine Hand auf dem Boden auf, versucht zu greifen, es erfährt dabei, dass das nicht geht, wendet mit der Hand auf den Boden stossend Kraft auf und entdeckt, dass sein Körper sich nun nicht wie beim Ziehen gegen die Hand, sondern von der Hand weg bewegt. Man könnte diese Beschreibung der Abfolge von Erfahrungen beliebig verlängern. Alle Beispiele würden zeigen, dass das Kind auf diese Weise eine Vorstellung von sich, von seiner Mutter und von festen und beweglichen Strukturen in seiner nächsten Umwelt bekommt. Das, was also beim Pflegen so nebenher geschieht, führt indirekt und langsam zur ersten kleinen Freiheit, zu der nämlich, sich von den reflexartig klammernden Griffen freizumachen. Das öffnet dem Kind die Welt, die es nun psychisch und physisch reifend erobern kann.

Wir stehen damit bereits am Anfang des Kapitels, in dem über diese Reifungsschritte berichtet wird.

Die Wurzeln des "Grooming"

Mit dem Wort "Grooming" bezeichnet man die soziale Fellpflege bei Primaten. Unter erwachsenen Individuen spielt dieses Grooming vor allem bei den Schimpansen eine äusserst wichtige Rolle. Sie drücken sich damit, wenig auf die hygienische Wirkung bedacht, vor allem ihre freundlichen Gefühle aus. Das zeigt sich darin, dass das Verhalten weitgehend ritualisiert abläuft und oft einen beinahe mechanischen Eindruck macht.

Bei erwachsenen Gorillas und Orang-Utans bekommt man das Grooming seltener zu sehen als bei den Schimpansen.

Das in diesem Abschnitt beschriebene Pflegen zwischen Mutter und Kind weicht in der Art der Zuwendung, in der Behandlungsweise und in der Wahl der bevorzugten Körperstellen deutlich vom späteren, eben erwähnten Grooming ab, aber es kann als dessen Ursprung betrachtet werden.

Wir sahen, dass Kinder, wenn sie noch sehr klein sind, das Gepflegtwerden durch die Mutter oft nur unwillig hinnehmen. Wenn sie dann etwas herangewachsen und des Gehens und Laufens mächtig sind und sich den Müttern auch besser und erfolgreicher entziehen können, so ändert sich diese ablehnende Haltung allmählich. Pflegesitzungen bei den Müttern werden jetzt nicht nur williger hingenommen, sondern vom Kind manchmal sogar gesucht. Die entspannte Haltung, mit der das Kind sich dann pflegen lässt, und seine Mimik verraten, dass es nun diese Kontakte auf eine neue Weise geniesst. Es erlebt nicht mehr den lästigen Eingriff, sondern eine Zuwendung, die auch Freundlichkeit und Geborgenheit gibt. Das hilft ihm, sich der Mutter zu versichern. Deutlich wird das vor allem in der Zeit des Entwöhnens. Es sieht so aus, als würden Kinder den mit dem Entwöhnen verbundenen Verlust des Trostsaugens, das die gleichen Werte vermittelt, nun mit Pflegekontakten kompensieren.

Es ist anzunehmen, dass die Wurzeln des späteren Groomings in eben diesem vom Kind erlebten Prozess liegen. Diese Sicht wird dadurch gestützt, dass das Kind nun auch regelmässig beginnt, seinerseits die Mutter zu pflegen. Sein Verhalten weist allerdings schon deutlicher auf die sozial verbindliche Komponente hin und weniger auf das Bestreben, etwas für die Hygiene der Mutter zu tun. Man könnte sagen, dass das Kind dann, wenn es die Mutter pflegt, dieser einfach das zurückgibt, was es selber beim Pflegen jetzt erfährt: Zuneigung und Freundlichkeit.

Später wandelt sich dann auch die pflegerische Zuwendung der Mutter zum Kind hin zu einer stärker ritualisierten Form. Zwischen Mutter und Kind bleibt das Pflegen aber bis ins sechste und siebte Lebensjahr ein wichtiger Austausch. Vielleicht ist zum Schluss noch die Frage interessant, warum sich Gorillas in ihren späteren Grooming-Gewohnheiten so sehr von den Schimpansen unterscheiden. Von ihrem Artwesen her müsste man Schimpansen als eher "extrovertiert", Gorillas als eher "introvertiert" bezeichnen. Schimpansen tragen also sozusagen ihre Emotionen vor

Eine "Schimpansen-Grooming-Party", an der sich alle Altersklassen beteiligen. Die mit Freundlichkeit und Affektivität verbundenen Pflegehandlungen der Mutter am Kind sind die Wurzeln der späteren "sozialen Fellpflege", mit der Menschenaffen sich freundliche Gefühle ausdrücken. Besonders ausgeprägt zeigen dieses "Grooming" genannte Verhalten die Schimpansen.

sich her. Sie sind sozial äusserst lebhaft, sind gern laut, gestikulieren, neigen zu kraftvollen Auftritten, diskutieren ihre sozialen Anliegen vehement, geraten untereinander schnell in kleinere Streitereien, und sie leben in "offenen" Gemeinschaften. Das heisst, dass bei ihnen kleine Grüppchen, Mutterfamilien oder Männertrupps, weggehen und wieder zurückkommen können. Abschiednehmen und Begrüssen gehören zu ihrem Alltag. Sie brauchen ein kraftvoll sozial verbindendes Verhalten, das überzeugend und glaubwürdig ist und auch die durch Emotionen aufgeworfenen sozialen Wellen zu glätten vermag. Das alles leistet das Grooming. Gorillas leben in eng geschlossenen Familien und sind sozial deutlich zurückhaltender. Bei ihnen dient das Grooming mehr dazu, einer freundlichen Atmosphäre auf Zeit Stabilität zu verleihen, und sie stellen auch noch andere Zuwendungsformen in diesen Dienst. Bei den Orang-Utans hat das Grooming vermutlich weniger Gewicht, weil sie als vollerwachsene Individuen kaum in Gemeinschaften leben, die man im Sinne derjenigen von Schimpansen oder Gorillas als "sozial" bezeichnen kann.

Bild Seite 220
Pflegen dient nicht nur der Hygiene und dem kindlichen Komfort. Die Mutter lernt dabei ihr Kind auch besser kennen, und ihre Zuwendungen haben für die Entwicklung des Kindes eine wichtige prospektive Bedeutung (Goma/G mit Tamtam).

Kasihs Zwillingskinder Ging Kasih umher, so hatte sie anfänglich etwas Mühe, die beiden Kinder schön nebeneinander am Körper zu tragen. Oft gerieten die Ärmchen und Beinchen so durcheinander, dass sie eine kurze Bewegungspause einschalten musste, um die Kleinen am Körper wieder zu "ordnen".

Zwillingskinder

Auch für Menschenaffen gilt, dass bei ihnen je Geburt nur ein Kind zur Welt kommt. Zwillinge sind selten auftretende Ausnahmen.

Die Häufigkeit, mit der bei Menschenaffen Zwillingskinder geboren werden, stimmt ungefähr mit derjenigen bei Menschen überein. In seiner Monographie "Multiple Births in Catarrhine Monkeys and Apes" gibt Thomas Geissmann dazu die statistischen Werte. Die Häufigkeit von Zwillingsgeburten liegt für Flachlandgorillas bei 0,8, für Schimpansen und Orang-Utans bei 1,1 und für Menschen bei 1,11 Prozent. Noch sind allerdings diese Werte, soweit sie Menschenaffen betreffen, statistisch nicht vollständig gesichert.

Die Überlebenschancen von Zwillingskindern sind bei Menschenaffen deutlich geringer als die von Einzelkindern. Gelegentlich hat man beobachtet, dass nur eines der Zwillingskinder stirbt oder von der Mutter aufgegeben wird, und das andere überlebt. Die Gründe für die hohe Sterblichkeit von Zwillingskindern sind unterschiedlich. Im Vordergrund scheinen Milchmangel und Schwierigkeiten beim Kindertransport zu stehen. Transportprobleme stellen vor allem bei wildlebenden Menschenaffen eine besondere Schwierigkeit dar. Überdies können im Freileben auch Witterungseinflüsse beim Überleben eine Rolle spielen, denn Zwillingsmütter sind kaum in der Lage, beide Kinder mit einem oder mit beiden Armen so vollständig zu decken, dass sie sicher warm gehalten und vor Nässe geschützt bleiben.

Verfügt eine Mutter über zuwenig Milch für zwei Kinder, so kann das einmal dazu führen, dass zumindest ein Zwillingskind ungenügend ernährt wird und darum stirbt, oder aber dazu, dass beide Kinder mit der ihnen zukommenden Milchration wohl zu überleben vermögen, ihr Ernährungszustand jedoch so ist, dass sie von Krankheiten schwerer getroffen werden.

All diese Angaben sind allerdings vorsichtig aufzunehmen, denn es existieren nur wenige aufschlussreiche Berichte über die Bemutterung von Zwillingen, und auch die sind kaum mit Hintergrundinformationen über die Mütter selbst versehen. Es gibt sowohl in Zoologischen Gärten wie auch im Freileben Fälle, von denen verbürgt ist, dass beide Zwillinge gesund herangewachsen sind. Die Frage, ob Mütter Zwillingskinder bewältigen können, hängt bei Menschenaffen aber wesentlich von der Geschichte der Mutter ab. Erfahrene Mütter sind in der Regel wohl in der Lage, auch zwei Kinder vollwertig zu ernähren, und ihre Erfahrenheit schafft vermutlich auch günstigere Voraussetzungen, mit zwei Kindern am Körper zurechtzukommen. In der Basler Orang-Utan-Familie kam es einmal zu einer Zwillingsgeburt. Kasih/O brachte nach ihrer ersten Schwangerschaft einen Sohn und eine Tochter zur Welt. Wir wollen uns jetzt Kasihs Fall kurz ansehen.

Kasihs Zwillinge

Kasihs Zwillingskinder kamen an einem Sonntagmorgen zur Welt. Vor Kasihs Geburt sind in Zoologischen Gärten nur dreimal Orang-Utan-Zwillinge geboren worden. Von den vier Müttern war Kasih die erste, der man die Zwillingskinder zur Pflege überlassen hat. Die anderen, zuvor geborenen Zwillinge sind mit unterschiedlichen Begründungen von ihren Müttern getrennt und in menschliche Pflege gegeben worden.

Als die Basler Zwillinge zur Welt kamen, befand Kasih sich in Gesellschaft ihrer Familienmitglieder Nico, Kiki, Elsie und Suma. Für die Geburt hat sie sich in eine kleine offenstehende Schlafboxe zurückgezogen. In den Tagesprotokollen aus dem Affenhaus sind folgende Bemerkungen zur Geburt festgehalten:

07.00 Bei Arbeitsbeginn sind überall Blutflecken zu sehen.
09.15 Die ersten erkennbaren Wehen treten auf.
09.25 Der Kopf eines Kindes ragt aus der Geburtsöffnung.
09.30 Die Geburt eines männlichen Jungtieres erfolgt.
10.00 Die Füsse und Beine eines zweiten Kindes treten aus. Dessen Geburt dauert insgesamt 20 Minuten. Es ist ein Weibchen.

Unmittelbar nach der Geburt nimmt Kasih jedes Neugeborene auf, schaut es an, leckt es sauber und bringt es an den Körper. Sie trägt beide Zwillinge am Körper, in der Brust-Hals-Region, meist nahe beisammen auf der gleichen Körperseite. Kasih deckt sie mit den Armen. Sie zeigt im Anschluss an die Geburt kaum Unsicherheiten, obwohl sie zum ersten Mal und gleich zwei Kinder geboren hat.

Nach der Geburt blieb Kasih zunächst in der Intimität ihrer Schlafboxe. Erst am Nachmittag gegen 15.00 Uhr erschien sie zum ersten Mal im Schaukäfig. Nico, der Orang-Utan-Mann, begrüsste sie erregt, und Kasih zog sich ob dieses Empfangs sofort wieder in die Geborgenheit ihres kleinen Raumes zurück. Dann, gegen 16.00 Uhr, kam sie erneut nach draussen und blieb bis gegen Abend. Kasih schlief viel. Sie lag dazu auf dem Rücken und hatte die ebenfalls schlafenden Zwillinge in der Halsregion aufliegen. Immer wenn die Kleinen sich regten, wandte Kasih sich ihnen pflegend zu. Sie zog dazu das Kind, dem sie sich zuwenden wollte, höher gegen ihr Gesicht hin, so dass dieses vom Kind beinahe bedeckt war, und begann es dann mit den Lippen, den Zähnen und der Zunge zu behandeln. Gelegentlich setzte sie auch ihre Finger kratzend und tupfend am Körper des Kindes ein.

Um Kasih die nötige Ruhe zu geben, brachte man am Abend Elsie und deren Sohn Suma in den benachbarten Raum, und Kasih verblieb in der Gesellschaft Nicos und Kikis, ihrer Eltern. Kasih stand am ersten Tag im Zentrum des sozialen Interesses der Familie und in dem der Besucher. Das schien ihr nicht ganz zu behagen, denn schon am nächsten Tag reagierte sie auf diesen "Druck" damit, dass sie alleine in

Kasih schien in den ersten Tagen nach der Geburt mit ihren beiden Kindern kaum je überfordert zu sein. Pflegend wandte sie sich immer dem Kind zu, das sich auf irgendeine Weise äusserte. Solchen Pflegehandlungen folgte eine Stillszene, und danach schlief das gesättigte Kind ein. So entwickelte sich zwischen den beiden Kindern ein zeitlich verschobener Aktivitätsrhythmus, und darum kam es unter ihnen nie zu einer direkten Konkurrenz um die mütterliche Gunst und bei Kasih nie zu Konflikten, die sich daraus ergaben, gleichzeitig doppelte Ansprüche befriedigen zu müssen.

1

ihrer Schlafboxe blieb und sich den ganzen Tag über nur einmal, für wenige Minuten, unter der Türe blicken liess. Im Schlafraum wurde Kasih nicht beobachtet, denn man wollte ihre Zuwendung zu den Kindern nicht mit Zudringlichkeiten stören. Kasihs Bedürfnis nach Zurückgezogenheit dauerte die ganze erste Woche über an. Täglich war sie, zusammengezählt, nur während etwa einer Stunde zu sehen. Ihre sozialen Bedürfnisse wurden in dieser Zeit von Nico und Kiki mit regelmässigen Besuchen gestillt. Besonders erpicht auf solche Visiten war Grossmutter Kiki. Es verging keine halbe Stunde, ohne dass sie in Kasihs Schlafraum schaute oder sie dort aufsuchte. Am zweiten Tag trug Kiki nach einem solchen Besuch die eine Nabelschnur mit der Nachgeburt bei sich. Sie beschäftigte sich kurz mit diesem Besitz, verlor aber bald jedes Interesse daran. Kurz darauf konnte aus dem Schlafraum auch die zweite Nabelschnur entfernt werden. Am Abend des zweiten Tages beobachtete man die Zwillinge ein erstes Mal beim Saugen. Kasihs Brüste schienen zu dem Zeitpunkt noch leer, erst am Tag danach begann die Milch einzuschiessen. Am dritten Tag war Kasih mit den Kindern zum ersten Mal kurz zu beobachten. Sie trug die Kinder hoch am Körper, entweder zusammen unter einem oder getrennt jedes unter einem Arm. Die Zwillinge klammerten in Kasihs Haaren, wurden von ihr aber immer gestützt. Sie schliefen viel, und in Wachzeiten sah man von ihnen vor allem Arm- und Beinbewegungen, Grimassen und immer wieder die angeborenen Suchbewegungen.

Kasih bewegte sich kaum, sie sass oder lag auf dem Rücken. War sie unterwegs, so zeigte sich, dass sie Mühe hatte, die Kinder ordentlich positioniert am Körper zu

Die Bildfolge zeigt die zeitlich verschobenen Aktivitätsrhythmen der beiden Zwillingskinder deutlich. Das Kind im linken Arm äussert seine Wünsche nach Zuwendung mit Arm- und Kopfbewegungen (2 bis 5) und provoziert damit orale Kontakte durch die Mutter (3 und 4). Das Töchterchen im rechten Arm schläft ruhig.

Am ersten und zweiten Tag nach der Geburt hielt Kasih sich mit ihren Zwillingen fast nur in der Intimität eines kleinen Nebenraumes auf, und sie kam nur selten und nur für wenige Minuten in einen der grossen Gemeinschaftsräume. Wann immer sie erschien, wurde sie von ihrer eigenen Mutter Kiki erwartet. Kiki war an den "doppelten Grosskindern" auffallend interessiert (1).

Zuerst wird von Kasih die Nabelregion eines Kindes inspiziert (1) und wenig später die des anderen, während das "erstbehandelte" an Mutters Brust saugend Ruhe findet (2).

tragen. Oft gerieten die Ärmchen und Beinchen durcheinander, und sie musste kleine Bewegungspausen einlegen, um die Kinder am Körper zu "ordnen". Kasih wandte sich erkundend immer nur einem der Kinder zu, und zwar dem bewegungsaktiveren der beiden. Pflegen schloss meist mit ein, dass sie den Kopf des Kindes mit der Hand umfasste, es hoch auf ihr Gesicht zog und sich dann vor allem dem Gesicht, der Nabel- und der Ano-Genitalregion zuwandte. Mit kratzenden Fingerbewegungen löste sie Unreinheiten aus den Haaren oder vom Körper des Kindes. Kasihs Sohn reagierte schon jetzt auf Genitalberührungen durch die Mutter mit einer Erektion. Kot und Urin von den Kindern bekam man nicht zu sehen, wohl aber, dass Kasih sich während des Pflegens oft saugend und lutschend mit Anus und Genitalien der Kinder beschäftigte. Sie hat dabei vermutlich, wie das bei Orang-Utan-Müttern üblich ist, die kindlichen Abgänge provoziert und auch gleich aufgenommen. Kasih zeigte eine weitere typische Orang-Utan-Mutter-Gewohnheit. Sie schob ihre Unterlippe einem Kind vors Gesicht und liess es an dieser saugen. Oft wurde diese Szene nach ausgiebigen Pflegehandlungen herbeigeführt, und sie bewirkte, über kurz oder lang, wie ein "Schlaflied", dass das Kind zu schlafen begann. Auffallend war zudem bei Kasih, wie bei allen Orang-Utan-Müttern, dass bei ihr die oralen Kontakte zu den Kindern eine sehr viel grössere Rolle spielten als bei Gorilla- und Schimpansenmüttern.

Im Verlauf der folgenden Tage nahm die Aktivität der Zwillingskinder deutlich zu. Sie begannen, sich mit stossenden Beinbewegungen gegen die Brust hin zu schieben, trugen ihre Köpfchen frei, hielten die Augen wach offen, schauten umher und

Wichtig beim Pflegen sind der Einsatz der Finger und Hände und die oralen und visuellen Kontakte. Manchmal dauern "Pflegesitzungen" recht lange (4 bis 7), und aus den Bildern wird ersichtlich, dass die Aufmerksamkeit der Mutter auf ein Kind gerichtet ist, während das andere schläft.

Tagsüber traten recht selten Momente auf, in denen gleich beide Kinder schliefen und Kasih selber auch zur Ruhe kam. Bietet sich am Mutterkörper nicht genügend Fläche, dass beide Kinder sich klammernd sichern können, so wird ausnahmsweise auch ins Haarkleid des Zwillingsgeschwisterchens gegriffen (1).

Wenn Kasih ihre Kinder pflegt und dabei die Finger intensiv einsetzt, so bringt sie diese immer wieder prüfend vor die Nase (2) und vor den Mund (3). Kasih ist überdies in der Lage, solche Kontrollen gleichzeitig auch mit den Augen zu verfolgen.

stemmten dabei mit durchgestreckten Armen auch die Brust und den Vorderkörper hoch. Manchmal griff eines der Kinder seinem Geschwister in die Haare oder hielt mit einer Faust ein fremdes Ärmchen oder Beinchen. Das so "malträtierte" Kind reagierte mit Bewegungen und Lauten, und meist griff Kasih dann ein und löste den unruhestiftenden Griff. Abgesehen von solchen "Begegnungen" kam es zwischen den Kindern zu keiner Konkurrenz, weder um den Platz am Mutterkörper noch um den Zugang zur mütterlichen Brust oder um die Gunst der Mutter. Das hatte mit Kasihs Eingreifen zu tun. Sie wandte sich nämlich pflegend und untersuchend immer dem aktiveren der beiden Kinder zu, brachte dasjenige, das sie behandelt hatte, dann zur Brust, und nach dem Saugen folgte immer eine ausgedehnte Schlafphase. In der Zwischenzeit begann sich das andere zu regen und sicherte sich seinerseits die Zuwendungen der Mutter. So kam es schon nach drei Tagen dazu, dass die beiden Kleinen zeitlich verschobene Aktivitätsrhythmen hatten, so dass Kasih sich in Ruhe immer nur mit einem Kind zu beschäftigen hatte. Die zunehmende Unruhe und Bewegungslust der Zwillinge hatte zur Folge, dass Kasih sie nun kraftvoller fixieren musste, wenn sie sie pflegen, ein gelöstes Händchen auslecken oder den auswachsenden Nagel an einem Fingerchen abbeissen wollte. Auf dieses "härtere" Zugreifen reagierten die Zwillinge zunehmend ungehaltener.

Die Kinder weckten nun mehr und mehr auch das Interesse von Nico und Kiki. Die beiden schauten Kasih oft lange Zeit zu und versuchten, die Zwillinge auch zu berühren. Zuerst wies Kasih solche "Zudringlichkeiten" geduldig und freundlich zurück, aber dann wurde sie toleranter. Besonders Kiki gegenüber verhielt sich Kasih vertrauensvoll, und das hatte Folgen:

Am 17. Lebenstag trug Kiki plötzlich einen der Zwillinge, das Töchterchen, bei sich. Alles Zusprechen und die an Kiki gerichteten Bitten, das Kind Kasih wieder zurückzugeben, fruchteten genauso wenig wie Kasihs eigene Versuche, ihr Kind zurückzubekommen. Erst als man Kiki kurz narkotisierte, konnte Kasih ihr Kind von der schlafenden Mutter zurückholen.

Im Alter von knapp einem Monat starb Kasihs Tochter. Die Obduktion zeigte unter anderem einen leeren Magen. Es scheint so, als habe Kasih nicht mehr über genügend Milch verfügt, um ihre beiden Kinder vollwertig zu ernähren. Auch der Sohn starb später, im Alter von acht Monaten, an den Folgen einer Krankheit.

Trotz des tragischen Ausgangs ihrer Zwillingsmutterschaft hat Kasih der Welt gezeigt - was man zuvor auch in Fachkreisen bezweifelte -, dass eine Menschenaffenmutter in der Lage ist, Zwillingskinder zu bemuttern, zumindest in der behüteten und ruhigen Zooumgebung. Dass Kasih damit nicht erfolgreich war, hatte mit ihren mütterlichen Fähigkeiten nichts zu tun.

Die zweiten Zwillinge, die ich Jahre später beobachten durfte, waren die der wilden Berggorillamutter Walanza, die ersten bei Berggorillas je registrierten Zwillingskinder. Auch Walanza verlor ihre Kinder. Sie hat sie wohl vollwertig bemuttert, aber in die falsche Jahreszeit, die Regenzeit, hineingeboren. Walanza war nicht in der Lage, beide Körperchen mit ihren Armen immer vollständig zu decken und sie damit warm und vor Nässe geschützt zu halten. Die Zwillinge Walanzas starben beide an Lungenentzündung.

Kasih schien nur dann ein wenig irritiert, wenn sich ausnahmsweise beide Kinder gleichzeitig meldeten. Im Bild hält sie das eine unter genauer Kontrolle zum Stillen an die Brust, während das andere sich mimisch und mit Handbewegungen äussert und damit ebenfalls mütterliche Zuwendung verlangt.

Bild Seite 234
Kasih/O erwies sich als fürsorgliche Zwillingsmutter. Sie bewies damit den Fachleuten, dass, zumindest im Zoo, Menschenaffenfrauen fähig sind, auch Zwillingskinder mütterlich zu versorgen.

Die Schosszeit Den höchsten Grad von Geborgenheit bei der Mutter erlebt das Kind in der Schosszeit immer dann, wenn die grösstmögliche Fläche seines Körpers im Kontakt mit dem Mutterkörper steht. Die Grösse dieser Fläche ist gleichsam das Mass für sein Wohlbefinden.

Die Schosszeit

Bild Seite 237
Damit, dass Mütter ihre Kinder in der Schosszeit mehr und mehr in unvertrauten Haltungen am Körper tragen (Quarta/G mit Muna), ohne ihnen das Gefühl, "geborgen zu sein", zu nehmen, öffnen sie diesen immer wieder neue "Räume".

Die eigentliche Schosszeit dauert von der Geburt bis in den dritten und vierten Lebensmonat des Kindes. Sie ist durch den engen körperlichen Kontakt des Kindes mit der Mutter charakterisiert und schliesst nicht nur die sensorische Reifung und die Bewegungsentwicklung mit ein, sondern unzählige kleine Schritte in allen Entwicklungsbereichen, die die Bindung des Kindes an den Mutterkörper allmählich lockern und die Vorbereitung dafür sind, dass das Kind später, nach der Schosszeit, zur ersten kleinen Selbständigkeit findet. All diese Prozesse hängen nicht nur mit der Reifung des Kindes zusammen, sondern sie sind eng verschränkt mit allem, was die Mutter tut und will, und nur diese Gegenseitigkeit ermöglicht und sichert den Weg, den das Kind in der Schosszeit zurücklegt. Die Schosszeit ist ein stürmisch bewegter Lebensabschnitt. Unzählige, sehr unterschiedliche Entwicklungsschritte überlagern sich, sie gründen immer auf vorangegangenen und sind Ausgangspunkt für die folgenden. Täglich bekommt man Neues zu sehen. Das Kind lernt sich und seine Mutter kennen, es lernt seine Augen und Hände kontrolliert zu führen, Dinge mit den Augen und den Händen festzuhalten, seine Arm- und Beinbewegungen in den Dienst seiner Wünsche zu stellen und sich selber auf dem Körper der Mutter zu verschieben. Es lernt aber auch Dinge zu ertragen, die zuerst sein Missbehagen und seinen Widerstand wachrufen, etwa die kurzen Verluste des Körperkontakts mit der Mutter, wenn diese beginnt, es variantenreicher zu halten und zu tragen. Man kann zusammenfassend sagen, dass das Kind in der Schosszeit der "Welt" ständig mehr zuwächst und Stück für Stück von dieser für sich gewinnt.

Zu Beginn der Schosszeit reagieren Kinder auf unvertraute Veränderungen im Bereiche des Körperkontaktes mit mimischen und lautlichen Protesten und mit heftiger Bewegungsaktivität (Kati/G mit Uzima, 3, und Goma/G mit Tamtam, 4).

Mutter Goma/G mit ihrem Sohn Tamtam (1 und 2): Zwei Bilder, "zwischen" denen die Schosszeit und der mit dieser verbundene Wandel liegen.

Es macht, wenn wir uns jetzt diese Schosszeit im Detail ansehen, wenig Sinn, alle auftretenden Reifungsschritte und Veränderungen genau zu datieren. Eine erfahrene Mutter kann durch provozierendes und förderndes Eingreifen die Entwicklung ihres Kindes um einen bis zwei Entwicklungsmonate beschleunigen. Überdies bestimmt auch das Kind mit seiner Persönlichkeit, wann was geschehen wird. Es zeigen sich darum vom einen Mutter-Kind-Paar zum andern erhebliche Unterschiede.

Bevor wir uns ausgewählten Aspekten der Schosszeit zuwenden, wollen wir kurz auf die die Schosszeit begleitende Kontaktform zwischen Mutter und Kind eingehen: die Mutterhülle.

Von der Mutter umhüllt

Wir haben bei der Geburt gesehen, dass das Leben eines Menschenaffenkindes Bauch-zu-Bauch am Körper der Mutter beginnt. Auf diese Weise an die Mutter "gebunden" bleibt das Kleinkind bis in seinen dritten und vierten Lebensmonat. Natürlich lockert die Mutter diese Kontakte schon früh, denn zum Pflegen und Erkunden des kindlichen Körpers muss sie es von sich abheben, sie beginnt überdies die Trag- und Transporthaltungen zu variieren, und schliesslich wird sie auch frühzeitig versuchen, ihr Kind für kurze Zeit neben sich frei auf den Boden zu legen.

Trotzdem bestimmt diese enge Bindung die ganze Schosszeit auf vielfältige Art. Sie garantiert den ständigen, über alle Sinne fliessenden Austausch von Informationen zwischen Mutter und Kind. Sie sichert dem Kind ununterbrochene Geborgenheit,

1

in der es entspannt reifen und sich entwickeln kann. Aus ihr heraus nimmt es
allmählich die Welt um die Mutter wahr, erkundet sie mit den Augen und beginnt
schliesslich, noch im Schoss der Mutter, in sie "einzugreifen". Es erfährt zudem,
dass es von einer Mutterinstanz umgeben ist, die auf seine Äusserungen einsichtig
reagiert und all seine Bedürfnisse befriedigen kann.

Beispiele für diese Effekte gibt es unzählige. Der erwähnte Informationsfluss wird
die Mutter unter anderem auf die plötzlich ansteigende Atmung des Kindes und
auf Veränderungen seiner Körpertemperatur aufmerksam machen. Sie nimmt die
Herzschläge des Kindes wahr und die feinsten Bewegungsäusserungen. Ist das
Kind etwas älter und fähig, sich differenziert auszudrücken, so verrät es durch seine
Mimik und sein Verhalten, dass auch es von solchen Signalen nicht unberührt
bleibt. Ein stilles aggressives "Husten" der Mutter etwa, das das Kind durch ruckartige Bewegungen des mütterlichen Bauches wahrnimmt, löst bei ihm erhöhte
Aufmerksamkeit und beschleunigtes Atmen aus.

Dass all diese Wahrnehmungen für Mutter und Kind Konsequenzen haben, zeigt
uns zum Beispiel das Aufwachen des Kindes. Mit minimen Bewegungen kündet das
Kind an, dass es aufwachen wird, noch lange bevor es wirklich wach ist. Die
Mutter wird sich ihm auf diese Signale hin zuwenden, es möglicherweise in eine
komfortable Sauglage bringen und aufmerksam bleiben. Das heisst für das Kind,
dass es, wenn es erwacht, kaum je - rufend, weinend oder schreiend - Energie aufzuwenden braucht, um sich Aufmerksamkeit, Zuwendung oder Nahrung zu sichern.
Das Kind wächst sozusagen in einer es umschliessenden "Mutterhülle" heran, und

240

Mit der Lockerung der Haltungen des Kindes am Mutterkörper verbunden beginnt das Kind sich allmählich auch optisch von der Mutter weg- und dem mütterlichen Umfeld zuzuwenden: Suma/O bei Mutter Elsie (2), Muna/G bei Mutter Quarta (3) und Douala/G bei Quarta (4).

es gewöhnt sich an diesen umfassenden Komfort derart, dass es ihm schon nach ein bis zwei Tagen ausserordentlich schwer fällt, auch die kleinsten, mit winzigen Kontaktverlusten verbundenen Veränderungen protestlos hinzunehmen. Das erklärt uns, warum die Mutter während der Schosszeit Neuerungen in ihrem Verhalten dem Kind gegenüber, die von bisherigen Gewohnheiten abweichen, immer nur allmählich und über eine sehr grosse Zahl von Versuchen schrittweise durchzusetzen vermag. Sie hat in jedem Fall zuerst den Widerstand des Kindes zu überwinden und es danach auf neue Kontakt- und Behandlungsformen hin richtiggehend zu trainieren. Das höchste Mass an Geborgenheit bei der Mutter erlebt das Kind in der Schosszeit immer dann, wenn die grösstmögliche Fläche seines Körpers im Kontakt mit dem Mutterkörper steht. Es muss ihr ventro-ventral anliegen, ihr mit allen vier Griffen ins Fell fassen, von ihren Armen überdeckt sein und die Brustwarze im Mund haben. Die Grösse der Fläche, mit der das Kind mit der Mutter direkt in Verbindung steht, ist daher in der frühen Zeit gleichsam das Mass seines Wohlbefindens. Verändert die Mutter die Kontaktsituation derart, dass diese Fläche kleiner wird, so kommt das einem "Entwöhnen" von diesem Kontakt gleich, und das erklärt uns die zumindest anfänglich heftigen Reaktionen, mit denen das Kind jeder solchen Veränderung begegnet.

Die "Mutterhülle":
Geborgenheit am Körper der Mutter und von dieser umhüllt sein (Quarta/G mit Muna, 1).

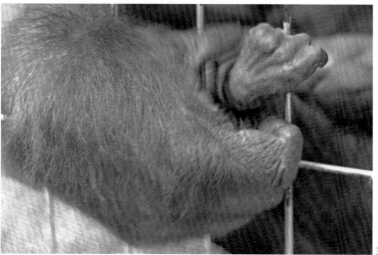

Quartas erster Monat

Wir wollen uns den ersten Monat der Schosszeit von Quarta, der Tochter Achillas, in chronologischer Ordnung anhand von kurzen Auszügen aus den täglichen Beobachtungsprotokollen ansehen. Diese Übersicht kann vielleicht ein wenig von der Spannung beim Beobachten vermitteln und die Dynamik dessen, was geschieht, spürbar machen. Damit alles übersichtlich bleibt, wird für Achilla das Kürzel A und für Quarta Q verwendet. Wir gehen in Tagesschritten vom 2. bis zum 7. Lebenstag und danach wochenweise weiter bis zum 35. Lebenstag.

2. Tag: A und Q schlafen auffallend viel. In den kurzen Aktivitätszeiten hat Q die Augen offen, und ihr Blick macht einen wachen Eindruck. Sie blinzelt, wenn Licht auf ihr Gesicht fällt. Q trägt während 15 bis 20" den Kopf aufrecht, etwas schwankend, und legt ihn dann kontrolliert auf den Körper der Mutter zurück. Q saugt alle Dreiviertelstunden jeweils 1 bis 1 1/2 Minuten. Die Suchphasen Q's vor dem Saugen sind unterschiedlich lang, von 30" bis 5'. Achilla wendet sich häufig, auf vielfältige Weise, neugierig erkundend und pflegend dem Körper von Q zu. Sie schaut ihr Kind auch einfach an.

3. Tag: Q wird von A oft ohne stützenden Arm getragen und hält sich während 30 bis 40" selber. A beginnt die Traghaltungen zu variieren, einmal liegt Q bäuchlings auf A's Unterarm auf, gegen den Ellbogen A's gerichtet, und ein anderes Mal wird sie von A rücklings in der etwas gekrümmten Handinnenfläche getragen. A setzt beim Schreiten die tragende Hand mit dem Handrücken auf dem Boden auf.

Q trägt in sitzender und liegender Haltung den Kopf mehrfach frei aufrecht. Sie schiebt sich mit stossenden Beinbewegungen auf A's Körper vorwärts, einmal sogar 10 cm weit. Manchmal legt Q ihren Kopf rückwärts über A's stützenden Arm hinaus, so dass ihr Gesicht nicht gegen den Bauch der Mutter gerichtet ist, sondern gegen deren Kopf und gegen die Decke des Raumes. Als A trank, hat Q den hellen Trinkbecher mit den Augen fixiert und dessen Bewegungen verfolgt. Q schaute auch mehrmals fixierend gegen das im Licht glänzende Gitter, und als A sich die Brust kratzte, richtete Q ihren Kopf und die Augen auf die kratzende Hand. Beim Pflegen hat A die Anogenitalregion von Q innerhalb von 3 Stunden sechsmal inspiziert. A löst Q immer wieder die Handgriffe aus dem Fell, und einmal hat sie sich mit einem Händchen Q's die eigenen Augen ausgewischt.

4. Tag: A ist heute überaus aktiv und setzt Q oft den eigenen Griffen aus. Q hält sich mühelos. A löst noch immer, auf beinahe systematisch anmutende Weise, die Klammergriffe Q's aus ihrem Fell. Beim Pflegen provoziert A mit ihrer Zuwendung zur Anogenitalregion des Kindes zweimal Kotentleerungen in ihr Fell. Einmal nimmt A in kauernder Haltung Q tief unter sich, setzt sich sachte auf sie und bewegt rhythmisch ihr Becken, ähnlich wie bei Paarungen. A nähert ihre Hand mehrmals dem Gesicht von Q, und diese quittiert das immer mit heftigem Blinzeln. Q hält sich selber mehrmals in den Kopfhaaren und umgreift mit den Händen ihre Arme und Beine. Während 13' 15" hat Q ein Händchen im Mund und bewegt die Finger. Auch Q ist überaus aktiv und verschiebt mehrmals ihren Körper, über kurze Distanzen mit den Beinen stossend.

5. Tag: Q's Augenbewegungen sind ausgesprochen ruhig und "streichend". Oft blickt sie mit leicht zurückgelegtem Kopf zum Gesicht von A hoch. Q hält mit einer Hand die andere und bringt sie so vors Gesicht. Während 1' 30" trägt Q ihren Kopf frei und bewegt ihn zur Seite hin. Kleine Verschiebebewegungen auf der Mutter, das Sich-selber-Halten, das Finger-in-den-Mund-Nehmen und heftige Bewegungen mit Armen und Beinen sind jetzt den ganzen Tag über häufig zu sehen. A versucht Q auf ihre Nackenregion zu laden, oder sie setzt sie vor sich, ihr zugewandt, auf den Boden ins Dreieck, welches der Bauch und ihre angezogenen Beine bilden.

6. Tag: A erwartet Reifungsschritte ihres Kindes. Sie erkundet den Stand von dessen aktuellen Fähigkeiten, etwa indem sie Q ein Blatt vor den Mund hält oder deren geschlossene Faust auf eine Gittermasche legt und genau beobachtet, ob etwas geschieht. Einmal umgreift Q dabei den Gitterdraht. Q wird heute mehrmals frei auf dem Kopf oder im Genick getragen, manchmal auch in der Handinnenfläche aufliegend. Fällt das Stützen durch A über längere Zeit aus, so zeigt Q keine Mühe, sich selber zu halten.

7. Tag: Saugt Q, so vermag sie selbst bei heftigen Bewegungen der Mutter den Nippel im Mund zu behalten. A kratzt mit einem Fingernagel am Nasenspiegel von Q, und diese reagiert mit Kopfbewegungen und indem sie ihre Hand gegen ihr Gesicht führt. Den Kopf selber zu halten und umherzusehen, übt Q jetzt in Wachzeiten fast pausenlos. Sie wechselt beim Saugen ohne Hilfe die Brust, einfach indem sie die Lage des Kopfes verändert. Mit den Augen fixiert Q jetzt mit Sicherheit, und sie folgt mit ruhigen Augenbewegungen, die oft auch von Kopfbewegungen begleitet sind, einem Schattenriss an der Wand oder mehreren optisch auffälligen Strukturen. Q zeigt einen ersten Ansatz zum Lachen. Sie öffnet den Mund so, wie das zum Spielgesicht gehört, äussert allerdings dabei noch keine hörbaren Laute. A hat Q gegen Abend 2' 54" frei in ihrer Hand mitgetragen. Beim Saugen provoziert A jetzt mit dem leichten Wegziehen des Nippels das Weitersaugen, wenn Q eine Saugpause einlegt. Q reagiert darauf mit Nachschnappen und heftigen Saugbewegungen.

Die folgenden Bilder illustrieren chronologisch einzelne Entwicklungsschritte von Quarta/G (nur Bild 2 zeigt ein anderes Kind): den Blick weg vom dunklen Mutterkörper ins helle Licht (4. Tag, 1), den hochgehaltenen und freigetragenen Kopf bei Souanke/G (6. Tag, 2). Achilla prüft, ob Quarta schon in die Gittermaschen greift (6. Tag, 3). Freiliegen, an den Arm der Mutter gelehnt und mit einem Griff in deren Fell (8. Tag, 4).

2. Woche (8.-14. Tag): A löst jetzt, einem Training gleich, die Griffe von Q. Sie legt Q immer wieder auf Nacken oder Kopf und trägt sie so umher. A beginnt sich mit Q auch eindeutig spielerisch zu unterhalten. Sie steckt ihr den Finger in den offenen Mund, berührt sie tupfend mit einem Finger auf der Brust, und manchmal legt A sich auf den Rücken, streckt die Beine hoch, lädt sich Q auf eine Fusssohle und hält sie so. Einmal legt A Q frei vor sich, ohne jeglichen Kontakt, nimmt sie aber auf leise Protestlaute hin sofort wieder an den Körper zurück.

Q wird am Körper von A aktiver. Sie trägt oft den Kopf, versucht dabei im Liegen auch die Brust von der Unterlage abzuheben und dreht dann den Kopf nach allen Seiten aus. Sie stösst sich mit den Beinen über einige Zentimeter zur Brust von A hin und zieht sich ein anderes Mal mit den Armen am Bauch A's in eine sitzende Haltung. Q wird nicht satt, an ihren Fingern zu lutschen, sie tut das immer wieder, einmal während 2 1/2'. Mit den Augen ist Q ständig beschäftigt. Sie fixiert die sich bewegende Hand der Mutter und schaut einer davonrollenden Karotte fasziniert nach. Sie starrt diese auch dann noch unverwandt an, als sie still liegt. Q fixiert jetzt über eine Distanz von 2 1/2 Metern.

Q's Körperbehaarung hat deutlich zugenommen, und rund um den Anus wird ein Kreis graue-weisser Haare sichtbar.

3. Woche (15.-21. Tag): Am 15. Tag durfte A mit Q zum ersten Mal ins Aussengehege, und danach täglich. Draussen können A und Q den im benachbarten Gehege untergebrachten Stefi sehen, hören und riechen. Stefi begrüsst A mit Impo-

niersequenzen und lauten Rufen. Er äussert sich den beiden gegenüber auch später immer wieder so. A ist am ersten Tag enorm erregt und scheint Q gegenüber wie ausgewechselt. Sie spielt nicht mehr mit Q, unterlässt das zuvor so typische neugierige Erkunden von Q's reifenden Fähigkeiten, stellt jegliches Experimentieren mit dem Kind ein und trägt es ausschliesslich am Bauch. Ihre Stimmung überträgt sich auch auf Q. Diese verhält sich ruhig, ist inaktiv und wirkt beinahe apathisch. Q scheint nur noch darauf bedacht, sich festzuklammern, denn sie wird von A jetzt über grosse Zeiträume ohne helfendes Stützen getragen. Auch das ist ein Zeichen von A's Aufregung. A's Zurückhaltung dauert zwei ganze Tage, und erstaunlicherweise ändert sich in dieser Zeit die Situation zwischen Mutter und Kind auch dann nicht, wenn die beiden wieder allein im Innengehege sind. Erst am dritten Tag dieser Woche findet A wieder zur normalen Routine mit dem Kind zurück, und Q reagiert auch auf diese Veränderung schlagartig. Während eines Tages machen Mutter und Kind einen beinahe übertrieben aktiven Eindruck, als hätten sie in den letzten Tagen Verpasstes nachzuholen. Das Kopf- und Handtragen sowie die Versuche, Q freizulegen, erfolgen jetzt regelmässig den ganzen Tag über. Liegt A auf dem Rücken, so legt sie sich Q immer wieder auf die Sohle des hochgehaltenen Fusses und übt Balancieren mit ihr. Q wird zunehmend aktiver. Wenn sie sich mit den Beinen auf dem Körper der Mutter vorwärts stösst, stemmt sie jetzt gleichzeitig das Gesäss hoch. Q's orales Interesse an Fingern und Händen nimmt zu, und sie belutscht jetzt auch die Hautfalte am Brustansatz der Mutter und Haarbüschel. Die Freiliegezeiten erreichen 1 bis 1 1/2'. A reagiert, wenn Q jammert, schreit oder sich überaktiv benimmt, unwillig zurechtweisend. Sie umgreift in solchen Fällen ein Ärmchen oder Beinchen von Q und "schüttelt" diese, oder sie führt mit den stützenden Armen hintereinander hart anmutende ruckartige Bewegungen aus. Q reagiert auf diese "Strafen" vorübergehend mit Bewegungsruhe. Das reissende Griffelösen ist jetzt nicht mehr nötig. Wenn A einen Griff lösen will, so fasst sie mit zwei Fingern das Handgelenk Q's, und Q lockert die Finger dann selber. Im Aussengehege setzt A sich gegen Ende der Woche oft an das Trenngitter, das Stefi am nächsten ist, und führt diesem dort das ganze Repertoire dessen, was das Kind kann, äusserst animiert vor. A hat gegen Ende der Woche Q auch dem Pfleger zum Halten angeboten. Interessant ist, dass sie dies zu dem Zeitpunkt tat, als sie ihr Kind auch Stefi vorführte und als sie im Innenraum Q's Händchen durch die Gitterstäbe schob und die Nachbarinnen Elsie/O und Josephine/S auf diese Weise aufforderte, Q zu berühren.

4. Woche (22.-28. Tag): Bei allen neu auftretenden Reifungsschritten Q's zeichnet sich ein deutliches zeitliches Muster ab. Sie sind an einem bestimmten Tag isoliert ein einziges Mal zu sehen, dann bleiben sie ein bis zwei Tage aus, und plötzlich folgen sie gleich mehrmals, und in den Tagen danach werden sie dann regelmässig geübt. Das gleiche Muster ist auch bei A zu sehen, wenn sie mit dem Kind experimentierend irgendeine seiner Leistungen herbeizuführen versucht. Auch sie gibt sich mit einem ersten Erfolg zufrieden, legt dann eine Pause ein und nimmt das regelmässige Einüben erst ein, zwei Tage danach wieder auf. Q wird jetzt von A oft frei auf den Boden gelegt, und A versucht sich von ihr auf kurze Distanzen zu entfernen. Einmal lässt sie Q eine Minute allein liegen und geht, weil sie urinieren will, einen Meter vom Kind weg. Grössere Distanzen sind nur dann möglich, wenn A dem Pfleger das Kind übergeben hat. Sie hat innert kürzester Zeit entdeckt, dass Q in dessen Obhut ruhig bleibt. Die Turnszenen A's mit Q werden jetzt, wenn A auf dem Rücken liegt, turbulenter gestaltet. Sie balanciert das Kind auf der Fusssohle nicht nur, sie wiegt es richtig und schwenkt dabei ihr Bein über der ganzen Breite des Körpers hin und her und vor und zurück. Sie umgreift mit den Händen die Ärmchen von Q und mit den Füssen die Beinchen und hebt sie so hoch über den eigenen Körper. Oft sehen sich Mutter und Kind aus dieser unvertrauten Distanz längere Zeit interessiert an. A erkundet den Mund von Q eingehend mit ihrem

Frühes, durch die mütterliche Hand gesichertes Nackentragen (14. Tag, 1). Der interessierte Blick von der Mutter weg ins nahe Umfeld (20. Tag, 2). Achilla hält Quarta mit dem Fuss umschlossen hoch und schaukelt sie (20. Tag, 3).

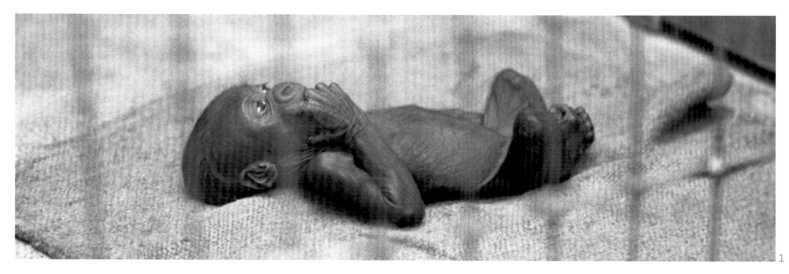

Die entspannt freiliegende Quarta (30. Tag, 1).

Finger und manchmal auch mit einem Zweiglein. Es ist schwer zu sagen, ob sie das Durchstossen von Q's Zähnen erwartet, die sie später auf ähnliche Weise exploriert, oder ob sie nur Q's orale Reaktionen auf den Finger oder ein Objekt provozieren will. Auf ähnliche Art, mit kleinen Ästchen, die eigens in die richtige Form und Länge gebissen werden, exploriert A ausnahmsweise auch Q's übrige Körperöffnungen. Q ist jetzt oral ausgesprochen aktiv und wendet sich nicht nur ihren Fingern und Händen zu, sondern, wenn ihr das gelingt, auch Objekten. Im Freiliegen erkundet sie mit dem Mund die Falten des Sackes, auf dem sie liegt. Gegen Ende der Woche beginnt A, wenn sie Q auf dem Sack freigelegt hat, das Sacktuch mit der aufliegenden Q im Gehen zwei bis drei Meter hinter sich herzuziehen.

5. Woche (29.-35. Tag): Das Turnprogramm mit Q auf A's Beinen wird erweitert. A trägt jetzt Q auf beiden Fusssohlen über sich. Sie versucht, sie von einem Fuss auf den anderen zu wechseln, und beginnt mit den Händen, das Kind auf den Füssen rollend zu überdrehen. Auch das Nachziehen von Q wird von A variiert. Sie ergreift ein Ärmchen von Q, wenn diese freiliegt, und zieht sie über kurze Strecken auf dem Boden rutschend mit sich. Q hält jetzt im Freiliegen den Kopf minutenlang aufrecht, stemmt mit den Armen den Vorderkörper hoch und hebt sich einen Tag später mit beiden Armen und Beinen ganz von der Unterlage ab. Q reagiert auf Analberührungen durch A mit heftigen Ausweichbewegungen und beantwortet unangenehme Erfahrungen, indem sie zwei- bis dreimal die Augenlider fest zusammenpresst. A beginnt auf Q's mimische Leistungen sehr differenziert zu antworten. Verzieht Q das Gesicht zu einem Schnütchen - dem Schmollgesicht -, so berührt ihr A mit einem tupfenden Finger erst die Lippen, und danach tippt sie sie sanft mit dem Finger mehrmals auf die Brust und versucht das Kind so auf spielerische Weise zu trösten.

Q's Aktivität nimmt jetzt, vor allem wenn sie freigelegt wird, fast täglich zu.

Die weissen Haare, die als ringförmiges Büschelchen den Anus umstehen, sind jetzt sehr deutlich zu sehen und wirken beinahe wie ein Signal.

Wir wollen uns nun einigen Bereichen etwas genauer zuwenden.

Über den Mund zum Körper und zu Dingen

Für ein Menschenaffenkind ist die Schosszeit auch der Lebensabschnitt, in dem es allmählich seinen eigenen Körper, denjenigen der Mutter und die Dinge kennenlernt, die es vom Mutterkörper aus erreichen kann.

Der Mund und die Augen spielen dabei eine ganz entscheidende Rolle. Schon in den ersten Lebenstagen kommt das Kind mit dem Mund an seine Hände und lutscht und saugt an ihnen, genauso wie es das auch an der Hand der Mutter oder an deren Haaren tut. Wenn es seine Arme an den Körper gezogen hält, wenn die Hände neben dem Kopf klammern oder lose aufliegen, und es suchend den Kopf zu beiden Seiten hinbewegt, so kommt es zwingend zu solchen Hand-Mund-Begegnungen. In der gleichen Entwicklungsphase weht das Kind manchmal seine Arme ungerichtet umher, und dabei streifen sie sein Gesichtsfeld. Es nimmt die wischenden Bewegungen wahr, und sie rufen die Aufmerksamkeit seiner Augen wach. Immer häufiger führen nun seine Arme die Hände vors Gesicht. Zufall ist das nicht; auch wenn es das zu Beginn noch nicht "gezielt" tut, so assoziiert es zweifellos schon jetzt seine Bewegungsaktivität mit den belohnenden optischen Reizen. Etwas später kommen die Hände dann eindeutig geführt vors Gesicht, werden dort stillgehalten und mit den Augen fixiert, und gelegentlich greift dann eine Hand einfach ins Gesicht oder in die Kopfhaare, und der Mund findet so den Weg zur Hand. Mit einem weiteren Schritt werden dann die Hände direkt an und in den Mund gebracht. Zum Lutschen und Saugen kommt jetzt noch das Erkunden mit der Zunge und das Bekauen mit den Bilgern hinzu, und gleichzeitig werden Fingerbewegungen ausgeführt. Die

Wenn Menschenaffenkinder ihren Körper, den der Mutter und Dinge kennenlernen, so führt der Weg dazu über den Mund. Tamtam/G erkundet Hand und Finger im Mund (2), Tana/S ihren Fuss (4) und Suma/O Fuss und Hand (3).

247

Beschäftigung mit dem Mund an den Händen scheint für ein Menschenaffenkind eine unerhört faszinierende Sache zu sein und fesselt es über viele Wochen hinweg. Mit seinen reifenden sensorischen und motorischen Fähigkeiten gewinnt es ihr immer wieder neue spannende Seiten ab. Beim Explorieren seiner Hände im Mund setzt es sowohl den Mund als auch seine Hände zum ersten Mal zu etwas anderem ein als zum Saugen und zum Klammern. Natürlich werden die Hand-Mund-Szenen durch immer neue Variationen bereichert. Das Kind entdeckt schon früh das Daumensaugen, lernt mit der Hand die Zunge und die Lippen zu umgreifen, führt mit einer klammernden Hand gelegentlich auch einen Fuss vor den Mund und erkundet diesen dort ähnlich intensiv wie seine Hände. Auf vergleichbare Weise wendet sich das Kind Ende des zweiten, anfangs des dritten Lebensmonates auch Dingen zu. Es sind meist kleine Futterteile, die zufällig in seinen Mund geraten, etwa wenn die Mutter sie ihm spielerisch aufs Gesicht legt, vor den Mund hält oder sie beim Essen in die Nähe seines Gesichtes fallen lässt. Lange bevor es Dinge ergreift und in den Mund bringt, versucht es, mit Kopfbewegungen den Mund zu ihnen hinzuführen. Das bleibt auch später, wenn es gezielt greifen kann, eine bevorzugte Strategie, vor allem dann, wenn es sich gegen Ende der frühen Freiliegezeit kriechend auf Objekte zubewegt, die sein Interesse wecken. Optisch haben vor allem helle Dinge, etwa eine Orangenschale oder der Trinkbecher, das Kind schon sehr früh beschäftigt. Es hat zu ihnen hingeschaut, sie zu fixieren versucht und ist ihnen später mit den Augen gefolgt. Erst jetzt scheint es sie über das Ansehen hinaus auch "besitzen" zu wollen, das heisst, es versucht, ihnen näher zu kommen. Es verfolgt zum Beispiel

Auch wenn Kinder beginnen nach Objekten auszugreifen, steht dahinter der Wunsch, sie in den Mund zu bekommen. Suma/O versucht eine Orangenschale zu erreichen (4), und Tana/S greift nach einem Zweiglein (5).

Bei der oralen Beschäftigung am eigenen Körper entdecken Menschenaffenkinder auch das Daumensaugen. Bei ihnen kommt allerdings dafür nicht nur der Daumen der Hand, sondern auch der Fussdaumen in Frage (Tamtam/G, 6 und 7).

Die ersten Dinge, die Kinder mit dem Mund erreichen können, sind Futterteile, die zu Boden fielen (Tana/S, 1), oder solche, mit denen die Mutter noch beschäftigt ist (allerdings führt bei Kojong/O der Weg dazu erst an Mutter Kasihs Finger, 2).

Suma/O zeigt, dass Kinder, wenn sie etwas älter sind, ihren Körper auch mit den Augen erforschen, etwa die Hand, wenn eine Bewegung sie ins Gesichtsfeld führt (3).

Kann das Kind gezielt greifen, so ist nicht nur der eigene Mund, sondern auch der der Mutter interessant, und wenn die Mutter mittut, so entwickelt sich aus der kindlichen Initiative ein kleines Mund-Finger-Spiel mit der Mutter (Mutter Elsie/O und Xempaka, 1 bis 4).

die Bewegungen von Ästen, die sich die Mutter vor den Mund führt, sehr aufmerksam, macht Kaubewegungen, die darauf hinweisen, dass es sie jetzt mit dem oralen Explorieren gedanklich schon in Verbindung bringt, und versucht auch, erfolglos, mit der Hand nach ihnen zu greifen. Später gelingt ihm das, es hält sie fest, versucht sich ihnen mit dem Mund zu nähern, und schliesslich entdeckt es, dass es den Zweig mit der Hand gegen das Gesicht und in den Mund führen kann. Erst zwischen dem dritten und vierten Monat, also vor Ende der Schosszeit, lernt es Dinge versierter zu greifen und sie gezielt zu bewegen. Es sieht jetzt Objekte sehr genau an, führt sie manchmal auch dazu vor die Augen und verharrt mit ihnen dort, aber der bevorzugte Manipulierort bleibt der Mund. Es muss erneut Zeit vergehen, bis es ohne Beteiligung des Mundes unter der Führung der Augen Objekte mit den Händen vor den Augen zu manipulieren beginnt. Meist ist es so, dass es sie, bevor es sich ihnen differenzierter zuwendet, einfach zerzaust oder zerreisst. Doch diese Phase seiner Auseinandersetzung mit Dingen führt aus der eigentlichen Schosszeit hinaus.

Der Wandel beim Halten und Tragen

Neugeborene und kleine Säuglinge werden Bauch zu Bauch getragen und gestützt (Quarta/G und Faddama, die an Pepe vorbeigehen, 5). Der frühe Wandel in den Traghaltungen beginnt damit, dass die Mutter gelegentlich versucht, ihr Kind, ohne es zu stützen, vollständig den eigenen Griffen auszusetzen (Lua/S übt das mit Dan, 6).

Die Art und Weise, wie die Menschenaffenmutter ihr Kind am Körper hält und es mit sich trägt, ist in der Schosszeit einem auffallenden Wandel unterworfen. Herbeigeführt werden diese Änderungen mit dem Blick auf ein momentanes Ziel, aber sie haben immer auch eine prospektive Bedeutung, indem sie Voraussetzungen für kommende Entwicklungsschritte schaffen.

Neugeborene werden in den Tagen nach der Geburt Bauch zu Bauch getragen und in der Regel mit einem oder beiden Armen gestützt.

Wir haben in früheren Kapiteln gesehen, dass die Mutter dem Kind schon in den ersten Tagen systematisch die Griffe löst, es ohne stützenden Halt trägt und es zum Pflegen aus dem engen Körperkontakt nimmt. Sie gewöhnt so ihr Kind daran, gelegentlich ohne den einen oder anderen Griff zu sein, nicht gestützt zu werden und über losere Kontakte mit der Mutter verbunden zu sein. Über das jeweilige Ziel ihres Handelns hinaus schafft die Mutter damit auch die Grundlagen für das Variieren der Halte- und Tragformen.

Das Repertoire an solchen Formen ist von Mutter zu Mutter verschieden und hängt von der mütterlichen Erfahrung ab. Routinierte Mütter kennen die neuen Formen, setzen sie direkt ein, und ihr Repertoire ist vielfältig. Unerfahrene dagegen müssen ausprobierend vorgehen, und sie erreichen erst viel später einen mit einer erfahrenen Mutter vergleichbaren "Reichtum" an neuen Halte- und Tragmethoden. Einige dieser neuen Formen beobachten wir bei allen Müttern, andere wiederum sind sehr individuell, und wieder andere bekommen wir, ähnlich den frühen Fortbewegungsweisen von Menschenaffenkindern, nur im Zoo zu sehen.

Das frühe Kopf-Nackentragen bei Müttern aller drei Arten.
Im Gegensatz zum späteren Rückentragen liegt das Kind mit nach
hinten gerichtetem Kopf auf: Achilla/G mit Quarta (1), Elsie/O mit
Suma (2) und Fifi/S mit Tana (3).

Wenn die Mutter bei dieser Tragform schnell und für das Kind risiko-
reich unterwegs ist, so sichert sie ihr Kind mit einem Griff (Quarta/G
mit Yoko, 4).

4

1

Die noch kleine Quarta/G wird in der Hand getragen, mit den Fingern gestützt und klammert um den Unterarm (1), während der ältere und schon versiert klammernde Tamtam/G sich beim Unterarmtragen selber zu halten vermag (2).

Durch das Stützen ihrer Kinder sind die Mütter in den eigenen Bewegungen ganz erheblich eingeschränkt. Gelingt es ihnen, erkundend neue Tragformen zu finden, die das Kind akzeptiert, so gewinnen die Mütter ein Stück der verlorenen Bewegungsfreiheit zurück.

Wir wollen uns jetzt einige wenige dieser Halte- und Tragweisen ansehen, und wir konzentrieren uns dabei auf jene, die man bei allen Müttern in Varianten zu sehen bekommt.

Kopftragen: Die Mutter legt sich ihr Kind bäuchlings auf den Kopf. Ob es dabei nach hinten, nach vorn oder quer zum Kopf gerichtet ist, wird vom individuellen Auflademodus der Mutter bestimmt. Das Kind klammert sich entweder in den Kopf-, den Nacken- oder den Backenbarthaaren der Mutter fest. Dieses frühe Kopftragen kann man als Vorform des späteren Rückenreitens sehen. Freilebende Menschenaffenmütter zeigen diese frühe Tragart kaum. Sie bringen ihre Kinder später direkt auf den Rücken.

Achilla/G trägt die ältere Quarta rückenreitend (3) und am Unterschenkel klammernd (4) mit sich. In diesem Alter braucht Quarta auch dann keine sichernde Hilfe mehr, wenn die Mutter klettert oder über Stufen hochsteigt (5).

Nackentragen: Das Kind liegt bäuchlings auf der Nacken- und vorderen Rückenregion auf und klammert in den Haaren seitlich am Hals und auf dem Rücken. Es ist normalerweise mit dem Gesäss gegen den Kopf der Mutter gerichtet. Das Nackentragen ist eine Variante zum Kopftragen. Beide Traghaltungen sind schon während der ersten 8 bis 10 Lebenstage zu sehen und bei einzelnen Müttern sogar noch früher.

Handtragen: Das Kind liegt auf dem Bauch oder auf dem Rücken in der Innenfläche einer Hand der Mutter. Diese hat die Hand leicht zur Schale geformt und trägt sie im Handgelenk rechtwinklig eingeschlagen. Beim Schreiten stützt sie die tragende Hand mit dem Handrücken auf dem Boden ab. Wenn das Kind noch sehr klein ist, nur wenige Tage alt, hält die Mutter sein Körperchen mit den eingeschlagenen Fingern umschlossen. Das Kind klammert dann oft überhaupt nicht oder hält Griffe in den eigenen Kopfhaaren. Manchmal umfasst es mit den Händen auch die eigenen Extremitäten.

Armtragen: Das Kind liegt dem Unterarm an, umgreift ihn mit Armen und Beinen und hält mit Füssen und Händen Griffe in den Armhaaren. Es kann mit dem Gesäss dem Handgelenk der Mutter auch aufsitzen. Geht die Mutter, so setzt sie schreitend alle vier Extremitäten auf, und das Kind befindet sich in aufrechter Haltung. Beim Sitzen hat die Mutter den Arm entweder abgestellt, oder sie trägt ihn quer zum Körper. Auf dieselbe Art kann das Kind auch am Oberarm getragen werden.

Beintragen: Auf vergleichbare Weise wie beim Armtragen hält sich das Kind am Unterschenkel der Mutter, und manchmal sitzt es dabei auf dem Fuss der Mutter auf.

Rückenreiten: Das Reiten auf dem Rücken der Mutter ist die wichtigste aller hier genannten Transportformen. Es entwickelt sich aus dem frühen Kopf- und Nackentragen und löst diese beiden Traghaltungen ab. Regelmässig zu sehen ist das

Rückentragen vom vierten Lebensmonat an, und es wird danach für drei bis vier Jahre beibehalten. Zu Beginn legt die Mutter das Kind auf den Rücken, bäuchlings, gegen ihren Kopf gerichtet. Später, abhängig von seiner lokomotorischen Entwicklung, klettert das Kind auf ein Signal der Mutter hin selbständig auf deren Rücken. Schimpansen- und Gorillamütter stellen oft als Aufforderung zum Rückenreiten ein Bein ein wenig nach hinten und bieten damit dem Kind gleich noch eine Aufsteighilfe. Vom Alter abhängig liegen oder sitzen die Kinder beim Rückenreiten, und die Rückenfläche der Mutter bietet ihnen viel Komfort. Im Rückenreiten versierte Kinder können auf dem Rücken der Mutter auch auf allen vieren stehen, sich auf den Rücken legen, spielen, jegliche Art von Kapriolen ausführen und natürlich schlafen. Kommen Unsicherheiten auf, so nimmt die Mutter das Kind vom Rücken sofort an den Bauch, und ältere rutschen dann selbständig über die Körperseite unter die Mutter. Dass das Rückenreiten eine so gewichtige Rolle spielt, hat mehrere Gründe: Die Mutter hat die grösste denkbare Bewegungsfreiheit, sie kann das Kind mühelos über grössere Strecken mittragen, und diese Transportform kann von der Mutter auch beibehalten werden, wenn das Kind grösser und schwerer geworden ist. Von all diesen Transporthaltungen profitiert aber nicht nur die Mutter, sondern auch das Kind. Hat es sich einmal an die neuen Formen gewöhnt, so bieten sie alle einen besseren "Ausblick" als die Bauch-zu-Bauch-Haltung, und das kommt seiner wachsenden Neugier entgegen.

Die Haltungen des Kindes am Körper der Mutter, wenn diese es nicht transportiert, sondern im Sitzen oder Liegen einfach an sich hat, sind in der Schosszeit einem

Neue Traghaltungen kommen auch den wachsenden Interessen der Kinder entgegen: Tamtam/G kann ungestört umhersehen (3), Suma/O nimmt teil an dem, was Mutter Elsie tut (4), Tamtam/G geniesst das uneingeschränkte Blickfeld (5), Tana/S sieht rückenreitend über die Schulter, was auch Mutter Fifi sieht (6), und Xindra/S verfolgt durchs Gitter das, was nebenan geschieht (7).

Auch beim Ruhen, sitzend oder liegend, nutzen die Mütter die Möglichkeit, ihren Kindern einen Platz auf dem Rücken zuzuweisen und sich so die Arme und Hände freizuhalten: Fifi/S mit Tana (1), Tana/S mit Fali (2).

noch grösseren Wandel unterworfen. Sie werden auch stärker individuell variiert. Deutlich wird dabei, dass die Mutter mit Änderungen und Neuerungen sich nach den Bedürfnissen des Kindes richtet.

Wir wollen uns hier all diese Formen nicht im Detail ansehen, sondern nur gerade zwei Beispiele. In der Zeit, in der das Kind sich mit den Augen interessiert der Umgebung der Mutter zuzuwenden beginnt, also von ihr wegsieht, erleichtert die Mutter ihm das, indem sie es auffallend häufig mit dem Rücken gegen den Körper trägt und seinen Augen diese optisch erkundbaren Räume richtiggehend anbietet. Etwas später, wenn es anfängt, nach Dingen in der mütterlichen Umgebung auszugreifen, hält die Mutter es derart, dass es dieses Bedürfnis auch ausleben kann. Sie lehnt es beispielsweise bäuchlings hoch gegen ihre Schulter und ermöglicht ihm so, über ihren Rücken hinauszublicken und mit Armen und Händen aktiv zu sein, oder sie setzt es seitlich am Körper in die Schenkelgrube aussen an ihren eigenen Arm und verhindert damit, dass das Kind in seiner Beschäftigung durch die es umfassenden Arme eingeschränkt wird. Auffallend ist auch, dass die Mutter in dieser Zeit zum Ruhen, Sitzen oder Liegen Orte aufsucht, an denen es sich vom Mutterkörper aus interessanten Dingen oder Situationen zuwenden kann. Sie setzt sich zum Beispiel bewusst ans Rückgitter, weil dort ihr Kind in die Maschen greifen, ziehen und stossen und vom Körper der Mutter aus zwei bis drei Maschen hoch wegklettern kann.

"Frei-legen"

Im engen Zusammenhang mit dem eben beschriebenen Wandel bei den Halte- und Tragformen stehen auch die Versuche der Mutter, ihr Kind ganz aus dem Körperkontakt zu nehmen und es frei neben sich abzulegen. Wenn die Mutter damit beginnt, hat das Kind schon gelernt, geringfügige Kontaktverluste hinzunehmen, doch der Schritt zum Ganz-von-der-Mutter-getrennt-Sein bereitet ihm noch erhebliche Schwierigkeiten, und diese hat die Mutter zu überwinden. Wie einsichtig und einfühlsam sie dabei vorgeht, zeigt uns das Beispiel von Achilla/G mit ihrer Tochter Quarta.

Achillas erste Versuche, Quarta abzulegen, begannen zwischen dem 11. und 14. Lebenstag Quartas. Achilla sass auf dem an der Wand montierten Sitzbrett und nahm Quarta vom Körper, so als wolle sie sie in der zuvor beschriebenen Weise in der Hand mittragen. Sie setzte aber ihre Hand mit dem Handrücken auf das Brett ab, versuchte sie sachte vom Kind zu lösen und sie unter ihm wegzuziehen. Quarta reagierte mit Schreien und wurde von Achilla sofort wieder an den Körper genommen. Alle danach folgenden ähnlichen Ansätze endeten gleich. Erfolgreich war Achilla mit ihrem Vorhaben erst, als sie auf gleiche Weise vorging, wenn Quarta schlief. Gelang es ihr, das schlafende Kind abzulösen und freizulegen, ohne dass es dabei aufwachte, so konnte sie es frei direkt neben sich liegen haben, zumindest solange, bis Quarta wach wurde und realisierte, in welcher Lage sie war. Achilla beobachtete Quarta immer aufmerksam und nahm mit ihr auch Berührungskontakte auf, bevor diese ihren Missmut zu äussern begann. Achilla übte nun dieses Vorgehen fast täglich, mit dem Effekt, dass Quartas Proteste beim Aufwachen immer etwas

Ans Freilegen müssen Kinder in Einzelschritten allmählich gewöhnt werden: Kati/G hat Uzima, halbaufrecht, tief auf dem Boden liegen und stützt sie mit der Hand (5), Goma hält Tamtam ebenfalls tief, vom Körper weggewandt, dem einen Bein anliegend (3), Lua/S sorgt für Kamasis Komfort, indem sie ihren Kopf mit dem unterlegten Arm stützt (4), und Fifi/S legt Tana so neben sich, dass das Kind der Mutter ins Gesicht blicken kann (2).

länger auf sich warten liessen. Sie zögerte solche Reaktionen noch zusätzlich hinaus, indem sie das Kind auf erste Protestanzeichen hin vorsorglich mit der Hand berührte. Daneben führte Achilla aber ihre Versuche auch weiter, wenn Quarta wach war, und sie fand selbst dabei Lösungen. Eine bestand darin, dass sie vor dem Wegnehmen der Hand ihr Gesicht dem von Quartas auf Zentimeterdistanz näherte, sie eine Weile direkt ansah und erst dann ihre Hand vom Körper des Kindes wegnahm. Sie schuf damit für Quarta das Gefühl, der Mutter sehr nahe zu sein, und diesen nahen "Gesichtskontakt" behielt sie zuerst über die ganze kurze Freiliegezeit bei. Einmal sass Achilla auf ihrem Jutesack und legte Quarta frei vor sich auf den Sack ab. Dann deckte sie Quarta mit einer eingefalteten Ecke des Sackes zu und löste erst dann ihre Hand vom Kind. Auch dabei blieb Quarta länger als üblich unbesorgt. Achillas Verhalten in diesem Fall zeigt, dass sie um die Mühe wusste, die der Kontaktverlust dem Kind bereitet. Mit dem Sack schuf sie für Quarta eine Kontaktillusion. In den folgenden Tagen legte Achilla die Kleine immer häufiger frei, und sie bediente sich dabei stets einer der zuvor erprobten Methoden. Das Üben nahm Tage in Anspruch. Etwa anderthalb Wochen verstrichen, bis Quarta soweit war, dass sie kurze, mit dem Freilegen verbundene Kontaktunterbrüche protestlos hinnehmen konnte. Wichtig war ihr jedoch, dass Achilla immer dicht bei ihr blieb und hin und wieder Berührungskontakte mit ihr aufnahm. Manchmal hielt Quarta mit dem ausgestreckten Arm einen versichernden Griff in Mutters Fell.
Vom 26. Lebenstag an legte Achilla ihr Kind regelmässig frei, und am selben Tag versuchte sie auch ein erstes Mal etwas Distanz zwischen sich und ihr Kind zu

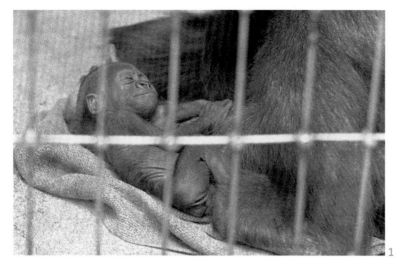

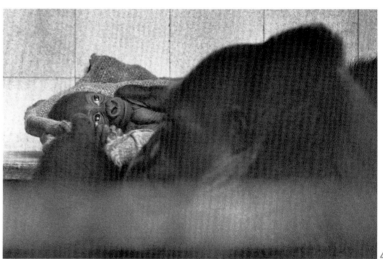

Vorbereitungsstadien zum Freilegen am Beispiel von Achilla/G mit Quarta: Variationen zum Ablegen des Kindes, bei denen die Mutter einen losen, versichernden Kontakt aufrechterhält (1 bis 3). Der Versuch, Quarta auf dem Brett, in einen Sack gehüllt, freizulegen. Die Mutter bleibt mit ihrem Gesicht demjenigen des Kindes ganz nahe (4).

bringen. Sie rutschte sitzend kaum merklich immer etwas weiter von Quarta weg, bis sie ungefähr einen Meter von ihr entfernt war. Noch überschritten allerdings die Freiliegezeiten kaum je eine bis anderthalb Minuten.

In den folgenden zwei Monaten der Schosszeit hat Achilla mit Quarta das Freilegen täglich trainiert und auch immer wieder erprobt, wie weit sie vom "allein gelassenen" Kind weggehen konnte.

Am 47. Tag zum Beispiel blieb Quarta einmal für 8 und einmal für 10 Minuten ohne Kontakt, und Achilla sass dreieinhalb Meter von ihr entfernt. Quarta schien sich zunehmend wohl zu fühlen, auch ohne direkten Kontakt zur Mutter; sie begann sich mehr und mehr mit sich selbst zu beschäftigen, wobei sie vor allem die neuen Bewegungsmöglichkeiten, die sich mit dem Freiliegen ergaben, aktiv erkundete.

Quarta wird mit dem gestreckten Arm weit vom Körper weggelegt, bleibt aber von der mütterlichen Hand umschlossen (5). Erstes Freiliegen unter mütterlicher Aufsicht (6) und die spätere Variation dazu (7). Achilla schaut den ersten Kriechversuchen Quartas zu (8).

260

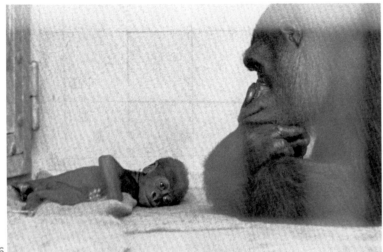

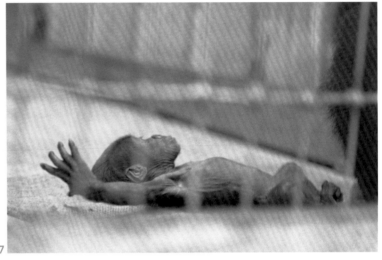

2

Der Mutter sicher sein

Wenn das Kind den Körperkontakt zur Mutter verlassen und sich in ihrem Umfeld aufhalten darf, so braucht es, auch wenn es nahe bei der Mutter bleibt, regelmässig versichernde Kontakte. Es kehrt dann zur Mutter zurück, hält einen Griff im mütterlichen Fell oder schmiegt sich kurz an deren Körper (Tana/S bei Fifi, 1), oder es blickt immer wieder zur Mutter hin (Tamtam/G, 2).

Während der Schosszeit hat das Kind kaum aktive Leistungen zu erbringen, um sich seiner Mutter zu versichern. Es lebt am Körper der Mutter und spürt deren Anwesenheit immer und auf vielfältige Weise. Es setzt sich nur dann mit protestierenden Lauten und Bewegungen vehement zur Wehr, wenn ihm die versichernden Kontakte teilweise oder ganz entzogen werden. Es lernt allmählich, sich im loseren Kontakt wohl zu fühlen, später auch dann, wenn es für kurze Zeit gänzlich auf Kontakte verzichten muss. Voraussetzung für dieses Lernen ist, dass das Kind schon vorher erfahren hat, dass oberflächliche und kurze Berührungen und der Anblick der Mutter versichernde Nähe bedeuten. Die Mutter setzt diese Mittel, also Berührungen und das Sich-dem-Kind-optisch-Anbieten, auch ein, wenn sie die ersten Kontaktunterbrüche herbeiführt. Dieses frühe Freilegen, bei dem die Augen eine Rolle zu spielen beginnen, ist ein Prozess, der ausschliesslich von der Initiative der Mutter ausgeht, lange bevor das Kind die Mutter aus eigenem Antrieb verlässt. Erst Monate später, wenn das Kind mit dem Kriechen seine erste Fortbewegungsweise beherrscht und die Augen versichernd einsetzen kann, folgen seine ersten Ausflüge in die unmittelbare Umgebung der Mutter. Das Kind muss dann aber diese Form der visuellen Versicherung Schritt für Schritt erkunden und mit ihr umzugehen lernen. Wir wollen uns die Stadien, die es dabei zu bewältigen hat, kurz ansehen.

Der erste Schritt: Das Kind sitzt oder liegt neben der Mutter und behält diese kontinuierlich im Auge. Es löst den Blick nicht von ihr. Unterbricht die Mutter diesen

Blickkontakt, indem sie weggeht, so schreit das Kind und ruft die Mutter damit sofort zurück. Den Blick von der Mutter abwenden kann es nur dann, wenn diese es berührt oder wenn es sich selber mit einem Griff noch in deren Fell hält.

Der zweite Schritt: Das Kind lernt, dass man der Mutter mit den Augen folgen kann. Noch ist aber der ständige Blickkontakt wichtig. Sitzt das Kind, und die Mutter umkreist es, so folgt es ihr mit den Augen, dann mit Kopfbewegungen und schliesslich, indem es sich an Ort um die eigene Achse dreht. Achilla/G hat, als sie dieses Verhalten bei Quarta entdeckte, die beschriebene Reaktion auf spielerisch anmutende Weise immer wieder herbeigeführt. Ist dem Kind das "Nachfolgen" mit Augen und Bewegungen nicht möglich, äussert es sofort lautliche Proteste.

Der dritte Schritt: Das Kind merkt, dass man die Mutter mit den Augen verlassen und wieder aufsuchen kann. Es lernt also den Blickkontakt zu unterbrechen. Bedingung dabei ist jedoch, dass seine Augen die Mutter nach einem solchen Unterbruch dort wiederfinden, wo sie sie zuvor verlassen haben. Irritierte Reaktionen kommen vom Kind dann, wenn die Mutter bei Wiederaufnehmen des Kontaktes verschwunden ist.

Der vierte Schritt: Das Kind entdeckt, dass man die "verschwundene" Mutter im Raum mit den Augen suchen kann. Sie darf nur nicht hinter Strukturen versteckt sein oder den Raum verlassen haben.

Der fünfte Schritt: Das Kind lernt allmählich, dass man beim Suchen der Mutter nicht nur die Augen einsetzen kann, sondern auch die Beine. Es beginnt die Mutter zu suchen, indem es sich im Raum an verschiedene Stellen begibt oderzur Tür, um den Nebenraum zu erkunden.

Wenn das Kind etwas später länger von der Mutter wegbleibt, so wird es in regelmässigen Zeitintervallen zur Mutter hinblicken. Dieses Zur-Mutter-Hinsehen ersetzt aber die körperlichen Versicherungskontakte nicht vollständig. Am Anfang, wenn das Kind die Mutter nur kurz verlässt, wird es beim Zurückkehren von dieser an den Körper genommen, und damit sind seine Bedürfnisse gestillt. Später kehrt das Kind regelmässig zur Mutter zurück, setzt sich kurz an ihren Körper und geht dann wieder weg. Noch später gibt es sich einfach mit einer Berührung zufrieden, und schliesslich genügt es ihm, wohl mit Kontaktabsichten, die Nähe der Mutter aufzusuchen, ohne dass es dabei aber immer zu Berührungskontakten kommen muss.

Natürlich ist diese Entwicklung des Augenkontaktes mit der Mutter, über all die erwähnten Schritte, ein fliessender Prozess, und die einzelnen Stadien gehen nahtlos ineinander über. Er beansprucht mehrere Monate und führt aus der Schosszeit tief ins zweite Lebenshalbjahr des Kindes. Wir haben die einzelnen Schritte gesondert betrachtet, weil jeder von ihnen einen bestimmten Zeitraum beansprucht und jedem auch eine bestimmte Phase der kognitiven Entwicklung des Kindes zuzuordnen ist.

Ein Konflikt der Mutter

Wenn ein Kind gegen Ende der Schosszeit seine Mutter kriechend zu verlassen beginnt, ist sein Motiv dazu nicht der Wunsch, von der Mutter wegzukommen, sondern vielmehr der, auf ein lockendes entferntes Objekt zuzugehen oder einen Ort aufzusuchen, der seine Neugier weckt. Nicht das Von-der-Mutter-Weggehen, sondern das Auf-etwas-Zugehen steht im Vordergrund.
Erstaunlich ist, dass die Mutter auf diese Initiative des Kindes nicht vorbereitet ist, obwohl sie selber das Kind schon lange zuvor aus dem Kontakt genommen und es vor oder neben sich freigelegt hat. Offenbar ist für die Mutter der vom Kind selber herbeigeführte Kontaktunterbruch eine völlig andere Sache. Die Mutter reagiert

Die Mutter gerät, wenn das Kind seinen Körperkontakt zu ihr zu unterbrechen beginnt, in einen Konflikt. Sie bleibt auf der einen Seite bestrebt, die vertraute Kontaktform aufrechtzuerhalten, und auf der anderen, das Kind seiner Entwicklung folgend aus dem engen Kontakt zu entlassen. Goma/G bereitete es in dieser Zeit sichtlich Mühe, den kleinen Tamtam freizugeben, wenn er davonzukriechen versuchte (1).

irritiert und gerät sogar in einen Konflikt. Sie ist dazu disponiert, dem reifenden Kind alle denkbaren Freiheiten einzuräumen. Mit diesem Bestreben im Widerstreit steht aber ihr Bedürfnis, den direkten Körperkontakt mit ihm aufrechtzuerhalten. Sehr deutlich tritt dieser Konflikt vor allem bei unerfahrenen Müttern zutage. Die Beobachtungen an Goma/G in der Zeit, als ihr kleiner Sohn Tamtam von ihr wegzukriechen begann, veranschaulichen das auf einmalige Weise.

Goma zeigt eine individuelle Eigenart in ihrem Verhalten. Sie greift sich manchmal mit der Hand an ein Ohr, kauert sich etwas zusammen und verharrt dann eine Weile so. Niemand vermag zu erklären, woher dieses eigenartige Ohr-Halten kommt. Unzählige Beobachtungen zeigen jedoch, dass Goma das immer dann tut, wenn sie unsicher ist, wenn Verlegenheit aufkommt, wenn etwas sie irritiert, wenn sie Angst hat oder von einem Konflikt beherrscht wird.

Goma sitzt mit ihrem etwa vier Monate alten Söhnchen Tamtam auf der Konsole am Rückgitter. Vor zwei Tagen kroch Tamtam zum ersten Mal dezidiert von Goma weg. Auch jetzt versucht er das. Goma hält ihn aber längere Zeit mit ihrer Hand, die sie auf seinem Rücken aufliegen hat, zurück. Tamtam bemüht sich weiter, und schliesslich gibt Goma klein bei. Sie nimmt ihre Hand zögernd von Tamtams Rücken, inspiziert noch kurz seine Anal- und Genitalregion und gibt ihn dann zum Wegkriechen frei. Gleichzeitig nimmt Goma ihre Hand hoch und hält sich mit ihr ein Ohr. Sie bleibt so längere Zeit sitzen. Dass Goma auf den vom Kind herbeigeführten Kontaktunterbruch und auf sein Wegkriechen auf diese Weise reagierte, war erstaunlich. Es zeigte, dass das, was sie zuliess, sie selber verunsicherte und

1

2

Als Tana/S die ersten Versuche unternahm, von Mutter Fifi wegzukriechen, bot diese ihrem Kind eindrückliche "Kriech- und Gehhilfen" (1 und 2).

ihr offenbar Schwierigkeiten bereitete, wo man doch eine solche Reaktion viel eher vom Kind erwartet hätte als von seiner Mutter. Die Filmdokumente, die diese Szene enthielten, wurden anschliessend genau durchgesehen, und sie offenbarten noch andere, beim Beobachten übersehene, minutiöse Zeichen, die auf Gomas Irritation hinwiesen. Goma war schon zuvor nervös, faltete die Ecken des Sacktuches mehrmals ein und strich sie danach immer wieder glatt, was sie normalerweise nur abends beim Nesten tat, sie wischte sich mit fahrigen schnellen Bewegungen die Augen aus und reagierte schreckhaft auf alle Bewegungen Tamtams, fast so, als fürchte sie sich vor etwas, das ihr bevorstand.

Die Erfahrungen mit Goma führten dazu, bei späteren Fällen auf diesen Zeitpunkt genau zu achten, und auch bei anderen Müttern (Gorillas und Schimpansen) wurden vergleichbare, wenn auch nicht so auffällige Beobachtungen gemacht, die auf ähnliche Spannungen hinwiesen.

Spielen und die "frühe Spielszene"

Schon während der Schosszeit bei ihren Müttern beginnen die Säuglinge aller drei grossen Menschenaffenarten auf "spielerische" Weise sich mit "Dingen" auseinanderzusetzen. Das fängt an, wenn sie fähig sind, ihre Aufmerksamkeit von der Mutter weg und dem mütterlichen Umfeld zuzuwenden, Dinge optisch auf kurze Distanz wahrzunehmen, für diese Neugier aufzubringen, gezielt nach ihnen zu greifen und sie mit den Händen zu fassen.

Dieser frühe Umgang des Säuglings mit Dingen ist ein neugieriges Erkunden, über

Sexta/O stützt ihren Sohn Naong bei seinen ersten, noch etwas unbeholfenen Stehversuchen (3).

Tamtam/G interessiert sich für einen Zweig, der auf einer Konsole liegt. Er geht hin und stillt seine Neugier (4 bis 6). Wenn das Kind den Kontakt zur Mutter unterbricht, so ist das nicht in erster Linie ein "Von-der-Mutter-Weggehen", sondern das "Auf-etwas-Interessantes-Zugehen".

das er sie kennenlernt und mit ihnen allmählich vertraut wird. Alle Dinge werden zuerst in den Mund gebracht, und erst nach einer ausgiebigen "Mundphase" werden sie regelmässig auch manipuliert, vor die Augen geführt und angeschaut. Ähnlich verhält sich das, wie wir schon sahen, auch in der Zeit zuvor, wenn der Säugling im Alter von etwa zwei Wochen seine Hände und etwas später die Füsse zum Mund bringen kann. Auch diese werden in der Regel zuerst im Mund erforscht und erst danach vor den Augen. Beim Wechsel vom Erkunden der eigenen Körperteile hin zu dem von Dingen erfährt das Kind einen wichtigen Unterschied. Wenn es seine Hand im Mund hat, so tut es etwas und spürt das gleichzeitig auch. Bei Dingen ist das anders. Ihre Qualität ist nur "einseitig", etwa durch das Bekauen erfahrbar. Das Kind lernt also, dass Objekte, im Gegensatz zu Körperteilen, dem eigenen Körper fremd sind und sich überdies beliebiger manipulieren lassen. Das ist eine Erfahrung, die es schon mit der Mutter auf ähnliche Weise gemacht hat, nur erfuhr es dabei das dem eigenen Körper Fremde als selber auch agierend. Es lernt also im weitesten Sinne Qualitäten kennen, die gewissen Kategorien zugeordnet werden können, auch wenn es diese Einsicht bewusst erst sehr viel später hat.

Im Zoo sind die ersten Objekte, die vom Kind untersucht werden, all jene, mit denen die Mutter sich beschäftigt, und die darum für das noch an den Körper der Mutter gebundene Kind erreichbar werden. Der grösste Teil davon sind Nahrungsbestandteile, die das Kind zu sich holen kann, wenn die Mutter sie fallen lässt, oder die von dieser aus anderen Gründen unbeachtet bleiben.

Bei Menschenaffenkindern, die unter natürlichen Bedingungen aufwachsen, sind es vorwiegend Pflanzenteile und zu Beginn, wie im Zoo, mehrheitlich solche von Futterpflanzen. Das ist übrigens im Falle freilebender Menschenaffenkinder der erste Schritt hin zum Kennenlernen von Nahrungspflanzen.

All das, was mit Dingen in dieser frühen Phase geschieht, ist als lustvolle Beschäftigung zu beschreiben. Wieweit die Motive zu diesem Verhalten schon eine spielerische Komponente enthalten, ist schwer zu sagen.

Spielen lässt sich nicht leicht definieren, und das macht aus der Beobachtung heraus die Abgrenzung des "Nur-Erkundens" vom "Wirklich-Spielen" nicht einfach.

Die Theorie nennt ungefähr zehn Kriterien, die anstelle einer Definition das Spiel charakterisieren können, und von Spiel spricht man dann, wenn in einem beobachteten Handlungsablauf mehrere dieser Kriterien nachweisbar sind. Unter anderem gehört zu diesen Kriterien, dass Spielen nur im "entspannten Feld" möglich ist, dass es lustbetont ist, dass einzelne Handlungen, die zu einer ganzen Kette eines Ablaufes gehören, für sich alleine beliebig wiederholt und gegeneinander vertauscht auftreten können. Im Gegensatz zum Spiel sind im Ernstverhalten diese Glieder in einer Handlungskette untereinander starr und verbindlich geordnet. Das Ernstverhalten zielt überdies immer auf eine ausserhalb des eigentlichen Handelns liegende Endhandlung ab. Der "Lohn" des Spielens dagegen liegt immer im Spielen selber.

Eindeutig wird die Zuordnung einer Tätigkeit zum Spiel, wenn sie von emotionalen Äusserungen begleitet ist, etwa von einem leisen Lachen, dem Zusammenkneifen der Augen, dem gelegentlichen Ins-Genick-Legen des Kopfes oder von der Mimik des Spielens, dem sogenannten Spielgesicht. Das sind Ausdrucksweisen, die spielerisches Handeln eindeutig kenntlich machen und es später praktisch immer begleiten, unabhängig davon, ob mit Dingen oder mit einem Gefährten gespielt wird. So ist etwa eine kleine Spielrauferei unter Kleinkindern ohne das Spielgesicht gar nicht denkbar. Im Falle der Menschenaffenkinder spürt man als Beobachter oft auch intuitiv, dass gespielt wird, was natürlich mit unserer "Vetternschaft" zu tun hat. Dieses "Spüren" ist meist ein recht verlässlicher Wegweiser.

Trotz all dieser Hilfen bleibt das Problem der schwierigen Beurteilung spielerischen Handelns bestehen. Hinzu kommt noch, dass auch dann, wenn die Zuordnung einer Handlung zum Spiel klar ist, Spielen in den seltensten Fällen nur Spiel allein ist. Immer ist die erkundende Komponente eingeschlossen, über die das Kind mehr und differenziertere Erfahrungen sammelt. Es ist also am spielerischen Tun auch

Das Spiel der Grossen zieht die Kleinen schon in einem Alter in seinen Bann, in dem sie selber noch gar nicht mitzutun wagen. Dan/S, Luas Sohn, schaut den spielenden und spiellachenden "Grossen" aufmerksam und fasziniert zu.

269

1

lernend beteiligt, unabhängig davon, ob es die Qualität eines Objektes besser verstehen lernt oder, im Fall des sozialen Spielens, die Spielstrategien und die Gefährten. Es ist wichtig, das alles hier zu bedenken, wenn wir danach einfach vom Spiel oder vom Spielen sprechen.

Wie ein "Spiel" entsteht

Mütter zeigen, wie wir sahen, beim Pflegen Interesse für alle frühen Äusserungen ihres Kindes, und sie erkunden neugierig immer auch dessen Körper. Als Achilla/G entdeckte, dass ihr Kind Quarta auf das Antupfen des Mundumfeldes mit einem Finger das Mäulchen öffnete und den der Berührung nahen Mundwinkel gegen die Tupfstelle hin verzog, war sie davon derart fasziniert, dass sie diese Reaktion Quartas immer wieder provozierte. Etwas später gelang es dann Quarta, den tupfenden Finger der Mutter hin und wieder in den Mund zu bekommen und ihn mit den Lippen zu umschliessen. Mit diesem kindlichen Beitrag bekam die geschilderte Szene bereits eine spielerische Tendenz, denn Achilla versuchte in der Folge, ihren Finger dem Mundzugriff ihrer Kleinen zu entziehen. Sie hat damit den Inhalt der Szene ausgeweitet, und Quarta ging auf diese neue Herausforderung ein. Sie begann nämlich jetzt auf das Tupfen nicht nur mit dem Lippenreflex zu antworten, sondern versuchte, mit dem Mund richtiggehend nach dem Finger der Mutter zu "schnappen". In dieser Zeit bekam man von Quarta, wenn sie auf solche Weise mitspielte, auch eine dem Spielgesicht schon auffallend ähnliche Mimik zu sehen. Das war ein erstes Indiz dafür, dass diese kleinen spielerischen Intermezzi

In Variationen lassen sich frühe "Finger-Mund-Spiele" zwischen Müttern und Kindern bei allen drei Menschenaffenarten beobachten, und bei allen führen sie vom einfachen Ergreifen des mütterlichen Fingers über "Finger-Mund-Fang-Spiele" zum Kitzeln im Mund-, Hals- und Brustbereich und schliesslich zu kleinen "Raufhändeln" mit der mütterlichen Hand: Goma/G mit Tamtam (2 und 5), Elsie/O mit Suma (4) und Fifi/S mit Tana (3).

Solche "Finger-Mund-Kontakte" beginnen damit, dass die Mutter das Mundumfeld des Kindes betupft und so den Saugreflex auszulösen versucht. Später reagiert das Kind dann auf diese Zuwendungen, in- dem es sich bemüht, den Finger der Mutter mit dem Mund zu "fangen", und wenn ihm das gelingt, so belutscht es ihn und kaut auf ihm herum (1).

Die erste und über lange Zeit wichtigste Spielpartnerin eines Kindes ist seine Mutter. Diese beteiligt sich nicht nur aktiv an den Spielen ihres Kindes, sondern sie stellt ihm duldsam und grosszügig auch ihren Körper als "Kletter- und Spielgerät" zur Verfügung, etwa als Ausgangspunkt für kleine Klettereien (Benga/S und Palangi, 1) oder als sicheren "Hochsitz" (Elsie/O und Suma, 2).

Quarta Vergnügen bereiteten. Sehr viel eindeutiger wurde das, als erneut etwas später aus dem "Tupfen-und-Schnappen" ein richtiges "Finger-Mund-Fangspiel" wurde, bei dem Quarta nun auch anfing, ihre Hände greifend einzusetzen, um die Hand der Mutter festzuhalten und so deren Finger leichter in den Mund zu bekommen. Quartas Spielgesicht wurde immer ausgeprägter, und manchmal war auch ihr heiseres Keuchen zu hören: das erste Lachen. Erneut ist damit etwas ins Spiel gekommen, was Achilla interessiert zu explorieren begann. Achilla entdeckte, dass man die lustvolle Erregung und die mit ihr verbundenen Laute der Kleinen steigern konnte, wenn man sie zwischenhinein mit den Fingern auf der Brust oder am Halsansatz kraulend kitzelte. Sie tat das nun im Verlaufe der Spielszene mehr und mehr, und für das Kind verlor damit der Finger im Mund an Bedeutung, und die Hand der Mutter wurde wichtiger. Es entwickelten sich hektische kleine "Hand-Raufereien", an denen normalerweise zwei kleine Hände und eine grosse beteiligt waren. So ist über mehrere Wochen aus dem tupfenden Explorieren des Lippenreflexes ein "Handrauf- und Kitzelspiel" geworden, und aus dem wenige Tage alten Kind, dessen Körper und Äusserungen die Mutter herausforderten, eine kleine, aktive "Spielerin", die nicht nur vergnügt mittat, sondern ihre Spielfreude auch mit ihrer Mimik und mit ihrem leisen Lachen auszudrücken vermochte. Die gleiche Spielentwicklung, mit den gleichen Einzelschritten, konnte ich auch bei wilden Berggorillas beobachten.

Das ist natürlich nur ein einziges Beispiel aus der vielfältigen Spielszene zwischen Mutter und Kind im Verlaufe der Schosszeit und ein erst zaghafter Aufbruch in die Zeit danach, in der Spielen für das Kind immer wichtiger wird. In dieser frühen Zeit ist die Mutter die grosse, willige und meist auch verfügbare Spielpartnerin. Gorillakinder ziehen, wenn sie die Möglichkeit dazu haben, soziale Spiele jenen mit Dingen oder mit dem eigenen Körper vor.

Nach dem Ende der Schosszeit, wenn Gorillakinder allmählich zu den ersten kleinen "Freiheiten" vom Mutterkörper hingewachsen sind, beginnen sie Spielorte, Spieldinge und altersgleiche Gefährten selbständig aufzusuchen. Damit treten sie in die Zeit des fast nur noch vom Spielen erfüllten Kinderalltags. Aber auch dann bleibt die Mutter noch über lange Zeit die Spielpartnerin Nummer eins ihres Kindes. Wie einsichtig und auf welch komplexe Weise Mütter auf die Spiellaunen ihrer Kinder eingehen, soll uns hier zum Schluss noch ein Beispiel stellvertretend für viele andere zeigen. Es führt uns als kleiner Ausblick gleich auch in spätere Tage, weit über die Schosszeit hinaus.

Wenn die Mutter so tut, als ob…

Tamtam/G war noch nicht ganz jährig, als er seine Mutter Goma auf unterschiedliche, aber immer typische Weise aufforderte, ihm nachzulaufen, also mit ihm Fangen zu spielen. Goma nahm auf solche Einladungen hin, wenn ihr nach Spielen zumute war, die "Verfolgung" ihres kleinen Sohnes auf. Kennzeichnend für diesen Auftakt war immer, dass Tamtam beim Weglaufen über seine Schulter zurückblickte, um sich zu vergewissern, ob die Mutter ihm auch wirklich folge. Tamtam setzte sich gelegentlich im Spielverlauf irgendwo hin, wartete auf das Herannahen der Mutter und rannte, bevor diese ihn erreichte, wieder los. In solchen Situationen geschah Erstaunliches. Goma wäre jederzeit in der Lage gewesen, ihr Laufen zu beschleunigen und kleine Abkürzungen zu benützen und Tamtam so sehr schnell "einzufangen". Sie tat das aber nicht. Sie rannte langsam und verhalten und folgte genau dem von Tamtam durch die "Flucht" vorgegebenen Weg. Doch damit nicht genug. Wenn sie eine der Stellen erreichte, an denen sich Tamtam kurz zuvor rasch hingesetzt hatte, vergewisserte sie sich, dass Tamtam zu ihr hinsah, und dann griff sie mit beiden Händen demonstrativ ins Leere, und zwar genau dorthin, wo Tamtam abwartend gesessen hatte. Solche "Fangjagden" führten oft durch alle drei Räume, und manchmal wiederholten sich die geschilderten mütterlichen "Einlagen" zwei- bis dreimal innerhalb einer solchen "Fangjagd". Goma hat also ihren Sohn Tamtam beim Nachlaufen nicht nur glauben lassen, sie könne ihn nicht einholen, sondern ihm gleichzeitig auf eindrückliche Weise auch ihre "Unfähigkeit, ihn zu erwischen" vordemonstriert. Die Mutter hatte eine klare Vorstellung von dem, was dem Kind bei diesem Spiel Vergnügen bereitete; sie spielte nach den Regeln des Kindes und versteckte ihre Überlegenheit sogar hinter kleinen "Spiel-Lügen".

6

Für Gorillamütter typisch ist, dass sie ihre Kinder, oft schon im Alter von wenigen Tagen, auf ihre Fusssohlen legen, sie so hochhalten (6) und wippend schaukeln und wiegen. Erst im Alter von 14 Tagen signalisieren diese allerdings mit ihrem Spielgesicht und leisem Lachen, dass ihnen solche Übungen gelegentlich auch Spass machen. Noch etwas später sind die Kleinen dann mit "Leib und Seele" dabei, wenn die Mutter sie zu solchem Fussreiten einlädt.

Mütter erkunden oft auch die Bewegungsfähigkeit ihrer Kinder und bringen sie dabei provozierend in unvertraute Haltungen (1 bis 5). Wenn die Kleinen sich an solche Behandlungsformen allmählich gewöhnt haben, sind diese nicht selten Ausgangspunkt für ausgelassene Turn- und Bewegungsspiele zwischen Mutter und Kind.

Mutter Fifi/S lädt die noch kleine Tana zum Spielen mit einem Zweig-lein ein (1), und Tana nimmt diese Spielaufforderung an (2 und 3).

Kaum war Tamtam/G in der Lage, sich von Mutter Goma auf kurze Distanz zu entfernen, entdeckte er auch die Orte im Raum, die ihm besondere Spielgelegenheiten "anboten". Die vorspringende Konsole schätzte Tamtam, wann immer ihm nach "Hängen und Schaukeln" zumute war (4 bis 6).

1

Für die Kleinsten bricht die soziale Spielzeit an, wenn sich ihre Mütter ruhend oder fellpflegend zusammensetzen. Sie können dann ihre Spiellaune ungestört ausleben und, wenn nötig, mit den Müttern versichernde Kontakte aufnehmen. Typisch ist für ihr soziales Spielen, dass sie immer möglichst viele Fähigkeiten miteinander kombinieren: Hangeln, Klettern und Schwingen (2), Distanzkontakte, mit denen man beim anderen Griffe zu fassen sucht (3 und 4), die, wenn das gelingt, danach kleine Raufeinlagen möglich machen (5 und 6).

Menschenaffenkinder sind passionierte soziale Spieler. Am liebsten sind ihnen beim Spielen mit Gleichaltrigen kleine Raufhändel in allen nur denkbaren Variationen (1).

Bild Seite 280
Die Mütter tragen den reifenden Fähigkeiten ihrer Kinder dadurch Rechnung, dass sie sie auf immer neue Weise am Körper tragen und ihnen so ermöglichen, die wachsenden und wechselnden Bedürfnisse auszuleben (Elsie/O und Suma).

279

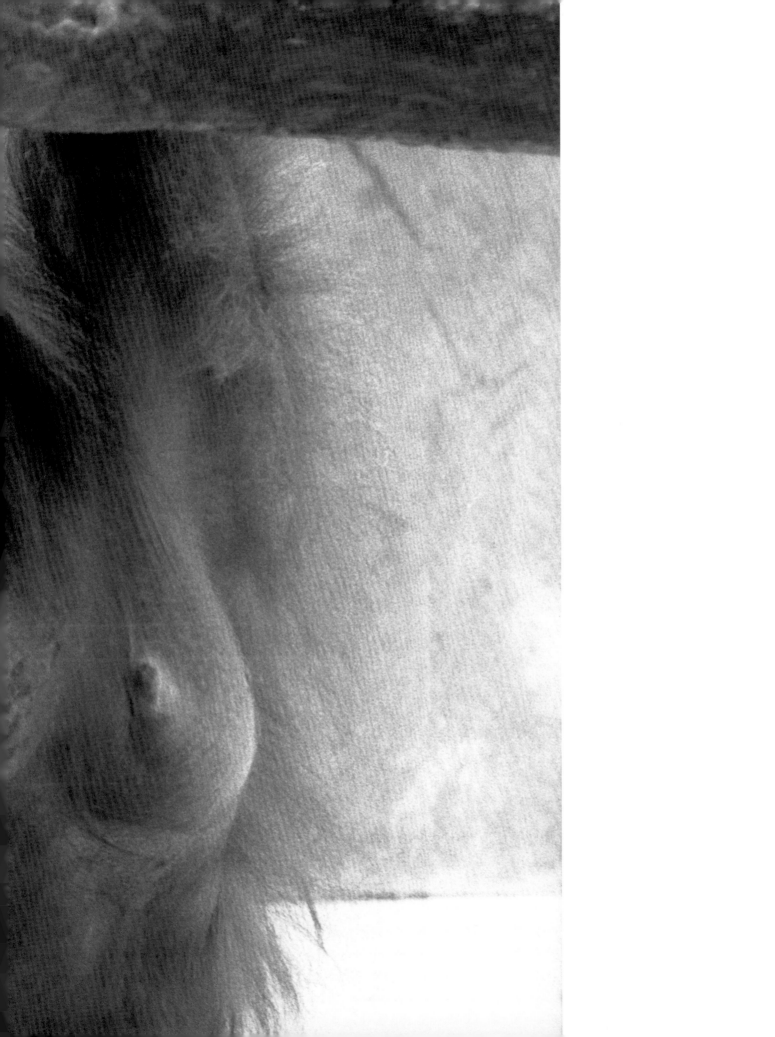

In die Gemeinschaft hineinwachsen Die Sozialisierung eines Menschenaffenkindes, also sein allmähliches In-die-Gemeinschaft-Hineinwachsen, ist ein Prozess, der die Wurzeln in der frühen Schosszeit bei der Mutter hat und danach über viele Jahre des Lebens führt.

Die Sozialisierung

Die Sozialisierung eines Menschenaffenkindes, also sein allmähliches In-die-Gemeinschaft-Hineinwachsen, ist ein Prozess, der die Wurzeln in der frühen Schosszeit des Kindes bei seiner Mutter hat. Er führt danach über viele Jahre und ist selbst mit dem Erwachsenwerden nicht abgeschlossen.

Wir wenden uns hier nicht dem ganzen Weg zu, sondern nur dem Teil, der in die hier beschriebene frühe Kindheit fällt. Diesem kommt Gewicht zu, denn das, was in den ersten Lebenswochen und -monaten geschieht, führt nach Jahren zum Wechsel von der "Mutterhülle" in die "soziale Hülle" und sorgt dafür, dass das Kind sich später in der Gemeinschaft ähnlich geborgen fühlen kann wie zuvor bei seiner Mutter.

Sobald ein Kind, aus dem Schoss der Mutter heraus, seine weitere Umwelt mit den Augen wahrnehmen kann, zeigt es auch Interesse für andere Familienmitglieder. Es sieht sie an, schaut ihnen zu, verfolgt ihre Bewegungen und das, was sie tun. Wenn die Mutter sich nahe zu anderen hinsetzt, so wird auch ein erster Griff in ein anderes Fell als das der Mutter möglich. Doch schon jetzt kommt das Kind einzelnen Familienmitgliedern noch etwas näher. Zu diesen zählen all die Individuen, mit denen die Mutter sehr vertraut ist, und die engeren Verwandten. Sie alle versuchen, dem Kind häufig nahe zu sein, es zu berühren, zu beriechen und sogar mit ihm zu "spielen". Von seinem älteren Geschwister wird es vielleicht auch schon gehalten und getragen.

Die frühen Erfahrungen mit der Mutter haben das Kind auf die hier aufgezählten Kontakte und Begegnungen vorbereitet, und das hilft ihm, neue Partner und Zu-

Bild Seite 283
"In die Gemeinschaft hineinwachsen" heisst, auch mit anderen Familienmitgliedern als der Mutter vertraut werden und sich bei ihnen geborgen fühlen können.

wendungsformen offen und neugierig hinzunehmen und sie auch von seiner Seite her zu erkunden.

Das, was das Kind sozial in dieser Schosszeit erlebt, von seinen direkten Kontakten einmal abgesehen, hängt noch nicht von seiner eigenen Initiative ab, sondern vom Verhalten seiner Mutter und von den Zuwendungen anderer zu ihm.

Das ändert dann, gegen den vierten Lebensmonat hin, wenn das Kind, nun des Kriechens und etwas später des Gehens mächtig, selber aktiv werden kann. Es kann sich jetzt als Zuschauer den Ereignissen, die es interessieren, annähern und wird bald auch auf eigene Faust Sozialpartner aufsuchen und mit ihnen Kontakt aufnehmen. Zuerst wendet es sich bevorzugt an Altersgleiche. Im Umgang mit ihnen erwacht dann auch sein Interesse am sozialen Spielen, eine Leidenschaft, die es über lange Zeit seiner Kindheit und Jugend hinweg begleiten wird. Auffallend wird danach auch die Faszination, die die oft recht turbulenten Jagden und Raufspiele der älteren Kinder auf die kleineren ausüben. Die Rolle der Kleinen bleibt aber zuerst aufs Zusehen beschränkt. Oft säumen sie einfach die Spielarenen der Bewunderten und sehen diesen staunend zu. Manchmal bekommt man von ihnen verstohlene Intentionsbewegungen zu sehen, die ihre Spannung verraten und auch zeigen, dass sie hin und wieder in Versuchung geraten, einen ersten Schritt zum Mittun zu wagen. Noch grösser ist die Zurückhaltung kleiner Kinder den Halbwüchsigen und Erwachsenen gegenüber. Aber auch die Zeit des Zuschauens und Zurückstehens verfliegt, und kurz vor dem Ende ihres ersten Lebensjahres beginnen Kinder das soziale Angebot als Mitagierende auszuschöpfen. Sie unterhalten schon bald mancherlei Kontakte zu vielen, auch altersungleichen Familienmitgliedern. Sie lernen sehr schnell, dass solche Unternehmungen, auch wenn sie zu Älteren und Grösseren hinführen, nicht gefährlich sind. Zum einen geniessen Kinder eine Narrenfreiheit, die ihnen ungestraft auch das eine oder andere Fehlverhalten erlaubt. Zum anderen ist älteren und erwachsenen Individuen der Umgang mit Kindern vertraut, und sie passen ihre Umgangsformen und die eingesetzte Kraft dem Alter eines kleineren Gefährten sehr genau an. Und schliesslich wissen die Kleinen, dass hinter ihnen die aufmerksame Mutter wacht, die immer bereit ist, sich für sie einzusetzen, wenn das nötig wird.

Die Mütter haben weit über das Überwachen hinaus Einfluss auf die sozialen Kontakte ihrer Kinder. Sie erlauben solche oder verbieten sie, sie ermutigen dazu und führen sie herbei, und sie begleiten ihre Kinder bei deren sozialen Abenteuern. Nicht für jedes Kind verläuft diese Entwicklung in qualitativer und quantitativer Hinsicht gleich. Gründe, die dafür verantwortlich sind, gibt es viele. Die Grösse der eigenen Mutterfamilie gibt die Zahl der sehr nahen Verwandten vor, mit denen ein Kind schon in der Schosszeit zu tun bekommt. Die Grösse der ganzen Gemeinschaft bestimmt, wie vielen Altersgleichen, Halbwüchsigen und Erwachsenen ein Kind gegenübersteht. Die soziale Stellung der Mutter und ihre Persönlichkeit entscheiden, in welchem Umfeld der Familie sich die Mutter bewegt, wie häufig sie in welcher Gesellschaft ist und wie oft sie diese wechselt. Schliesslich bestimmt auch die Persönlichkeit des Kindes, auf welche Weise es Kontakte wahrnimmt und wie es sie auslebt. All diese Faktoren schränken die Möglichkeiten eines Kindes ein oder weiten sie aus.

Die bis jetzt geschilderten Prozesse bilden nur gerade den eigentlichen Auftakt zur Sozialisierung, die, genau betrachtet, über das ganze Leben führt.

Wir wollen uns jetzt, stellvertretend für alle möglichen Ausformungen solcher Beziehungen, den Fall des Gorillakindes Tamtam und seine Beziehung zum Silberrücken Pepe ansehen.

Pepe/G, der Silberrücken, darf sich dem zehn Monate alten Tamtam nähern und ihn auch berühren, ohne damit beim Kleinen Angst auszulösen oder das Einschreiten von Tamtams Mutter Goma zu provozieren.

Tamtam, Goma und Pepe

Zwischen Mutter Goma und dem Silberrücken Pepe kommt es ganz plötzlich und häufig zu spielerischen Raufereien, an denen sich beide lustvoll beteiligen (1 bis 3). Es sind Szenen, die vor Tamtams Geburt nicht zu beobachten waren. Pepe führt solche "Raufhändel" initiativ herbei, und er nutzt die Gelegenheit der engen und unübersichtlichen Körperkontakte mit Goma, um mit Tamtam verstohlene Berührungskontakte aufzunehmen.

Tamtam/G, Gomas Sohn, war von seiner Geburt an nicht nur mit der Mutter zusammen, sondern auch mit dem Silberrücken Pepe.

Pepe interessierte sich vom ersten Tag an für den kleinen Tamtam, aber er kam kaum dazu, seine Kontaktbedürfnisse auszuleben, denn Goma wich ihm immer aus, wenn er versuchte, sich ihr und dem Neugeborenen zu nähern. Gomas Meideverhalten quittierte Pepe oft damit, dass er sein Sacktuch nahm, damit wild wehend um sich schlug und dazu biped umherzutanzen begann. Diese Ausdrucksweisen waren neu an Pepe, und er hat sich mit ihnen vermutlich über seine Enttäuschung hinweggeholfen. Nie wurde er aber im Verlaufe solcher Szenen Mutter und Kind gegenüber zudringlich oder aggressiv. Interessant ist, dass Pepes Verhalten sehr stark an dasjenige erinnert, welches auch die kleineren älteren Geschwister eines Neugeborenen zeigen, wenn die Mutter ihnen Kontakte zu diesem verbietet.

Nur selten duldete Goma im ersten Monat Pepes Nähe. Seine Versuche, Tamtam zu berühren, wies sie aber immer mit einer ruhigen Abwehrbewegung unmissverständlich zurück.

Zu Beginn des zweiten Monats wurde Goma duldsamer. Pepe setzte sich jetzt oft zu ihr hin und sah Mutter und Kind einfach zu. Doch waren noch zwei bis drei Wochen zaghafter Versuche Pepes nötig, bis Goma Berührungen am Kind nach und nach zu akzeptieren begann. Entscheidend dabei war die Annäherungsweise Pepes. Erfolg hatte er nur dann, wenn er seine Hand langsam und behutsam, beinahe im Zeitlupentempo, zu Tamtam hinführte. Pepe lernte rasch und kam mehr und mehr zu den erwünschten Kontakten. Trotz dieser Ausweitung der Beziehung schien es aber noch immer so, als würde Pepe zu kurz kommen. Im zweiten Monat ersann er eine neue Strategie: Er lud Goma zu Körperkontaktspielen und zaghaften Spielraufereien ein, eine Auseinandersetzungsform, die zwischen ihnen, seit sie erwachsen wurden, nicht mehr üblich war. Goma nahm Pepes Einladungen meist an, denn auch ihr schienen die kleinen Raufspiele Vergnügen und Abwechslung zu bereiten. Beobachtete man Pepe im Verlaufe solcher "Raufereien" genau, so sah man, dass er, im engen Kontakt mit Goma, heimlich seine Hände immer wieder zu Tamtam hinführte und diesen berührte. Goma bemerkte natürlich, was gespielt wurde, aber weil ihr an den neuen Kontakten zu Pepe lag, nahm sie dessen Verhalten hin. Pepes Beziehung zu Tamtam wurde vielseitiger. Noch immer aber war sie weitgehend von Pepes Initiative abhängig.

Zwischen dem dritten und vierten Monat, als sich Tamtam allmählich aus dem Körperkontakt mit der Mutter löste, lernte er kriechen und auf unbeholfene Weise auch auf allen vieren gehen. Damit war er nun selbst in der Lage, Pepe aufzusuchen und mit ihm Kontakt aufzunehmen. Doch auch dabei hatte Goma mitzureden, und sie vereitelte zu Beginn diese Ansinnen ihres Kleinen, indem sie ihn einfach an den Körper zurückholte, noch bevor er sein anvisiertes Ziel erreichen konnte. Tamtam blieb jedoch hartnäckig. Mit immer neuen Versuchen überwand er die mütterlichen Einschränkungen. Goma konzentrierte sich jetzt mehr und mehr auf die Kontrolle von Pepes Reaktionen, sobald Tamtam in seiner Nähe war. Blieb Pepe dabei völlig reglos, kamen von Goma keine Einwände. Genügte er dieser Auflage nicht, schränkte Goma Tamtams kleine Ausflüge ein. So kam es in dieser Phase, dass jetzt plötzlich die Initiative des kleinen Tamtam im Vordergrund stand. Tamtam lernte so Pepe als freundlichen und zurückhaltenden "Spielpartner und Kletterberg" kennen, und seine Erkundungen führten ihn in eine immer tiefer werdende Beziehung zu Pepe. In dieser Zeit lernte Tamtam auch, dass Sozialpartner hilfreich kooperieren können. Manchmal hielt er sich auf der hohen Konsole auf, von der er noch nicht auf die tiefere hinunterklettern konnte. Lag Pepe unten, so half das Tamtam aus seinem Problem. Er entdeckte nämlich, dass er sich liegend nur über den Konsolenrand zu beugen und Pepe mit der Hand anzutupfen brauchte, um sich dessen Hilfe zu sichern. Pepe griff dann jeweils nach oben, umschloss den Körper von Tamtam mit der Hand, hob ihn sachte herunter und setzte ihn auf seiner eigenen mächtigen Brust ab, von der aus Tamtam dann seitlich einfach auf die untere Konsole niederrutschen konnte.

Pepe/G hält sich seit Tamtams Geburt häufig in Mutter Gomas Nähe auf (1). Immer versucht er dabei mit Tamtam in Kontakt zu kommen und ihn zu berühren (2). Wenn Goma solche "Aufmerksamkeiten" zuviel werden, so umschlingt sie Tamtam mit den Armen und dreht sich leicht von Pepe weg (3), eine Handlung, die Pepe wohl versteht und über die Goma ihm die von ihr gebilligten Kontaktformen "diktiert".

Die Vertrautheit zwischen Pepe und Tamtam wächst zusehends, und Mutter Goma wird zunehmend duldsamer (4 bis 6).

Schon bald darf Tamtam Pepe auch unbegleitet aufsuchen, und bei Pepe zeigt er sich ungeheuer interessiert an dem, was sein grosser "Freund" tut (7 bis 9).

289

1

3

4

Bald entdeckt Tamtam auch, dass man bei einem vertrauten Sozialpartner mit dem eigenen Verhalten aktiv Antworten wachrufen kann
(2) und dass das vertraute Miteinander die soziale Dimension der
Kooperation miteinschliesst.

Tamtam kann ohne Hilfe von der oberen nicht auf die untere Konsole
klettern. Er hat gelernt, Pepe auf seine Situation aufmerksam zu
machen, und er weiss, dass dieser jederzeit bereit ist, ein Bein und
einen Fuss als "Lift" zur Verfügung zu stellen (3 bis 5).

Die ausgestreckte Hand Tamtams zeigt, dass seine Beziehung zu
Pepe schon so weit gediehen ist, dass er sich Kontakte auch dann
herbeiwünscht, wenn Pepe nur in seiner Nähe vorbeigeht (1).

5

Viele Jahre vor Tamtams Geburt war in der Basler Familie ein anderer Sozialisierungsprozess zu beobachten. Als die Gorillas 1969 das neue Affenhaus bezogen, stand als erster Schritt die Zusammenführung der erwachsenen Achilla und deren kleinen Töchterchens mit dem Silberrücken Stefi bevor. Auch Mutter Achilla verhielt sich bei den ersten Kontakten abwartend, zurückhaltend und vorsichtig. Wenn der mächtige Stefi sich betont entspannt gab, näherte sich Achilla ihm (1). Bei solchen Gelegenheiten kam es dann auch zu ersten, wie beiläufig wirkenden Berührungsversuchen von seiten Stefis (2). Das Töchterchen Quarta wagte sich nicht von der Mutter weg, blieb auf deren Rücken und verfolgte aus der Sicherheit seiner hohen Warte herab gebannt und neugierig alles, was geschah. Diese wache Aufmerksamkeit war Quartas erster Schritt auf dem Weg des sozial "Auf-Stefi-Zuwachsens".

Eine andere typische Szene, die immer wieder in vergleichbarer Form ablief, zeigte, dass es Pepe oft auch genügte, sich dem kleinen Tamtam einfach zur Verfügung zu stellen. Pepe sass manchmal aufrecht ans Rückgitter gelehnt auf der langen hinteren Konsole. Nahm er wahr, dass Tamtam sich ihm näherte, lehnte er den Kopf ans Gitter zurück und öffnete den Mund weit, so dass seine weissen Zähne einladend zur Schau gestellt wurden. Pepe wusste, dass der Kleine gern mit seinem Gesicht und vor allem mit seinen Zähnen spielte. Tamtam kletterte dann am Gitter hoch, zu Pepes Gesicht, hielt sich nur noch mit den Füssen und einer Hand und griff nun Pepe ins Gesicht, an die Zähne und in den Mund. Tamtam zeigte dabei sein Spielgesicht, was heisst, dass ihm diese Beschäftigung Spass bereitete. Überschritten Pepes Zuwendungen das geduldete Mass, holte die aufmerksam beobachtende Goma ihren Sohn einfach von Pepes Gesicht weg.

Der nächste Schritt in der Beziehung war der, dass auch Pepe, bei noch immer auffallender Zurückhaltung und Sorgfalt, etwas aktiver werden durfte, ohne gleich Gomas Interventionen zu provozieren. Er konnte den Kleinen zum Beispiel an einem Oberarm umfassen, ihn hoch vors eigene Gesicht heben, um ihn zu beriechen oder anal zu inspizieren; er durfte jetzt seine Hände und Füsse Tamtam zur Verfügung stellen und, wenn dieser sie spielerisch "überfiel" und zu "bekämpfen" begann, selber auch mithalten. Goma duldete jetzt, dass Tamtam sich animiert und ausgelassen mit Pepe unterhielt und dass er auch über längere Zeit bei ihm blieb. Um den achten und neunten Lebensmonat herum war Tamtam schon äusserst beweglich, und er war mit Pepe in eine verschworene "Spielpartnerschaft" hineingewachsen.

2

294

Das zweite erwachsene Familienmitglied, das Tamtam, von der Mutter abgesehen, kennenlernte, war Kati. Tamtam war, als die hochschwangere Kati in die Kleinfamilie "Goma-Tamtam-Pepe" integriert wurde, neun Monate alt. Er versuchte sofort und auf oft sogar stürmisch anmutende Weise mit Kati in Kontakt zu kommen (1 bis 3). Wenn Mutter Goma Tamtams "Intimitäten" mit Kati zu weit gingen, so schritt sie ein, indem sie ihn an den Körper zurücknahm (4).

Eine neue Dimension bekam Tamtams Beziehung zu Kati, als diese, etwa zwei Monate nach dem Einzug in die Familie, ihre erste Tochter Souanke zur Welt brachte. Im Anschluss an die Geburt Souankes hielt auch Goma sich mit Tamtam häufig in Katis Nähe auf (5), und Tamtams Interesse am Neugeborenen war kaum zu stillen und hielt über viele Wochen an.

Bild Seite 296
Der kleine Tamtam/G war von der Geburt an nicht nur mit seiner Mutter Goma zusammen, sondern auch mit dem Silberrücken Pepe. Das erklärt, warum Tamtam mit dem grössten und imposantesten Familienmitglied zuerst und recht schnell auf vertrautem Fuss stand.

Pepe war jetzt als Beziehungspartner aus Tamtams Leben kaum mehr wegzudenken. Etwa nach einem Jahr wurde Pepes Beziehung zu Tamtam stabil. Pepe konnte nun seine Bedürfnisse Tamtam gegenüber vollwertig ausleben. Das zeigte sich vor allem darin, dass er gelegentlich Tamtams Spieleinladungen auch ignorierte oder gar zurückwies, was in all den Monaten zuvor nie geschehen war. Natürlich dauerte die Beziehung Tamtams und Pepes viele weitere Jahre. Wir wollen hier aber die beiden verlassen, nachdem Tamtam das Ende seines ersten Lebensjahres erreichte. Pepe und Tamtam haben uns vielerlei gezeigt. Tamtams Sozialisierung begann mit seiner Geburt. Mutter Goma spielte bei allem, was geschah, über die ganze Zeit eine unerhört wichtige Rolle. Ihr fiel nicht nur die Aufgabe des Überwachens zu, sondern sie hat die Beziehung massgebend mitgestaltet. Die erstaunliche Fähigkeit des Riesen Pepe, dessen eine Hand grösser war als der ganze Tamtam, den Kleinen äusserst behutsam anzufassen und sanft und sorgfältig mit ihm umzugehen, war Mutter Gomas Verdienst. Sie hat die unerhörte Motivation Pepes, mit Tamtam in Kontakt zu kommen, genutzt und ihm mit Dulden und Einschränken gezeigt, wie sie wollte, dass mit Tamtam umgegangen wurde. Sie hat ihm auf diese Weise die gewünschten Kontaktformen richtiggehend diktiert und "andressiert". Der übergrosse Kontaktwunsch hat Pepe zum lernwilligen Schüler gemacht.

Schliesslich hat uns das Beispiel auch noch gezeigt, dass die Beziehung eines Menschenaffenkindes zu seiner Mutter dessen einzige frühe diadische Beziehung bleibt. Bei allen übrigen Kontakten, die das Kind im Laufe seiner Sozialisierung erlebt, bleibt die Mutter immer die dritte Beteiligte, die überwacht und kontrolliert und ihr Kind nie unbeobachtet anderen überlässt.

Wir wollen uns jetzt noch kurz die Entwicklung der Beziehung Tamtams zu Kati, seiner zweiten Sozialpartnerin, ansehen.

Tamtam und Kati

Als Tamtam neun Monate alt war, wurde Kati zu ihm, Goma und Pepe gebracht. Kati war damals schwanger, und man erhoffte sich von ihrem Zusammenleben mit Goma und Tamtam einen günstigen Einfluss auf ihre eigene Beziehung zu ihrem künftigen Neugeborenen.

Kati war das dritte Familienmitglied, das in Tamtams Leben trat. Auch in diesem Fall machte Goma ihren Einfluss als Mutter geltend. Eine Woche lang vereitelte sie geschickt und aufmerksam jegliche Kontakte von Tamtam zu Kati. Danach wurde Goma grosszügig und geduldig, und Tamtams Kontakte zu Kati entwickelten sich beinahe stürmisch. Schon zwei bis drei Monate später war Kati ähnlich vielseitig als Kontaktpartnerin in Tamtams sozialen Alltag integriert wie Pepe.

Dass in diesem Falle die Beziehungsentwicklung so rasant verlief, hat mehrere Gründe. Tamtam war zu Beginn ein neun Monate altes Kleinkind, dem in sozialen Dingen von der Mutter schon eine gewisse Selbständigkeit eingeräumt wurde. Er hatte zuvor schrittweise und sorgfältig seinen sozialen Weg zu Pepe gefunden, und all diese Erfahrungen konnte er nun nützen. Und die Gorillafrau Kati war, äusserlich betrachtet, seiner Mutter sehr viel ähnlicher als der mächtige, doppelt so grosse und eindrückliche Pepe.

Kinderverlust und Kindertod Jacky/S hat uns gezeigt, wie man als Schimpansin vom Tod eines Kindes betroffen wird und um ein verstorbenes Kind trauert.

Kindersterblichkeit

Der Tod eines Säuglings oder Kleinkindes ist ein Ereignis, mit dem man bei allen Menschenaffenarten immer wieder konfrontiert ist, und zwar in freilebenden Gemeinschaften genauso wie im Zoo.

Jane Goodall erwähnt für die von ihr beobachteten Schimpansen der Gombe-Population eine Kindersterblichkeit im ersten Lebensjahr von 23,3 Prozent für männliche und 33,3 Prozent für weibliche Kinder. Bei den Berggorillas im Virungagebiet liegt die Sterblichkeit von Kindern im ersten Jahr bei 23 Prozent, wenn wir uns auf die Werte von George Schaller stützen, und bei 27 Prozent nach den Erhebungen von Dian Fossey, wobei sich Fosseys Zahlen auf einen wesentlich längeren Beobachtungszeitraum und auf eine grössere Kinderzahl beziehen.

In der Basler Gorillafamilie wurden von 1969 bis 1994 sechzehn Kinder geboren. Neun sind bei ihren Müttern älter als ein Jahr geworden, vier sind im ersten Lebensjahr gestorben, und drei kamen zur Aufzucht in menschliche Obhut. Die Kindersterblichkeit stellt sich damit auf 25 Prozent, wenn wir nur die bei den Müttern verstorbenen Kinder rechnen. Diese Zahl der Todesfälle schliesst auch die Kinder mit ein, die unmittelbar nach der Trennung von ihren Müttern starben, nicht aber Totgeburten und Aborte. Zudem ist zu bedenken, dass die Kinder, die in eine Handaufzucht kamen, bei ihren Müttern nicht überlebt hätten, und dass zwei von ihnen auch in menschlicher Pflege gestorben sind.

Die in Gefangenschaft erhobenen Zahlen lassen sich mit denen für freilebende Populationen nicht vergleichen, denn im Zoo versucht man mit allen nur denkbaren Interventionen dem Kindertod entgegenzuwirken. Ebenfalls nicht vergleichen lassen sich die Todesursachen, die zu dieser relativ hohen Kindersterblichkeit führen. Bei freilebenden Gorillas und Schimpansen spielen unter anderem die sogenannten Infantizide, also Kindstötungen mit einem sozialen Hintergrund, eine grosse Rolle, und für solche gibt es in Zoos nur ausnahmsweise Beispiele. Im Zoo dagegen fallen vor allem Todesfälle ins Gewicht, deren Ursache in der inadäquaten Bemutterung von Kindern liegt.

Wir wollen uns hier nicht mit der Erörterung möglicher Todesursachen bei Kindern beschäftigen, sondern damit, wie Mütter auf den Tod eines Kindes reagieren. Interessant sind unter den Zooerfahrungen in diesem Zusammenhang nicht nur die Fälle, in denen ein Kind bei der Mutter stirbt, sondern auch all die, bei denen die Mutter den Verlust eines Kindes zu bewältigen hat, wenn es von ihr getrennt wird. Bevor wir uns mit dem Kindertod beschäftigen, wollen wir uns kurz solchen Kinderverlusten zuwenden.

Der Verlust eines Kindes

Wenn ein Neugeborenes oder ein kleiner Säugling von seiner Mutter getrennt werden muss, so geschieht das normalerweise, indem man die Mutter kurz narkotisiert. Mütter sind selten bereit, ihr Kind einfach einem ihnen vertrauten Menschen auszuhändigen, vor allem, wenn der Grund der Trennung ihnen zuvor schon zu schaffen gemacht hat und sie sich in einem Zustand fürsorglicher Erregtheit befinden. Bei der Trennung schläft die Mutter mit dem Kind in den Armen ein und erwacht kurz danach ohne dieses. Ein solch "künstlich" herbeigeführtes Erlebnis kann eine Mutter nicht mit ererbten oder erlernten Strategien verarbeiten, und es übersteigt wohl auch ihre Fähigkeit einsichtigen Verstehens. Es darf uns darum nicht wundern, dass verschiedene Mütter auf einen solchen Verlust sehr unterschiedlich reagieren. Die einen wachen nach der Intervention auf und zeigen kaum äusserlich erkennbare Reaktionen. Beobachtbare Nachwirkungen bestehen höchstens darin, dass ihnen ihre Brüste zu schaffen machen. Sie wenden sich diesen hin und wieder zu, betupfen und bekratzen sie oder saugen sich selber Milch ab.

Andere Mütter sind, wenn sie aufwachen und ihr Kind nicht mehr vorfinden, für einige Stunden sichtlich irritiert und zeigen das durch ihr Verhalten. Sie äussern ihren Konflikt in Übersprungshandlungen, zum Beispiel mit aufgeregtem Umhergehen oder

Bild Seite 299
Schimpansenmutter Jacky mit ihrem toten Töchterchen, das im Alter von vier Wochen gestorben ist. Wenn Kinder sterben, so werden sie von ihren Müttern oft noch mehrere Tage über den Tod hinaus mitgetragen.

Jackys ältere Tochter Quamisha wich nach dem Tod des kleinen
Schwesterchens kaum von der Seite ihrer Mutter. Jacky hat vor dem
Tod ihres Jüngsten auch die noch sehr kleine Quamisha mitversorgt
und sie oft, zusammen mit dem Neugeborenen, auch getragen.

Gorillamutter Kati hat ihre beiden Töchter Souanke und Uzima mütterlich betreut, aber in ihrem Verhalten waren immer wieder über längere Zeit anhaltende Phasen zu beobachten, in denen sie sie nicht ihrem Alter entsprechend behandelte. Die Kinder waren nicht robust genug, diesen mütterlichen Umgang unbeschadet zu überstehen, und mussten von Kati getrennt werden. Die Bilder zeigen Kati in einer solchen Phase mit Souanke (1) und mit Uzima (2 und 3).

nervösem Körperkratzen. Sie suchen bei häufigen Sozialkontakten den freundlichen Zuspruch von Familienmitgliedern, beschäftigen sich mit ihren Brüsten und äussern ihre besorgte und ängstliche Stimmung auch immer wieder mit der entsprechenden Mimik. Bei einzelnen Müttern können solch sichtbare Irritationen über Tage hinweg anhalten. Ein Beispiel dafür war Kati/G und ihre Reaktion auf den Verlust ihrer beiden Töchterchen Souanke und Uzima.

In beiden Fällen hat Kati der Verlust des Kindes über Tage beschäftigt. Auffallend war bei ihr, neben all den zuvor erwähnten Äusserungen, eine über drei Tage in Phasen auftretende hektische Geschäftigkeit, in deren Verlauf sie sämtliche zugänglichen Räume, auch die kleinen Schlafkäfige, richtiggehend abgesucht hat. Sie hat suchend Jutesäcke aufgehoben und unter sie geschaut, ihr Strohnest in einer Schlafboxe durchwühlt, und sie hat sich gelegentlich auf den Rücken gegriffen, so als wolle sie nachsehen, ob sich ihr Kind nicht dort festklammere. Kati hat immer wieder Laute geäussert, ein relativ hohes an- und abschwellendes Heulen, das ich weder von ihr noch von anderen Gorillas zuvor je gehört hatte. Nach drei Tagen sind in beiden Verlustfällen die erwähnten Reaktionen Katis seltener geworden, schliesslich verschwanden sie und Kati fand zu ihrem normalen Wesen und Alltag zurück.

Ein etwas anders gelagerter Fall ist der von Lua/S, deren sechsjähriger Sohn nach einem Ausbruch der Schimpansen aus dem Affenhaus nicht mehr zurückkehrte. Ich füge dieses Beispiel an, obwohl Dan schon ein Jugendlicher war, denn es zeigt uns, wie dieser Verlust das emotionale Gleichgewicht in Luas Mutterfamilie gestört hat. Beim erwähnten Ausbruch hielten sich einige Schimpansen frei auf dem Zoogelände auf, andere überwanden die Zoomauern und waren im benachbarten Quartier unterwegs. Dan gehörte zu den letzteren, denn er hatte den Schimpansenmann Eros begleitet und hielt sich mit ihm auf dem Flachdach eines benachbarten Hauses auf. Eros konnte wie alle anderen Familienmitglieder narkotisiert und ins Affenhaus zurückgebracht werden. Einzig Dan wurde aus einer falschen Reaktion heraus erschossen.

Eine feste Gewohnheit, an die sich Lua über Jahre gehalten hatte, war die, dass sie mit Dan und ihrer kleinen Tochter Kamasi im engen Kontakt jede Nacht in einem Strohnest einer bestimmten Schlafboxe verbrachte. Als Dan am Abend des Ausbruchtages nicht zurückkehrte, wich Lua von dieser Routine zum ersten Mal ab. Sie legte sich mit Kamasi zum Schlafen einfach irgendwo auf den nackten Boden und tat das während drei Nächten. Sie war tagsüber entgegen ihren Gewohnheiten teilnahmslos, und auch Kamasi wirkte, von der Mutter angesteckt, ausgesprochen apathisch. Erst am vierten Tag normalisierte sich das Verhalten der beiden, und am Abend kehrten sie auch wieder zur üblichen Schlafroutine zurück.

Die wenigen Beispiele mit so unterschiedlichen Reaktionen der Mütter auf den Verlust eines Kindes lassen eine Deutung kaum zu. Sicher haben die verschiedenen Persönlichkeiten der Mütter und damit die Stärke der körperlichen und emotionalen Bindungen bei diesen Reaktionen viel Gewicht, denn die Mütter können sich bei diesen unnatürlichen Verlusten nicht an zurückliegenden Erfahrungen orientieren.

Der Tod eines Kindes

Ganz anders sieht die Situation dann aus, wenn ein Kind in den Armen seiner Mutter stirbt. Typisch für alle drei Menschenaffenarten ist, dass die Mütter, wenn ihnen das im Zoo zugestanden wird, ihre toten Kinder oft noch über Tage, ja Wochen mit sich tragen. Man hat das verschiedentlich auch bei wildlebenden Menschenaffenmüttern beobachtet. Selbst das Verhalten einer Mutter dem toten Kind gegenüber und die allmähliche Lösung der Bindung vom Kind wiederholen sich meist bis in kleine Details ohne grosse Unterschiede. Als Beispiel kann uns hier Jacky/S dienen.

Jackys kleine Tochter "S..." war knapp vier Wochen alt, als man sie eines Morgens tot in den Armen ihrer Mutter sah. Jacky war an jenem Tag trotz vieler Versuche nicht dazu zu "überreden", ihr totes Kind den Pflegerinnen und Pflegern auszuhändigen,

3

Typisch für die ersten beiden Tage nach dem Kindertod ist, dass die Mutter das leblose Körperchen an sich trägt und es auch stützt (1) und sich ihm auch immer wieder pflegend zuwendet (2 und 3). Dieses Verhalten der Mutter unterscheidet sich in diesen frühen Tagen nach dem Tod nur wenig von demjenigen einem lebenden und reagierenden Kind gegenüber.

und sie verweigerte das auch in den Tagen danach. Während der ersten beiden Tage nach dem Tod verhielt sich Jacky dem Kind gegenüber genauso mütterlich wie zuvor, als es noch lebte. Sie trug es sorgsam am Körper, wandte sich dem Körperchen mit Fingern, Lippen, Zähnen und Zunge regelmässig pflegend zu, und sie brachte es immer wieder auch an die Brust, wohl in der Hoffnung, dort die beim Kind ausbleibenden Reaktionen wachrufen zu können. Natürlich nahm Jacky schon jetzt die Veränderungen wahr, denn ihr Kind zeigte ja keinerlei Reaktionen mehr, und sie musste es ununterbrochen stützend tragen. Wie beim lebenden Kind hielt sie auch nun die neugierigen Familienmitglieder auf Distanz und erlaubte ihnen nur zurückhaltende und freundliche Kontakte. Einzig Jackys Kinder, die kleine Quamisha und die ältere Mwana, durften zu diesem Zeitpunkt ihr Interesse am toten Kind etwas ungehemmter ausleben. Auffällig waren auch die auf Jacky ausgerichteten Pflegebesuche Erwachsener, bei denen diese ihre Neugier stillen konnten und auch zu kleinen Berührungen kamen.

Gegen Abend des zweiten Tages schien sich Jackys Bindung an ihr totes Kind etwas zu lockern. Manchmal trug sie es, mit seinen zu beiden Seiten nach unten baumelnden Armen und Beinen, einfach über ihren Arm gelegt oder in der Hand, mit der sie den Rumpf des Kindes umschloss. Sie pflegte das Kind kaum mehr und legte es einmal, als sie sitzend ruhte, einfach neben sich auf den Boden.

Am nächsten Morgen wurde offensichtlich, dass die Kontakte mit dem Kind nicht mehr von Mütterlichkeit beseelt waren, sondern eher dem Erkunden eines besonders interessanten Objektes glichen. Affektion schien zu fehlen. Mehr und mehr trug sie

Vom dritten Tag an legt die Mutter das tote Kind gelegentlich einfach neben sich auf den Boden. Noch duldet sie allerdings nicht, dass sich andere Familienmitglieder interessiert und neugierig an ihm zu schaffen machen. Einzig die eigenen Kinder erhalten manchmal von der Mutter geduldete Kontakte zugestanden. Gelegentlich versucht ein Kind, diese Gunst zu nutzen (1 bis 4) und in den Besitz des toten Kindes zu kommen, was Mutter Jacky aber nicht zulässt.

Quamisha, Jackys älteres Töchterchen, untersucht interessiert den Körper ihres verstorbenen Schwesterchens (5) und dessen Mund, indem sie neugierig die Unterlippe von den Bilgern wegschiebt, um ganz genau in den Mund sehen zu können (6).

306

6

es nun auch so bei sich, wie man ein Objekt mitträgt. Sie gestattete jetzt anderen Familienmitgliedern, das tote Kind eingehender zu erkunden, und auch deren Kontaktformen schienen sehr "dingbezogen". Kinder und Jugendliche durften Beine und Arme umgreifen und sie bewegen und das Körperchen auf alle möglichen Weisen erkunden, nur wegtragen durften sie es nicht. Noch immer hütete Jacky das Kind, und wenn Kleine sich an ihm zu schaffen machten, so sicherte sie es, indem sie einen Arm oder ein Bein mit ihrer Faust umschlossen hielt. Sie trug es auch immer mit, sobald sie ihren Platz wechselte.

Der nächste Schritt in diesem Ablösungsprozess war der, dass Jacky sich allmählich vom weggelegten Körperchen entfernte. Sie tat das jedoch nur, wenn niemand in dessen Nähe war, und sie ging nie weit weg. Kam in solchen Situationen ein Familienmitglied dem Kind zu nahe, so eilte sie herbei und nahm es sofort zu sich. Am fünften Tag änderte sich Jackys Verhalten kaum mehr, sie liess jedoch das tote Kind häufiger hinter sich zurück, aber sie hütete es noch immer. Am sechsten Tag sass sie in einem kleinen Schlafraum und hatte ihr totes Kind neben sich liegen. Plötzlich schrie draussen die kleine Quamisha, Jacky fuhr zusammen, eilte ihr sofort zu Hilfe und vergass ihr totes Kind hinter sich. Es gelang dann, den Schieber zum kleinen Raum zu schliessen und das tote Kind, das Jacky sechs Tage mitgetragen hatte, zu entfernen.

Die Beobachtungen an Jacky decken sich bis hin zu den geschilderten Ablösungsschritten mit einem Fall, den ich an einer wilden Berggorillamutter beobachten konnte. Die Fragen, ob Menschenaffenmütter Einsicht in den Tod eines Kindes haben und ob sie zur Trauer fähig sind, kann man bejahen, vorausgesetzt, man ist bereit, den Menschenaffen zuzugestehen, dass bei ihnen die Begriffe Einsicht und Trauer etwas weiter gefasste Inhalte besitzen.

Jacky hat selbstverständlich wahrgenommen, dass ihr Kind plötzlich "stumm" wurde und auf all ihre Zuwendungen nicht mehr zu reagieren vermochte. Sie hat sich für diese Erfahrungen Zeit gelassen. Zuvor hatte sie mit dem Kind über vier Wochen in einer überaus aktiven und affektiven Körperkontaktbeziehung gelebt. Vor dem Hintergrund einer solch engen Beziehung ist der Tod, also das Ausbleiben jeder Reaktion und Antwort von seiten des Kindes, ein dramatischer Einschnitt in das, was bisher gelebt worden ist, und der wird von einer Menschenaffenmutter zweifellos intensiv wahrgenommen und überdacht. Menschenaffenmütter sind auch physiologisch stark auf ihr lebendes Kind eingestellt, und dies erschwert ihnen die Trennung zusätzlich.

Was Jacky mit ihrem Kind tat, entsprach ihren Bedürfnissen und war darum nicht sinnlos. Sie hat uns damit gezeigt, wie man als Schimpansin vom Tod eines Kindes betroffen wird und um ein verstorbenes Kind trauert. So gesehen war es richtig, dass Jacky ihr Kind über dessen Tod hinaus bei sich behalten durfte.

Jackys "Grosszügigkeit" am toten Körperchen hat sich am sechsten Tag in der Familie "herumgesprochen", und sie wurde von neugierigen und interessierten Kindern und Jugendlichen belagert. Man spürte allerdings deutlich, dass sich jetzt nicht mehr alles um das tote Körperchen drehte, sondern dass dieses oft nur als Attraktion wirkte, die sozial zusammenzuführen vermochte (1 bis 3).

Bild Seite 310
Der Tod von Jackys kleinem Töchterchen war, wie sich zeigte, nicht nur eine Angelegenheit, die die Mutter betraf. Alle Familienmitglieder nahmen auf sehr unterschiedliche Weise an dem teil, was geschehen ist, und natürlich versuchten vorab die Kinder auch immer wieder, auf spielerische Weise ihre Neugier zu stillen. Solange Mutter Jacky das tote Kind bei sich hatte, hütete sie es und liess nie zu, dass es von Familienmitgliedern von ihr weggetragen wurde.

Zum Lernen mütterlichen Verhaltens "Der Anblick eines neugeborenen Kindes hat bei der dreijährigen Quarta/G den Wunsch, selber auch ein Kind zu haben, geweckt. Sie hat sich danach eine Puppe ausgedacht und sie selber auch hergestellt."

"Lerntiere"

Menschenaffen gehören systematisch in die Ordnung der Primaten. Diese gelten als ausgesprochene "Lerntiere", was heisst, dass sie einen grossen Teil ihres Verhaltens nicht einfach genetisch mit ins Leben bekommen, sondern im weitesten Sinne zu lernen haben. Ganz besonders trifft das unter allen Primaten auf die Menschenaffen zu.

Auch die Fähigkeit einer Menschenaffenmutter, sich einem Kind gegenüber mütterlich zu verhalten, wird nicht nur von angeborenen Komponenten, sondern auch von Lernprozessen mitbestimmt. Das ist unter Fachleuten heute unbestritten. Eine offene und noch immer diskutierte Frage dagegen ist die nach der Grösse und der Bedeutung dieses Lernanteiles. Ich persönlich neige auf Grund meiner eigenen Beobachtungen dazu, den erworbenen, also erlernten Anteil am mütterlichen Verhalten als besonders gewichtig zu betrachten.

Nur in wenigen Ausnahmefällen kann man durch die reine Verhaltensbeobachtung angeborenes Verhalten von erlerntem unterscheiden. Schlüssige Auskünfte könnten nur "einschneidende" Experimente bringen, die die von ihnen betroffenen Kinder beträchtlich schädigen würden und die glücklicherweise bis heute bei den Menschenaffen weitgehend unterblieben sind.

Kompliziert wird die Einsicht in das Angeborene und Erworbene auch dadurch, dass einem Verhalten meistens beide Anteile zugrunde liegen, und nur das Zusammenspiel beider führt zur vollwertig ausgeformten Verhaltensweise. Es kann zum Beispiel genetisch ein Muster, also ein offener "Raster" vorgegeben sein, und in diesen werden dann die zusätzlich erlernten Anteile vervollständigend eingebaut.

Den grössten Teil der "mütterlichen Schulung" erfährt das Kind im Umgang mit seiner eigenen Mutter. Es erlebt die Mutter unter anderem als reagierende und eingreifende (1) oder als aufmerksam begleitende (2) "Instanz".

Erfahrungen und Lernprozesse, mit denen mütterliche Kompetenz erworben und geschult wird, beginnen mit der Geburt, erreichen einen Schwerpunkt im ersten Lebensjahr und in den danach folgenden Jahren der frühen Kindheit. Sie dauern aber weit ins Leben der Erwachsenen hinein an. Bei all diesen Prozessen spielt das "Kind-sein-bei-einer-Mutter" genauso eine Rolle wie das "Mutter-eines-Kindes-Sein". Am Lernen sind also Mutter und Kind wechselseitig beteiligt. Auch wenn die Mutter sehr oft als die in mütterlichen Dingen ihr Kind "belehrende" Instanz auftritt, so zwingt das Kind mit seiner fortschreitenden Reifung und mit all seinen Äusserungen die Mutter ebenso dazu, ihr eigenes Verhalten lernend ständig zu modifizieren und anzupassen.

Die Bedeutung dieses Lernens können wir dann ermessen, wenn wir Mütter betrachten, die aus lebensgeschichtlichen Gründen die nötigen Lernprozesse, vorab in ihrer frühen Kindheit, nur teilweise oder gar nicht durchlaufen haben. Ihr mütterliches Verhalten weist, je nach Verlauf ihrer Kindheit, geringfügige bis schwerwiegende Lerndefizite auf, und sie können darum oft als Mütter dem ersten eigenen Kind nur teilweise genügen oder es gar nicht versorgen. Solche Lerndefizite können, von Fall zu Fall, in ganz verschiedenen Verhaltensbereichen auftreten und sich mehr oder weniger stark auswirken. Sie haben mit der Wesensart der Betroffenen zu tun, mit den Details ihrer Lebensgeschichte und mit den Möglichkeiten, die ihnen der Sozialverband bietet, in den sie später eingegliedert werden. Auch die Art und Weise, wie sie von ihren menschlichen "Ersatzeltern" gepflegt worden sind, ist mitentscheidend. Wenn im späteren Leben Gelegenheit besteht, in einem reichen Sozialverband

Schon sehr früh kommt das Kind auch mit der hilfreich kooperativen Seite der Mütterlichkeit in Berührung. Fifi/S lädt hier die kleine Tochter Tana mit der angebotenen Hand ein, zu ihr zu kommen, um ihr dann hoch zu sich auf die Konsole zu helfen (1).

Goma/G hat die ersten anderthalb Jahre ihres Lebens bei Menschen verbracht. Sie hat damit einen Teil der frühen Lernprozesse verpasst. Ihrem einzigen Kind, dem Sohn Tamtam, gegenüber erwies sie sich dennoch als fürsorgliche und vorbildliche Mutter (2). Sie zeigt damit, dass Menschenaffenkinder in einem familiären Milieu, in das sie sozial eingebettet sind und in dem sie auch Mütterlichkeit miterleben können, erlittene Lerndefizite nachträglich noch auszugleichen vermögen.

Verpasstes "nachzulernen", können die Folgen von frühkindlichen Lerndefiziten in vielen Bereichen auch teilweise wieder ausgeglichen werden.

Prognosen über die spätere Verhaltensentwicklung eines Kindes, das solche Schäden erlitten hat, sind darum kaum möglich. Fest steht nur, dass die Spuren einer nicht artgemäss durchlebten Kindheit das ganze Leben lang erkennbar bleiben.

Die Basler Gorillafrau Goma kann hier als Beispiel für einen "glücklich" verlaufenen Fall angeführt werden. Ihre Lebensgeschichte zeigt, in welchen Bereichen sie später Defizite zu kompensieren vermochte und in welchen ihr das nicht gelang.

Goma kam im September 1959 als Kind von Mutter Achilla und Vater Stefi zur Welt. Sie wurde 36 Stunden nach ihrer Geburt von ihrer Mutter getrennt und kam in menschliche Obhut und Pflege, in die Familie des damaligen Direktors Ernst Lang. Ungefähr im Alter von einem Jahr bekam Goma mit dem kleinen Gorillabuben Pepe einen altersgemässen Spielgefährten. Später, gegen Ende des zweiten Lebensjahres, kamen Goma und Pepe ins Affenhaus zurück, verbrachten eine Zeit in Gesellschaft von anderen Menschenaffenkindern - Schimpansen und Orang-Utans - und wurden schliesslich wieder in die Familiengemeinschaft der Gorillas integriert. Heute ist Goma 36 Jahre alt. Sie hat nur ein Kind geboren, den Sohn Tamtam, den sie als Mutter vorbildlich und ohne menschliche Hilfe betreut hat.

Dass Goma als Mutter keinerlei Schwierigkeiten hatte, muss uns vor dem Hintergrund dessen, was wir zuvor sagten, als Widerspruch erscheinen. Doch wenn wir Gomas Situation kritisch und detailliert betrachten, so finden wir Gründe dafür, dass bei ihr Lerndefizite die mütterlichen Fähigkeiten nicht belastet haben.

Die Pflege und Zuneigung, die Goma von den menschlichen Ersatzeltern bekam, können wir als vorbildlich betrachten. Sie wurde sehr früh von ihrer Mutter getrennt, noch bevor sie zu dieser eine feste Beziehung etablieren konnte. Der Wechsel zur Pflegemutter erfolgte sofort und ohne dass Goma zuvor mehrfach die "Hand" wechselte. All die traumatischen Erlebnisse, die für ein Gorillakind in einer ähnlichen Situation mit dem Mutterverlust und mit dem Wechsel zu Ersatzeltern verbunden sein können, blieben Goma erspart. Hinzu kommt, dass Goma sehr früh einen artgemässen Spielgefährten bekam, danach in einer Gruppe zusammen mit anderen Menschenaffenkindern eine gewisse Zeit verbrachte und schliesslich wieder in ihre eigene Familie zurückkehrte, in der sie später auch Geburten und Aufzuchten anderer Kinder miterlebte.

Die Basis für den Aufbau der seelischen Persönlichkeit ist die Affektion, die ein Neugeborenes bei seiner Mutter erfährt. Vermutlich ist Affektion ein "seelisches Agens", das nicht artspezifisch ist, sondern zumindest bei nahe verwandten Arten gleichermassen wirksam wird. Stimmt diese Vermutung, so können wir folgern, dass die Affektion, die Goma von ihrer menschlichen Pflegemutter bekam, die gleiche Wirkung und Kraft hatte wie die einer artgemässen Mutter. Auch so gesehen begann Gomas Leben bei Menschen geborgen.

Das Beispiel Gomas zeigt uns also im mütterlichen Bereich, wie weit erlittene Lernausfälle in der frühen Kindheit unter guten Bedingungen kompensiert werden können. Dennoch ist auch Goma von ihrer frühen Kindheit bei Menschen deutlich gezeichnet. Sie ist zum einen sozial nie ganz in die Basler Gorillafamilie hineingewachsen. Ihr

Aussenseitertum drückt sich dann deutlich aus, wenn man ihre sozialen Kontakte untersucht. Nur zehn Prozent ihrer Sozialkontakte gehen auf ihre eigene Kontaktinitiative zurück, alle anderen werden von Familienmitgliedern herbeigeführt. Unter Gorillas, die normal aufgewachsen sind, verteilen sich diese Initiativen ungefähr hälftig auf die beiden Kategorien der Eigen- und Fremdinitiative.

Zum andern ist Goma nicht imstande, einen Silberrücken artgemäss zur Paarung einzuladen. Sie wendet sich mit ihren Einladungen bevorzugt an Menschenmänner jenseits der Glasbarriere im Affenhaus. Ihre einzige Konzeption, die von Tamtam, ist ein erklärbarer "glücklicher Unfall", dessen Geschichte dieser Darstellung nicht widerspricht.

Es wäre hier noch auf manch andere Eigenarten in Gomas Verhalten hinzuweisen. Doch unsere beiden Beispiele illustrieren deutlich genug, dass auch 34 Jahre in einer intakten Gorillafamilie Goma nicht genügt haben, all die Defizite vollwertig auszugleichen, die sie aus der Zeit bei den Menschen mit ins Leben nahm. Dennoch ist Goma im Familienverband der Gorillas sicher besser und geborgener aufgehoben, als wenn sie bei Menschen geblieben wäre.

Vom Lernen mütterlichen Verhaltens

Kind einer Mutter sein…

Am Anfang des Lernens von mütterlichem Verhalten steht das Erlebnis der affektiven Geborgenheit des Neugeborenen am Körper seiner Mutter. Es erfährt dort, noch bevor es seine Erlebnisse zu differenzieren vermag, die Mutter als Instanz, die sich um es bemüht, seine Bedürfnisse zufriedenstellt, einsichtig auf seine Äusserungen reagiert und es tröstet.

"Anschauungsunterricht"

Wenn das Neugeborene im Alter von etwa 10 Tagen sich gelegentlich mit den Augen von der Mutter weg- und seiner unmittelbaren Umwelt zuwendet, so bekommt es im Kreise seiner Familie andere Mütter zu sehen, die mit Kindern verschiedenen Alters beschäftigt sind. In den folgenden Tagen beginnt es sich als Schosskind bei der Mutter mehr und mehr für das, was sozial rund um es herum geschieht, zu interessieren. Die auf diese Weise beobachteten Mutter-Kind-Szenen üben auf das Kind schon im Alter von zwei bis drei Wochen eine auffallende Faszination aus. Es wird in der folgenden Zeit kaum satt, anderen Müttern bei ihrer Beschäftigung mit Kindern einfach zuzusehen. Es erfährt dabei, wie Kinder gestillt, gepflegt und umsorgt werden, wie Mütter sie hüten, an den Körper nehmen, tragen und mit ihnen spielen. Bis hin zum dritten Lebensmonat, also während der Schosszeit, bleibt die Teilnahme des Kindes auf das reine Zusehen beschränkt. Allerdings mag zur Vertiefung dessen, was es erfährt, zusätzlich beitragen, dass es zur selben Zeit auch Kind einer Mutter ist und darum vieles von dem, was es bei anderen beobachtet, auch am eigenen Körper gleichzeitig zu spüren bekommt. Im dritten und vierten Lebensmonat folgt dann die Phase, in der sich das Kind für kurze Zeit ohne direkten Körperkontakt nahe der Mutter aufhalten darf. Es tut dann, wenn zunächst auch noch recht unbeholfen, die ersten Schritte von der Mutter weg, und damit erfährt sein "Status" als Zuschauer eine geringfügige Änderung. Es kann sich nämlich jetzt, seinen eigenen Interessen folgend, zu anderen Müttern und Kindern hinbegeben und von nahem genauer verfolgen, was diese tun. Das geschieht sehr häufig, denn kleine Kinder, die der eigenen Lokomotion schon mächtig sind, setzen sich gern und oft vor andere Mütter hin und sehen diesen mit unerhörter Aufmerksamkeit zu. Am Anfang bleiben sie jedoch, ihrer selbst noch nicht allzusicher, bei dieser Beschäftigung auf gemessener Distanz. Schon sehr kleine Kinder nehmen in dieser frühen Zeit des "Anschauungsunterrichtes" das anschauliche Bild der Mütterlichkeit in sich auf und bereiten damit den nächsten Schritt ihrer Lernprozesse innerlich vor, nämlich den in die Phase des eigenen Handelns.

Die Schule des Übens…

Den Müttern sind auch fremde kleine Kinder willkommen, wenn sie ihnen bei der Kinderpflege zusehen wollen oder ihren kleinen Säugling betrachten möchten. Tana/S zeigt, wie freundlich ein solch kleiner interessierter "Gast" aufgenommen wird.

Der Anschauungsunterricht ist der erste "praktische" Teil der Schulung in mütterlichen Dingen. Die Mütter sorgen für die günstige Atmosphäre, die es den Kleinen leichtmacht, ihre Passion des Zusehens auszuleben.

Neben dem zuvor beschriebenen Anschauungsunterricht in mütterlichem Verhalten setzt auch das praktische Üben schon recht früh ein.

Es beginnt damit, dass andere Mütter die Annäherung eines Kindes an ihr Neugeborenes oder ihren Säugling dulden. In seltenen Fällen ermutigen sie sogar dazu. Ein Kind darf unter solchen Umständen das fremde Kind beriechen, berühren und es so erkunden. Erfährt es keine Zurückweisung durch die fremde Mutter, so wird es sich am Kleineren bald auch in komplexeren Pflegehandlungen versuchen. Wie weit ein Kind dabei gehen kann, hängt von der Vertrautheit der betroffenen Mutter mit dem sich annähernden Kind und mit dessen Mutter ab. Am engsten ist dieses Vertrauen zwischen einander nah verwandten Individuen, etwa bei erwachsenen Schwestern oder Tanten. Im Kontakt mit solch vertrauten Müttern kann ein Kind ein Kleineres für kurze Zeit auch zum Halten und Tragen "geliehen" bekommen. Damit übernimmt das ältere Kind für das ihm überlassene jüngere einen Moment lang die ganze Verantwortung. Es hat das Kleine richtig zu tragen und dafür zu sorgen, dass dieses sich, ähnlich wie bei der Mutter, auch bei ihm wohl fühlt.

Die kleinen "Mütter" befleissigen sich, diese Anforderungen zu erfüllen, denn sie sind daran interessiert, ihr "Pflegekind" behalten zu dürfen. Sie wissen genau, dass es ihnen von seiner Mutter sofort weggenommen wird, wenn es auch nur das kleinste Zeichen von Unwohlsein oder Unmut äussert.

Mütter überlassen ihre Säuglinge und Kleinkinder einem älteren Kind nie unkontrolliert, und meist erlauben sie diesem auch nicht, sich mit dem Kleinen aus ihrer unmittelbaren Nähe zu entfernen. Sie behalten die beiden ständig im Auge und

320

Ein weiterer Schritt auf dem Weg zur Mütterlichkeit ist das praktische Üben. Mütter sind gelegentlich bereit, ihren Säugling einem älteren Kind abzugeben - meist dem eigenen älteren. Wie die Bildfolge mit Mutter Tana/S zeigt, ist das für beide Seiten nicht immer eine einfache Geschichte. Das ältere Kind greift, um seine Chance nicht zu verpassen, etwas ungestüm zu (1 bis 3), die Mutter kann sich, auf diese Weise angesprochen, nur schwer entscheiden (4 und 5) und bleibt mit einer sichernden Hand noch am Körperchen ihres Kindes (6).

Wenn ein älteres Kind das Vertrauen einer Mutter geniesst, so wird ihm von dieser ein Säugling auch für kürzere Zeit ganz überlassen. Das Ältere spielt dann seine bisher erworbene mütterliche Kompetenz aus, nimmt das Kleine in der richtigen Haltung an den Körper und übt sich an ihm in all den Pflegehandlungen, die es in der Zeit zuvor Müttern abgeschaut hat (7 bis 9).

intervenieren sofort, wenn ihnen etwas nicht passt. Schon anderthalb bis zwei Jahre alte Kinder vermögen, wenn sie häufig Gelegenheit zu Kontakten mit Kleineren bekommen, soviel mütterliche Kompetenz auszuspielen, dass diese sich bei ihnen für kurze Zeit wohl fühlen können.

In welchem Alter bei einem Kind diese Lernprozesse einsetzen und wie häufig es mit solchen konfrontiert wird, lässt sich nicht genau sagen. Wächst ein Kind in einer grossen Gemeinschaft auf und in einem familiären Umfeld, zu dem auch erwachsene Tanten und Schwestern gehören, so wird es schon sehr früh und häufig mit Kleineren zu tun bekommen. Im Gegensatz dazu wird ein erstes Kind einer Mutter, die überdies in der Familie keine nähere Verwandtschaft besitzt, viel seltener Gelegenheit haben, sich mit Säuglingen und jüngeren Kleinkindern auseinanderzusetzen. Ausführliche Zoobeobachtungen zu diesen frühen Vorgängen im Leben eines Kindes sind eher selten. Das hat damit zu tun, dass in Zoogemeinschaften von Gorillas und Orang-Utans nur ausnahmsweise zwei oder mehrere Kinder, die altersmässig ein bis drei Jahre auseinander sind, bei ihren Müttern gleichzeitig heranwachsen. Etwas häufiger ist das in Schimpansenfamilien in Zoos der Fall.

Das jüngere Geschwister

Die hohe Zeit des praktischen Übens von mütterlichem Verhalten bricht für ein Menschenaffenkind im Alter von ungefähr viereinhalb bis fünf Jahren an, dann nämlich, wenn es, in noch enger Abhängigkeit von seiner Mutter, die Geburt eines nächsten Geschwisters erlebt. Im Gegensatz zu allen anderen Gemeinschaftsmitgliedern bestehen für das eigene ältere Kind kaum von der Mutter aufgestellte Kontaktbarrieren. Es darf in der Regel schon bei der Geburt, als einziges Familienmitglied, der Mutter sehr nahe sein, und diese duldet, dass sich ihr Älteres dem Neugeborenen auch bald freundlich zuwendet und mit ihm Kontakt aufnimmt. Man steht zum Zeitpunkt der Geburt sogar unter dem Eindruck, dass die Bereitwilligkeit der Mutter, Annäherungen des Älteren zuzulassen, auch damit zusammenhängt, dass sie so dem Älteren über die Schwierigkeiten hinweghilft, sich mit dem Neugeborenen abzufinden, das ja ein plötzlicher Konkurrent um die mütterliche Gunst ist. Das ältere Kind realisiert sehr rasch, dass sein Zugang zum Neugeborenen ein Privileg ist, das unter allen Familienmitgliedern nur ihm zukommt.

Das Beispiel des kleinen Kipenzi in der Basler Schimpansenfamilie vermag das zu veranschaulichen.

Kipenzi/S, der Sohn der rangniederen, aber erfahrenen Mutter Tana, war vier Jahre und fünf Monate alt, als Punia, sein jüngeres Schwesterchen, geboren wurde. Er selber nahm in der Spielrangordnung aller Kinder der Grossfamilie, abhängig vom tiefen Rang seiner Mutter, eine ebenfalls untergeordnete Stellung ein und hatte sich darum den anderen Kindern in der Regel zu fügen und von ihnen gelegentlich auch einzustecken. Typisch für den Tag von Punias Geburt war, dass die ganze Kinderschar Mutter Tana mit ihrem Neugeborenen auf Schritt und Tritt folgte und sie richtiggehend belagerte. Tana war verständnisvoll, duldete diese ununterdrückbare Neugier der Kinder, wies diese aber immer sofort und unmissverständlich zurecht, wenn sie versuchten, das Neugeborene zu berühren. Das war allen mit Ausnahme von Kipenzi verboten. So kam es, dass, wann immer Tana sich irgendwo hinsetzte, sich all die Kleinen im Kreise um sie herum versammelten und Mutter und Kind einfach zusahen. Kipenzi verstand sofort, dass seine Mutter mit dem Neugeborenen in der Familie nun eine besondere Stellung einnahm, und dass ihm jetzt Rechte zustanden, die den anderen verwehrt waren. Kipenzi setzte sich nie in den Kreis der neugierigen Kinder, sondern immer seiner Mutter eng zur Seite, schlang ihr besitzergreifend seinen Arm über die Schulter und dokumentierte so für alle deutlich sichtbar, wo er hingehörte. Überdies nahm er in dieser Situation jede Gelegenheit wahr, sein neugeborenes Schwesterchen zu berühren. Deutlich wurde dabei, dass er das nicht vorab aus Zuneigung zum Neugeborenen tat, sondern andere Ziele verfolgte. Wann immer er Punia berührte, schaute er auffordernd und

Mutter Jacky/S nimmt das Interesse im Gesicht ihres älteren Töchterchens Djema wahr (1), wendet sich danach demonstrativ pflegend dem kleinen Gayi zu und weckt so Djemas ungeteilte Aufmerksamkeit (2 und 3).

triumphierend in den Kreis seiner Spielgefährten. Sein Verhalten machte klar, dass er, die Gunst der Stunde nutzend, nun vor den anderen mit seinen Vorrechten blagieren und diesen damit ein wenig von dem heimzahlen konnte, was er in der Zeit zuvor von ihnen hatte erdulden müssen. Kipenzi hat sich so, auch wenn es ihm schwerfiel, seine Mutter nun mit dem Schwesterchen zu "teilen", an den ihm von Tana zugestandenen Rechten schadlos gehalten.

Schon am zweiten Tag hat Kipenzi zudem entdeckt, dass Tana ihn sehr nachgiebig behandelte und versuchte, ihm immer zu Willen zu sein. Sie tat das, um ihn bei Laune zu halten und die bei ihm aufkeimende Eifersucht zu mildern. Kipenzi nutzte dieses Wissen sofort. Er wollte an diesem Tag sein Schwesterchen auch schon halten und tragen dürfen. Tana willigte zunächst nicht ein. Kipenzi rannte von ihr weg und begann beleidigt zu schreien. Er beruhigte sich erst, als Tana zu ihm eilte und ihm als versöhnlichen Trost das Neugeborene zum Halten anbot. Nach diesem ersten Erfolg hat Kipenzi seiner Mutter noch wochenlang die kleine Punia auf die gleiche Weise abgetrotzt, wann immer er sie haben wollte.

Die Kontakte zum eigenen Geschwister unterscheiden sich wesentlich von all jenen, die mit fremden Kindern zustande kommen. Sie beginnen mit der Geburt des Geschwisters, führen schon gegen dessen 10. Lebenstag zum Halten und Tragen. Die eigene Mutter begleitet die Beschäftigung des Älteren mit dem Jüngeren sehr viel differenzierter als eine fremde Mutter. Sie beobachtet aufmerksam, korrigiert, zeigt vor und greift ein. Sie ermutigt das ältere Kind auch zu Kontakten, was fremde Mütter kaum tun. Natürlich nimmt auch die eigene Mutter ihr Kleines zu sich zurück, wenn ihr das nötig scheint, aber sie tut das seltener als fremde Mütter. Die eigene Mutter ist für ihr älteres Kind die Vermittlerin von Kontakten zum jüngeren Geschwister. Schrittweise wird das ältere Kind von seiner Mutter zum Umgang mit dem Neugeborenen geführt. Eine Grundregel dabei scheint zu sein, dass die Mutter darauf achtet, dass sich das lernende Kind genau ihrem eigenen Muster entsprechend verhält. Das Kind lernt so nicht einfach mütterliches Verhalten, sondern in vielen Dingen den individuellen Modus der eigenen Mutter.

Fifi/S zum Beispiel benützte eine ihr eigene Art, sich den Säugling zum Tragen auf den Rücken zu laden. Sie ergriff seinen einen Unterarm, umschloss ihn mit der Hand, hob das Kind so frei vom Boden hoch, drehte die Hand dann so aus, dass das hängende Kind eine halbe Drehung um die eigene Achse vollzog, und gleichzeitig führte sie die Hand mit einer fliessenden Bewegung über ihren Rücken, so dass das Kind direkt in die richtige Traglage kam und nur noch mit seinen Griffen zuzufassen brauchte. Fifi beobachtete ihre ältere Tochter Tana sehr genau, wenn diese sich anschickte, sich die kleine Schwester Xindra auf den Rücken zu laden. Wegtragen durfte Tana ihr Schwesterchen danach nie. Fifi erlaubte das Tana erst, als diese fähig war, das Kind genau in der Form auf den Rücken zu bringen, die der eigenen entsprach.

Schon innerhalb eines halben Jahres wächst in dieser mütterlichen Schule der Mutterschaft das ältere Kind in das Stadium einer recht kompetenten "Geschwistermutter" hinein. Auch danach wird die Beziehung zum jüngeren Geschwister vom älteren weitergepflegt. Sie wird vielfältiger und vertiefter, und schliesslich kommt so das Kleine zur richtigen "grossen" Schwester oder zum "grossen" Bruder.

Über all die Zeit hinweg pflegen die älteren Kinder auch die früher beschriebenen Kontakte weiter, die sie zu fremden Müttern und deren Kindern unterhalten.

Faddama bekommt von Mutter Quarta eine mütterliche "Lektion".

1

Kinder unter sich…

Das Einüben der erworbenen mütterlichen Fähigkeiten geschieht natürlich auch im Spiel gleichaltriger Kinder untereinander. Es werden eigentliche "Mutter-Kind-Spiele" gespielt, und gelegentlich bemuttern Kinder auch Gegenstände auf die gleiche Weise, wie Menschenkinder das mit Puppen tun.

Lernen an den eigenen Kindern…

Selbst die erwachsenen Menschenaffenfrauen lernen von Kind zu Kind noch dazu. Sie perfektionieren so ihre mütterlichen Fähigkeiten, und das führt sie vom Stadium einer übervorsichtig und restriktiv handelnden Mutter eines Erstgeborenen zum umsichtigen, grosszügigen und variantenreichen Umgang mit dem Kind, den wir bei Müttern beobachten können, die mehrere Mutterschaften hinter sich haben. Diese Erfahrungsunterschiede können den Effekt haben, dass das Kind einer erfahrenen Mutter gegenüber dem einer unerfahrenen im ersten Lebenshalbjahr einen Entwicklungsvorsprung von bis zu zwei Monaten erreichen kann. Allerdings gleichen sich solche Unterschiede im Verlauf der zweiten Hälfte des ersten Lebensjahres allmählich aus.

Der durch Erfahrung bedingte Zuwachs der mütterlichen Fähigkeiten lässt sich nur durch Lernprozesse erklären. Er zeigt uns überdies, dass Menschenaffenfrauen das, was sie mit ihren Kindern erleben, memorieren, und das derart, dass sie auch ein bis zwei Jahrzehnte später auf Erlebtes zurückgreifen können, denn nur so kann frühere Erfahrung für spätere Mutterschaften nutzbar gemacht werden. Erfahrensein heisst bei einer Menschenaffenmutter nicht einfach, dass sie eine vage Vorstellung

2

Mütter mit altersgleichen Kindern setzen sich gern zusammen und zeigen sich auch an dem interessiert, was die andere Mutter mit ihrem Kind tut (links Goma/G mit Tamtam und rechts Kati mit Uzima, 2).

Schon Kleinkinder wenden sich einander in spielerischer Form mütterlich zu (1). Auch solche "Mutterspiele" enthalten eine Lernkomponente.

eines Kindes besitzt. Sie kennt ihr Kind und die bei diesem bevorstehenden Reifungsschritte sehr genau und sie weiss auch, wann und in welcher Reihenfolge sie beim Kind welche neuen Entwicklungsschritte zu erwarten hat. Achilla/G hat das in Basel mit vielen ihrer Reaktionen auf ihre Kinder deutlich gemacht. Ein Beispiel mag das illustrieren.

Als Quarta, das vierte Kind der Gorillamutter Achilla, sieben Tage alt war, setzte sich Achilla täglich einmal ans Gitter, löste ein Händchen Quartas sorgfältig aus ihrem Fell, legte das geschlossene Fäustchen mit den eingeschlagenen Fingerchen auf eine Gittermasche und beobachtete mit schräg gelegtem Kopf von unten her, ob das, was sie erwartete, auch eintreffe. Mehrere Tage ging das so, ohne dass Quarta eine Reaktion auf das sonderbare Verhalten ihrer Mutter zeigte. Dann, am 13. Lebenstag Quartas, geschah, worauf Achilla gewartet hatte. Quarta öffnete ihr Fäustchen und umschloss mit ihrem Griff die Gittermasche. Am selben Tag hat Mutter Achilla, was sie nie zuvor getan hatte, diesen Vorgang über dreissigmal herbeigeführt, und auch an den Tagen danach gehörte dieses "Spiel" in die tägliche Routine zwischen Achilla und Quarta.

Achilla wusste, dass Quarta gelegentlich greifen würde. Ihre Erfahrenheit hat ihr das "gesagt" und auch dazu geführt, dass sie die erwartete Fähigkeit ihres Kindes voraussehend provozierte. Danach sorgte sie dafür, dass Quarta Gelegenheit bekam, dieses Greifen auch ausgiebig zu üben.

Erfahrene Mütter zeigen sich ihren Kindern gegenüber weniger restriktiv, weniger ängstlich, sie fördern sie stärker, lassen ihnen früh bestimmte Freiheiten, geraten

1

Jacky/S (links) und Tana/S (rechts) sind erfahrene Mütter, die erfolg-reich mehrere Kinder grossgezogen haben (1). Die von Mutterschaft zu Mutterschaft wachsende Erfahrung im Umgang mit Kindern zeigt, dass Lernprozesse, die das mütterliche Verhalten bereichern und differenzieren, eine Menschenaffenmutter durch ihr ganzes Leben begleiten.

Sexta/O hat erst ihr drittes Kind, den Sohn Naong, selber aufgezogen (2). Mit den ersten beiden Kindern, für die sie kein Interesse auf-brachte, war sie nur sehr kurz zusammen. Die Pflegerinnen im Affen-haus haben Sexta aber mit "Lernhilfen" unterstützt, und vor Naongs Geburt hatte Sexta überdies Gelegenheit, aus nächster Nähe zwei erfahrene Mütter zu erleben, die gleichzeitig mit Neugeborenen be-schäftigt waren. All diese Erfahrungen haben zusammen mit Sextas eigener Reifung zu ihrem Erfolg mit Naong geführt.

2

weniger in Panik, wenn dem Kind Unvorhersehbares geschieht, sie ermutigen ihre Kinder auch mehr zu gewagten Schritten, sie entlassen sie früher aus dem Körperkontakt und sie erlauben ihnen auch früher den Kontakt mit anderen Familienmitgliedern. Für ein Kind bedeutet das, dass sich seine Entwicklung beschleunigt, und dass es früher zu sozialen Erfahrungen mit der übrigen Familie kommt.

Quartas Puppe

Mit ins Lernen von mütterlichem Verhalten gehört, wie wir sahen, auch das Spielen. Grundsätzlich ist das Spiel ja ein Verhalten, das sich selber Lohn ist, das heisst, dass das Spielen, im Gegensatz zum Ernstverhalten, nie auf eine ausserhalb liegende Endhandlung abzielt. Dennoch gehört zum Spiel neben all seinen spielerischen Komponenten auch der vom Ernstdruck befreite und freie Umgang mit dem "Ernstfall". So wird durch spielerisches Handeln gelernt.
Was ein Gorillakind dann zu vollbringen vermag, wenn es von Erlebnissen so beeindruckt wird, dass es diese anschliessend nachahmend im Spiel nachzuvollziehen versucht, zeigt uns eine Beobachtung, die etwas mehr als zwei Jahrzehnte zurückliegt. Quarta/G war damals ein knapp drei Jahre altes Kind. Sie lebte mit ihrer Mutter Achilla noch eng zusammen, und die Nacht über stand den beiden ein Raum zur Verfügung, den sie zu jener Zeit noch alleine bewohnten.
Eines Morgens um sieben Uhr sass Quarta allein auf einer Konsole am Trenngitter und starrte gebannt in den Nebenraum. Sie blieb so zwei Stunden reglos sitzen und beobachtete, was nebenan offenbar ihr Interesse fesselte. Aus zwei Gründen

war diese Situation damals erstaunlich und widersprach dem normalen altersgemässen Verhalten Quartas: So früh am Morgen, wenn noch niemand im Haus ist, gehört ein dreijähriges Kind an die Seite der Mutter, in den Körperkontakt. Das wäre typisch für die Aufwachzeit. Kleine Gorillas dieses Alters sind überdies wirblige Wesen, die nur dann zur Ruhe kommen, wenn sie bei der Mutter saugen oder schlafen. Nie zuvor habe ich Quarta um diese Zeit von der Mutter entfernt beobachten können und nie sah ich sie zwei Stunden lang reglos und interessiert beobachtend. Des Rätsels Lösung brachte der Blick in den Nebenraum. In derselben Nacht hatte nebenan die Gorillafrau Kati ein Kind zur Welt gebracht. Es war das erste neugeborene Gorillakind, das die dreijährige Quarta zu sehen bekam. Dieser Anblick und all das, was er auszulösen vermochte, hat Quarta völlig aus dem "Geleise" ihres normalen Kleinkinderverhaltens gebracht. Um neun Uhr ist Quarta dann aufgestanden, hat aus einem angrenzenden kleinen Schlafraum den Jutesack geholt, den sie am Abend zuvor als Schlafteppich bekommen hatte, und in den grossen Raum gebracht. Sie hat ihn dort auf den Boden ausgebreitet, glattgestrichen, von der einen Seite her hälftig eingefaltet, dann ein zweites Mal von der anderen Seite her, und schliesslich rollte sie den doppelt gefalteten Sack ein. Nun richtete sie sich biped auf, legte sich die Sackrolle längs auf den Bauch, umschloss sie mit beiden Armen und ging so, aufrecht, mit ihr umher, als trüge sie ein Kind. Immer wieder stellte sie sich in aufrechter Haltung an die Gittertür zum Nebenraum und kontrollierte mit wechselnden Blicken, zu Kati und der eigenen Sackrolle hin, ob sie sich auch wirklich richtig verhielt. Der Anblick des neugeborenen Kindes hat bei Quarta den Wunsch, selber auch ein Kind zu haben, geweckt. Sie hat sich danach ihre Puppe ausgedacht und sie in einer "dingarmen" Umgebung auch selber hergestellt. Nie zuvor hat Quarta auf diese Weise mit einer Puppe gespielt. Nach jenem Tag gehörte das Puppenspiel in Quartas tägliches Spielrepertoire.

Es handelte sich beim eben geschilderten Verhalten Quartas um eine Erstbeobachtung. Wenige Jahre später sah ich im Zoo von Bristol bei einer jungerwachsenen Gorillafrau das gleiche Spiel. Sie benutzte allerdings einen kurzen Holzpflock als Puppe, und auch bei ihr wurde diese Beschäftigung dadurch ausgelöst, dass sie Zeuge geworden war, wie im Raum nebenan Gorillafrau Delilah ihr Kind zur Welt brachte. Auch den Kindern und Jugendlichen der wilden Berggorillas ist das Puppenspiel nicht fremd. Ich konnte in Ruanda bei "Familie 5" beobachten, wie die etwa siebenjährige Maggie, die damals kurz vor der Menarche stand, von einem Baum heruntersteig und dabei im Arm sorgfältig ein dickes Moospolster mit sich trug. Auf dem Boden angelangt, suchte sie sich im Pflanzengewirr einen passenden Platz und begann, sich ein Tagnest herzurichten. Ich dachte damals, das Moospolster sei als komfortable Polsterung der Liegefläche gedacht. Doch weit gefehlt. Als Maggie mit ihrem Nestbau zu einem befriedigenden Ende kam, setzte sie sich ins Nest, nahm ihr Moospolster unter beide Arme an den Körper und zupfte so an ihm herum, als würde sie ein Kind pflegen. Sie beschäftigte sich mütterlich über längere Zeit mit ihrer Moospuppe.

Inzwischen sind von Gorillas, Schimpansen und Orang-Utans auch andere Beobachtungen bekanntgeworden, die das "Puppenspielen" von Kindern bestätigen.

Belehrt werden...

Hier noch eine weitere Beobachtung, die einen ganz besonderen Aspekt im Bereiche des Lernens von mütterlichem Verhalten veranschaulicht. Wir blicken dazu noch einmal in den Alltag der freilebenden Berggorillas der "Familie 5". Auch in diesem Beispiel steht die schon erwähnte Maggie im Mittelpunkt. Typisch für Maggies Persönlichkeit ist unter vielem anderen, dass sie ein beinahe unstillbares Interesse für Neugeborene und Säuglinge zeigt. In jeder freien Minute hält sie sich in der Nähe von Müttern mit Neugeborenen und Kleinkindern auf und versucht, diesen die Kleinen bettelnd abzuluchsen. Gelingt ihr das, so verzieht sie sich immer sofort in ein Pflanzenversteck in der Nähe der betroffenen Mutter, baut dort ein rudimentäres Nest und wendet sich dann hütend und pflegend dem ihr überlassenen Kind zu. Sie gibt sich diesem Mutterspiel immer konzentriert hin, hält ihre Augen gesenkt auf das Kind gerichtet und schenkt dem, was um sie herum geschieht, keinerlei Aufmerksamkeit mehr.

Einmal, als ich Mutter Pantsy mit ihrem kleinen Sohn Umurava beobachtete, kam Umurava zu mir hin, erkundete erst meine Schuhe, die Kleidung und alles, was auf ungefährliche Distanz erreichbar war. Danach wurde er mutiger und stieg mir schliesslich auf den Schoss. Der Regel der Station folgend blieb ich ruhig, liess ihn gewähren und vermied jede Berührung. Dann kam zufälligerweise Maggie vorbei. Sie sah uns, setzte sich uns einige Meter gegenüber und schaute uns einfach zu. Etwas später verrieten ihre Mimik und kleine Bewegungen, dass sie zunehmend unruhiger und nervöser wurde. Ihre Erregung schien anzuwachsen, und plötzlich stand sie auf, kam zu uns und nahm mir mit einer fliessenden Bewegung Umurava aus dem Schoss. Ich dachte, nun folge die mir von Maggie her vertraute und so oft beobachtete mütterliche Szene. Doch Maggie verschwand nicht in einem Pflanzendickicht, sondern sie setzte sich wieder mir gegenüber, nahm Umurava in den Schoss und begann ihn freundlich zu pflegen. Auffallend dabei war, abweichend von ihren üblichen Gewohnheiten, dass all ihre Bewegungen am Kind ausgesprochen akzentuiert ausfielen, so als sollten sie einem Zuschauer das Verstehen erleichtern, und sie war zudem auch nicht wie üblich in ihre Beschäftigung versunken, sondern sie hob ständig ihren Kopf, schaute zu mir hin, so als wolle sie sich versichern, ob ich das, was sie tat, auch wirklich mitbekäme. Das alles dauerte etwa fünf Minuten, dann kam Pantsy herbei und nahm ihren Sohn an sich, und Maggie ging weg.

Es ist klar: Maggie war beim Zusehen unverständlich, dass man, wie ich, einem kleinen Kind gegenüber starr wie ein Stein bleiben konnte. Sie hat mein mangelhaftes Verhalten kurze Zeit einfach ertragen und mir danach, als sie nicht mehr zusehen konnte, eine Lektion in "mütterlichem Verhalten" erteilt. Sie hat mir vorgezeigt, was zu tun ist, und sich auch vergewissert, ob ich wirklich zusähe. Damals wurde mir klar, dass sogar die "Belehrung" mit ins mütterliche Verhalten gehört, wenn man mit einem Lernenden oder Unbegabten zu tun hat.

1

Wer lernt mütterlich sein...?

Die Kinder aller Menschenaffenarten zeigen in ihrem Verhalten und in ihrer Wesensart geschlechtsspezifische Unterschiede, und sie werden, vom Geschlecht abhängig, von ihren Müttern auch etwas anders behandelt. Studien an Schimpansen- und Gorillakindern belegen diese Unterschiede. Summarisch könnte man sagen, dass männliche Kinder sozial etwas initiativer sind, bewegungslustiger, im Rahmen der kindlichen Äusserungen aggressiver, und sie neigen im Kontakt mit Kleineren eher zu spielerischen Interaktionen als zum mütterlich Sich-mit-einem-Kind-Beschäftigen. Wichtig allerdings ist, dass all diese Unterschiede erst in der späteren Kindheit, also ungefähr vom vierten bis fünften Lebensjahr an, deutlich hervortreten und dann erst auch die Entwicklung richtungweisend individuell beeinflussen.

Das Lernen von mütterlichem Verhalten setzt in seinen Anfängen lange vor diesem Zeitpunkt ein. Wir dürfen uns darum nicht wundern, dass es, zumindest wenn wir die frühen Lernprozesse betrachten, kein eindeutiges Privileg weiblicher Kinder ist. Auch Menschenaffenbuben lernen auf gleiche Weise wie die Töchter, mütterlich zu sein. Beiden Geschlechtern eigen ist die frühe kindliche Neugier, ihr exploratives Wesen, die enge Verbundenheit mit und die emotionale Abhängigkeit von der Mutter und etwas später auch das soziale, über die eigene Mutter hinausgreifende Interesse, das sich zuerst vor allem auf jüngere und altersgleiche Gefährten richtet. Es sind diese frühen Interessen und Wesenszüge, die alle Kinder, über die ersten drei bis vier Lebensjahre hinweg, etwa gleichwertig zu den Lernprozessen hinführen, von denen wir hier sprechen.

2

Wenn Eros/S sich freundlich und subtil mit einem Kleinen "unterhält" (1) und Pepe/G mit dem kleinen Tamtam spielt (2), so zeigen die mächtigen, erwachsenen Männer Umgangsformen, die dem Alter der kleinen Spielgefährten sehr genau angepasst sind. Auch das hat mit der frühen Schulung ihrer männlichen "Mütterlichkeit" zu tun.

Man könnte nun der Meinung sein, dass das Lernen von Mütterlichkeit, soweit es männliche Kinder betrifft, wenig Sinn macht. Aber in einer hochsozialen Gemeinschaft ist es vermutlich sehr wichtig, dass auch männliche Individuen, zumal diese - einmal erwachsen - über enorme Kräfte verfügen, eine erlebte und erworbene Vorstellung davon haben, was ein Kind ist, was es braucht, wie man sich ihm zu nähern und mit ihm umzugehen hat, ohne es bei einer Annäherung allzusehr zu bedrängen oder zu ängstigen. Ohne diese Disposition auf der männlichen Seite, auch wenn wir sie selten zu sehen bekommen, ist ein soziales und harmonisches Zusammenleben nicht denkbar, wenn die Gemeinschaft beide Erwachsenengeschlechter und Kinder aller Altersklassen miteinschliesst.

Im Falle wilder Berggorillas kommt hinzu, dass Silberrückenmänner, wenn sie eine Familie führen, gelegentlich sogar das erworbene mütterliche Verhalten auch zu praktizieren haben. Sie tun das in den seltenen Fällen, in denen sie verwaiste Kinder solange in ihre Obhut nehmen, bis diese in ihrer engeren Mutterfamilie wieder Anschluss gefunden haben.

Bild Seite 334
Mütter mit Kindern halten sich gern in Gesellschaft von ihresgleichen auf. Sie bringen damit auch ihre Kinder in ein im Hinblick auf die Schulung mütterlichen Verhaltens überaus günstiges soziales Milieu.

Tradieren "Von Menschenaffen ist bekannt, dass sie zur Bildung von Traditionen fähig sind. In Basel hat sich die Gelegenheit ergeben, minutiös mitzuverfolgen, wie eine solche 'Familientradition' im Bereiche des mütterlichen Verhaltens entstanden ist."

Tradieren...

"Tantenpflichten" übernahm Kati/G zum ersten Mal, als ihr Quarta ihr viertes Kind, die Tochter Faddama, schon am zweiten Lebenstag überliess. Trug Kati das Kind, so profitierte Quarta vom Einsatz der Pflegemutter, um sich auszuruhen (1). Sie gestattete auch, dass Kati sich mit Faddama von ihr entfernte (2) und sich auch abseits von ihr aufhielt (3).

Bild Seite 337
Kati/G bemuttert die kleine Muna, die sie von deren zweiter Lebenswoche an von Mutter Quarta regelmässig zum Halten und Tragen anvertraut erhielt. Aus dem Hintergrund werden die beiden von Quarta aufmerksam beobachtet.

Von Menschenaffen ist bekannt, dass sie zur Bildung von Traditionen fähig sind. Das heisst, sie sind in der Lage, individuelle Eigenarten, das von einem einzigen gefundene Wissen oder eine "Erfindung" innerhalb der Gemeinschaft derart weiterzugeben, dass das Traditionsgut auch dann noch weitergepflegt wird, wenn dessen "Initiant" längst gestorben ist.

Traditionen kennt man bei Menschenaffen aus vielen Verhaltensbereichen, und wir finden solche sowohl innerhalb von Populationen wie auch innerhalb von Familien. Beobachtungsbelege dafür, wie eine Tradition entsteht, sind jedoch eher selten.

In Basel hat sich die Gelegenheit ergeben, die Bildung einer Tradition zu verfolgen. Beteiligt an den damit verbundenen Ereignissen, denen wir uns hier kurz zuwenden wollen, waren aus der Basler Gorillafamilie die Mitglieder von Quartas Mutterfamilie und die Gorillafrau Kati. Angefangen hat alles mit der Geburt von Quartas Tochter Faddama.

Quarta, Faddama und Kati

Quarta blieb Kati gegenüber immer aufmerksam, liess die beiden nicht aus den Augen (4) und begab sich in ihre Nähe (5 und 6), sobald sie ihr Töchterchen wieder zurücknehmen wollte. Im Falle Faddamas hat man solche Szenen aus Sorge um das Neugeborene dann unterbunden, indem man die Familie in zwei Untergruppen teilte.

Faddama war Quartas viertes Kind, und das erste, das gesund heranwuchs und erwachsen wurde. Am zweiten Lebenstag Faddamas kam es jedoch zu überraschenden und turbulenten Ereignissen. Man fand nämlich an jenem Tag das Neugeborene plötzlich in Katis Armen. Was wirklich geschehen ist, hat niemand beobachtet, und man nahm an, Kati habe Quarta das Kind einfach weggenommen. Die Situation war alarmierend. Ein Neugeborenes braucht, wie wir sahen, etwa zweimal stündlich Muttermilch, und Kati war nicht in der Lage, Faddama damit zu versorgen. Ein ähnlicher Fall hat sich in Basel noch nie zuvor zugetragen. Gorillamütter geben normalerweise ihre Neugeborenen nicht weg. Gelegentlich geschieht das im Alter von frühestens zehn Tagen dann, wenn die Mütter ihr kleinstes dem eigenen älteren Kind für kurze Zeit zum Pflegen und zum Halten anvertrauen. Die Mütter beaufsichtigen solche Kontakte und greifen ein, sobald sich das als nötig erweist. Das ältere Kind einer Mutter hat so Gelegenheit, unter mütterlicher Führung den praktischen Umgang mit einem Säugling zu üben; es erwirbt dabei die Erfahrungen, die sein eigenes mütterliches Verhalten so ausformen, dass es später einem Neugeborenen als Mutter genügen kann. Hinzu kam, dass damals auch von anderen Zoos keine vergleichbaren Erfahrungen mit Gorillamüttern publiziert waren, auf die man sich bei der Entscheidung, was zu tun war, hätte stützen können. Aus Angst um Faddamas Leben entschloss man sich noch am gleichen Tag einzugreifen. Kati wurde narkotisiert, man nahm ihr Faddama weg und gab sie ihrer leiblichen Mutter zurück, und die Familiengemeinschaft wurde in zwei kleinere Gruppen mit je einem Silberrücken aufgeteilt; Kati befand sich in der einen und Quarta in der

anderen Familienhälfte. So wurde vermieden, dass es zu weiteren "Kinderdieb-stählen" kam. Die Intervention verlief erfolgreich, und Faddama wuchs danach bei ihrer Mutter ungestört heran. Erst als sie so alt war, dass eine vorübergehende "Fremdbemutterung" keinen Schaden mehr anrichten konnte, wurde die Familie wieder zusammengeführt. Die Geschichte fand ihre Fortsetzung erst sechs Jahre später, als Quarta ihr nächstes Kind, die Tochter Muna, zur Welt brachte.

Quarta, Muna und Kati

Als Muna vierzehn Tage alt war, ereigneten sich vergleichbare Szenen mit Kati, denn eines Morgens fand man auch Muna bei ihr. Allerdings beobachtete man diesmal, wie Muna wieder zu Mutter Quarta zurückkam, und an den folgenden Tagen wiederholten sich solche Kinderübergaben zwischen den beiden. Man liess sich darum mehr Zeit zur Entscheidung, ob man eingreifen wollte oder nicht, als im ersten Fall. Schliesslich entschloss man sich dazu, vorerst gar nicht zu intervenieren, sondern den Ereignissen auf Zusehen hin ihren Lauf zu lassen. Folgende Überlegungen sprachen dafür: Muna war, als sie von Kati zum ersten-mal übernommen wurde, bereits 12 Tage alt und schon in eine enge Beziehung zur Mutter hineingewachsen. Kati gab Quarta das Kind auch immer wieder zurück. Die mit einer Intervention verbundene Teilung der Familie barg jetzt die Gefahr, dass sie vielleicht nicht mehr rückgängig zu machen war. In der Familie, die mittlerweile rund um die Uhr zusammenlebte, hatten die beiden Silberrücken zu einem harmonischen Zusammenleben gefunden. Man fürchtete, mit einer Trennung dieses Gleichgewicht zu stören. Zudem war Tamtam inzwischen zum Silberrücken

4

5

6

7

8

Wenn Kati/G die kleine Muna trug, so offenbarte sie deutlich ihr mütterliches "Pflichtbewusstsein". Sie pflegte Muna (4 und 5), sah sie aufmerksam an (6) und trug sie immer sorgfältig im Arm am Körper (7). Manchmal bekam man auch zu sehen, dass Muna sich suchend umblickte (8), so als suche sie nach der Mutter und wisse wohl, dass sie sich nicht in deren Armen befand.

Das nächste Kind, das Töchterchen Muna, hat Mutter Quarta im Alter von 14 Tagen Kati zum ersten Mal übergeben (1), und diesmal liess man die beiden unter Kontrolle gewähren. Auch wenn Kati Muna trug, wich Quarta kaum von deren Seite (2), und sie forderte Kati auch unmissverständlich auf, wenn sie Muna wieder zurückhaben wollte (3).

1

Das dritte Kind, das in der Basler Familie bei mehreren "Müttern" aufwuchs, war Jahre später Faddamas Erstgeborener, der Sohn Nangai. Die erste, die von Faddama Nangai übernahm, war Grossmutter Quarta (1). Auch Quarta durfte sich mit Nangai von Mutter Faddama entfernt aufhalten (2), aber auch Faddama blieb meist besorgt und interessiert in der Nähe der beiden (3).

herangewachsen und hätte sich in dem ihm zugesprochenen Familienteil als Chef etabliert und dann einer neuerlichen Unterordnung unter Pepe widersetzt.

Nicht einzugreifen barg jedoch mögliche Gefahren für Muna, und man entschloss sich dazu, die Ereignisse rund um das Kind genau zu beobachten, um frühzeitig auf solche aufmerksam zu werden. Man erhoffte sich vor allem Antworten auf die folgenden drei Fragen: Behandelt Kati Muna mütterlich? Kommt Muna regelmässig zum Trinken zur Mutter zurück? Vollzieht sich der Wechsel freundlich und ohne Aggressionen? Könnte man all diese Fragen mit "ja" beantworten, so wäre es nicht angezeigt, Katis "Tanten-Idylle" zu stören. Die Beobachtungen zeigten Erstaunliches. Kati "stahl" Muna nicht, sondern sie erhielt sie von Quarta anvertraut. Wollte Kati Muna haben, so setzte sie sich vor Quarta hin, schaute sie an und drückte dieser ihren Wunsch auf Gorillaweise aus. Quarta reagierte auf diese "Bitte" meist, indem sie Munas Klammergriffe sorgfältig aus ihrem Fell löste und Kati ihr Kind übergab. Auf gleiche Weise konnte Quarta bei Kati Muna zurückverlangen. Über hundert solcher Wechsel wurden in der Folge beobachtet, und nie kam es zu irgendeiner unfreundlichen Reaktion der Beteiligten, die der kleinen Muna hätte schaden können. Im Durchschnitt trug Kati in der ersten Zeit Muna 20 Minuten bis eine halbe Stunde. Kati selber verhielt sich Muna gegenüber äusserst mütterlich, ja sie schien oft sogar besorgter als Mutter Quarta. Dieser Eindruck entstand, weil Kati als unerfahrene Mutter sich dem Kind gegenüber restriktiver und übervorsichtig verhielt, Tendenzen, die man beim Beobachten gern als besonders mütterlich empfindet. Auch Muna bestätigte diesen Befund, denn sie schien sich bei Kati immer

wohl zu fühlen und äusserte Laute des Unbehagens nur dann, wenn sie hungrig war und ihr Suchen bei Kati keinen Erfolg hatte. Kati merkte in solchen Situationen immer auch selber, dass es Zeit war, Muna zur Mutter zurückzubringen.

Innerhalb von ein bis zwei Monaten wurde Kati zur mütterlichen "Tante" von Muna, bei der diese tagsüber sehr viel Zeit verbrachte. Obwohl Quarta zu Beginn Kati und Muna immer im Auge behielt, schien sie die Entlastungen von ihren Mutterpflichten zu geniessen, denn sie wandte sich, wenn Kati ihr Kind trug, all dem zu, was sie mit Muna am Körper nicht tun konnte: Sie kümmerte sich spieljagend um die Bedürfnisse ihrer älteren Tochter Faddama oder lud Pepe zu kleinen Raufspielen ein.

Faddama, Nangai und Kati

Doch mit Munas Fall sind wir noch nicht am Ende dieser Geschichte. Faddama begleitete all das, was um Muna geschah, als älteres Geschwister und beteiligte sich auch an der Pflege der Kleinen, obwohl sie von Quarta die Bewilligung dazu erst viel später erhielt als Kati. Der Grund dafür war, dass Faddama Mühe hatte, sich mit dem jüngeren Schwesterchen abzufinden, und sich ihm gegenüber in der ersten Zeit recht grob verhielt. Quarta duldete darum anfangs Faddamas Kontakte zu Muna nur sehr selten und vertraute sie ihr auch nicht an. Das geschah erst später, als Faddama ihr eigenes Verhalten zu ändern begann. Faddama hat unter Aufsicht Quartas mit Muna umzugehen gelernt und dabei die praktischen Erfahrungen gesammelt, die nötig waren, um später ihre eigene erste Mutterschaft zu bewältigen.

Anderthalb Jahre später wurde Faddama selber schwanger. Damit stand erneut eine spannende Zeit bevor. Vorausgesetzt die Vorstellungen stimmen, dass das ältere Kind seine Schulung in mütterlichen Dingen bei der eigenen Mutter und am jüngeren Geschwister erlebt und dabei Gewohnheiten und Methoden der eigenen Mutter übernimmt, so wäre nach Faddamas Geburt etwas zu erwarten, was sonst keine Gorillamutter tun würde: Sie müsste nämlich ihr Neugeborenes ebenfalls Kati gelegentlich zur Pflege anvertrauen. Das geschah dann nach der Geburt von Faddamas Sohn auch wirklich. An Nangais zehntem Lebenstag ging Faddama zu Kati und gab ihr das Neugeborene, ohne dass Kati sie dazu in irgendeiner Weise aufgefordert hätte. So kam es, dass Kati auch für Faddamas Sohn allmählich zur "Zweitmutter" wurde, bei der er die Hälfte seiner Tage verbrachte.

Kati war in die Aufzucht von Muna und Nangai gleichermassen eingebunden, und die Kinderpflege war für sie nicht einfach nur ein Zeitvertreib. Das zeigte sich später, als die Kinder etwas älter waren. Wenn eines irgendwo in Schwierigkeiten geriet und weinend oder schreiend Hilfe suchte, kamen immer sofort zwei Gorillafrauen angerannt, die jeweilige Mutter und Kati. Solche Begebenheiten zeigten, dass Kati sich für ihre "Pflegekinder" auch dann verantwortlich fühlte, wenn sie sich nicht bei ihr aufhielten.

Damit, dass Quarta ihre persönliche Eigenart, ihr Neugeborenes anderen zur Pflege anzuvertrauen, ihrer eigenen Tochter weitergegeben hat, ist diese für Quarta typische Form der Bemutterung in der Familie zur Tradition geworden. Sie wird auch dann noch gepflegt werden, wenn Quarta nicht mehr lebt, vorausgesetzt,

2

es befindet sich weiterhin eine "Kati" in der Familie, eine Gorillafrau also, die das Vertrauen Faddamas geniesst und die aus ihrer eigenen Situation heraus auch daran interessiert ist, zeitweilig Kinder zu übernehmen. Sind diese Bedingungen erfüllt, könnte es sein, dass Faddama diese Familientradition auch an ihre Kinder weitergibt.

Faddama begleitete Mutter Quarta, wenn sie mit Nangai am Bauch und der eigenen älteren Tochter Muna auf dem Rücken unterwegs war (1 und 2), und sie bekam ihr Kind auch immer zurück, wenn sie das wollte. Später hat Faddama, dem Lehrbeispiel ihrer eigenen Mutter folgend, Nangai spontan auch Kati übergeben, und damit ist Mutter Quartas Eigenart, "Pflegemütter" an der Sorge um ein eigenes Kind zu beteiligen, zur Tradition geworden.

Bild Seite 346
Im Falle Munas wurde, Monate später, gelegentlich auch die ältere Gorillafrau Goma in den Kreis der "Pflegemütter" aufgenommen.

Weiterführende Literatur und Filme

Gorillas	Fossey, D.	Development of the Mountain Gorilla, in: Hamburg, D.A., McCown, E., The Great Apes, The Benjamin/Cummings Publishing Co., Menlo Park, 1979
	Fossey, D.	Gorillas im Nebel, Kindler Verlag, München, 1989 (Englische Ausgabe: Gorillas in the Mist, Houghton Mifflin Co., Boston, 1983)
	Hess, J.	Familie 5, Berggorillas in den Virunga-Wäldern, zweite Auflage: Friedrich Reinhardt Verlag, Basel, 1992
	Hess, J.	Achilla und Quarta, DU, 30. Jg., 86-99, 1970
	Lang, E.M.	Goma, das Gorillakind, Albert Müller Verlag, Rüschlikon, 1961
	Lang, E.M., Schenkel, R., Siegrist, E., Gorilla-Mutter und Kind, Basilius Presse AG, Basel, 1965	
	Maple, T.L., Hoff, M.P.	Gorilla Behaviour, Van Nostrand Reinhold Co., London - New York, 1982
	Meder, A.	Gorillas, Ökologie und Verhalten, Springer Verlag, Berlin - Heidelberg, 1993 (Das Buch fasst unter anderem viele Arbeiten der Autorin zu Mutter und Kind bei Gorillas zusammen.)
	Schaller, G.B.	The Mountain Gorilla, The University of Chicago Press, Chicago - London, 1963 (Populär zusammengefasst auf deutsch in: Unsere nächsten Verwandten, Scherz Verlag, Bern, 1965)
	Schenkel, R.	Zur Ontogenese des Verhaltens bei Gorilla und Mensch, Zeitschrift Morph. Anthrop., 54, 233-259, 1964
	Schenkel, R.	Goma, das Basler Gorillakind: Die Reifung der artgemässen Fortbewegung und Körperhaltung, Documenta Geigy, Bulletin 5, 1959
Schimpansen	Goodall, J.	Wilde Schimpansen, Rowohlt Verlag, Reinbek, 1971
	Goodall, J.	The Chimpanzees of Gombe, Belknap Press, Cambridge, Mass., 1986
	Goodall, J.	Ein Herz für Schimpansen, Rowohlt Verlag, Reinbek, 1991
	de Waal, F.	Wilde Diplomaten, Carl Hanser Verlag, München, 1989
	de Waal, F.	Chimpanzee Politics, Harper & Row Publishers, New York, 1982
Orang-Utans	de Boer, E.M., Ed.	The Orang-Utan, Dr. W. Junk Publishers, The Hague, 1982
	Jantschke, F.	Orang-Utans in Zoologischen Gärten, R. Piper & Co., München, 1972
	Maple, T.L.	Orang-Utan Behaviour, Van Nostrand Reinhold Co., London - New York, 1980
	Rijksen, H.D.	A Fieldstudy on Sumatran Orang-Utans, H. Veenman & Zoonen B.V., Wageningen, 1978
Alle drei Arten	Hamburg, D.A., McCown, E., The Great Apes, The Benjamin/Cummings Publishing Co., Menlo Park, 1979	
	Yerkes, R.M. und A.W.	The Great Apes, Yale University Press, New Haven, 1929, reprinted Johnson Reprint Corp., New York, 1970
Im Buch genannte Autoren	Alison, J.	Primate Birth Hour, Internationales Zoojahrbuch, 13, 1974
	Geissmann, Th.	Multiple Birth in Catarrhine Monkeys and Apes, A Review, Editrice "Il Sedecesimo", Florenz, 1989
	Gensch, W.	Die Geburt eines Orang-Utan im Zoo Dresden, Freunde des Kölner Zoos, 4, 8. Jg., 133-134, 1965
	Lindburg, D.G.	Licking of the Neonate and Duration of Labor in Great Apes and Man, American Anthropologist, 74, 3, 1972
	Meder, A.	Gorillas: unter "Gorillas" aufgeführt
	Stewart, K.J.	Parturition in Wild Gorillas, Behaviour of Mothers, Neonates, and others, Folia Primatologica, 42, 62-69, 1984
	Stewart, K.J.	Suckling and Lactational Anoestrus in Wild Gorillas, Journal of Reprod. Fert., 83, 627-634, 1988
Filme aus dem Zoo Basel	Hess, J.	Rund um die Geburt eines Schimpansen, Zoo Basel, 1985
		Schimpansentagebuch, Zoo Basel, 1984
		Mutter-Kind-Verhalten, Teil I, Goma und Tamtam, Zoo Basel, 1974
		Mutter-Kind-Verhalten, Teil II, Kati und Uzima, Zoo Basel, 1974

Ich habe vielen Freunden und Bekannten zu danken, die mir bei meiner Arbeit mit den Menschenaffen über Jahrzehnte geholfen haben, und auch all jenen, die die Bild- und Textarbeit an diesem Buch hilfreich begleiteten. Man mag mir nachsehen, wenn ich hier nur wenige besonders erwähne:

Die Pflegerinnen und Pfleger im Affenhaus des Zoologischen Gartens in Basel, die meine Arbeit im Affenhaus während vieler Jahre unterstützt haben, und mit denen ich auch fachliche Erfahrungen und Probleme jederzeit besprechen konnte.
Meine ganze Familie - Anna und unsere Kinder Sophie und Wendelin - auf deren Verständnis ich all die Jahre zählen durfte und die auch am vorliegenden Buch mitgearbeitet haben.
Wernfried Kahre, der mir auf vielfache Weise zur Seite stand und das Manuskript sorgfältig lektoriert hat.
Die Mitglieder der Direktion des Zoologischen Gartens Basel, die nicht nur meine Arbeit über viele Jahre unterstützt haben, sondern mich auch immer zu diesem Buch freundschaftlich ermunterten.
Der Friedrich Reinhardt Verlag, der mir bei der Arbeit am Buch viel Freiheit einräumte und meinen Anliegen immer aufgeschlossen und grosszügig gegenüberstand.

Ich hoffe, dass allen das Buch "Menschenaffen - Mutter und Kind" Freude bereitet und so Ausdruck für meinen Dank sein kann.

Jörg Hess

Die Deutsche Bibliothek - CIP-Einheitsaufnahme

Hess, Jörg:
Menschenaffen Mutter und Kind / Jörg Hess, Basel:
Reinhardt, 1996
ISBN 3-7245-0882-4
NE: HST

2. Auflage 1997

Fotografien: Jörg Hess

© 1996 Friedrich Reinhardt Verlag, Basel
Konzept und Gestaltung: Wendelin Hess und Beat Müller, Basel
Litho: Photolitho Sturm, Muttenz
Druck: Reinhardt Druck, Basel
Gedruckt auf Ikonofix matt 135 gm²